U0000159

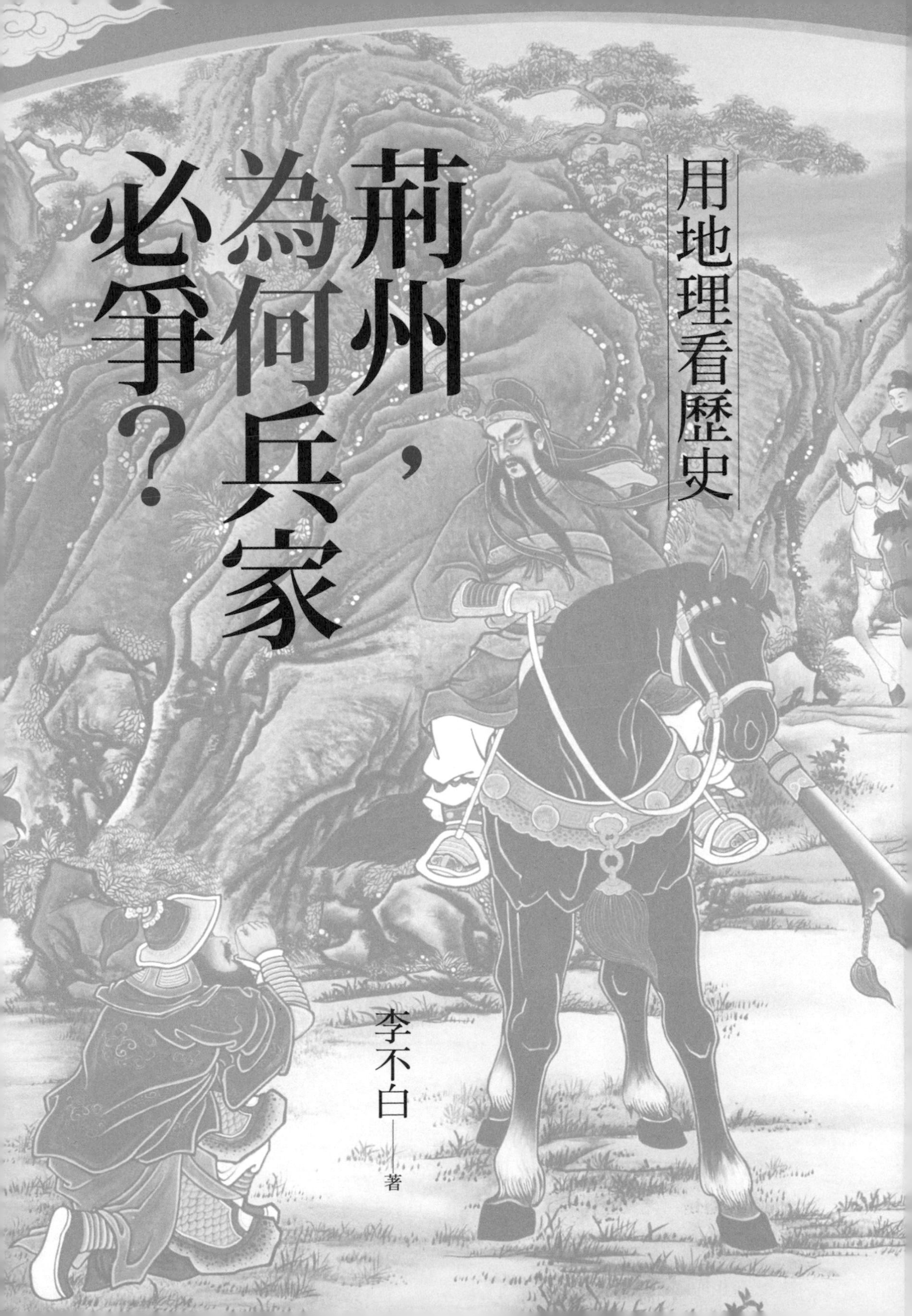

用地理看歷史

荊州，為何兵家必爭？

李不白 著

目錄

第一章 前情提要和黃巾起義

東漢末年，出現群雄割據的局面，原因是為了圍剿黃巾軍，而黃巾起義又與漢末的政治格局息息相關……

先說一下大環境。

中國歷史發展到東漢末年，出現群雄割據的局面，原因是為了圍剿黃巾軍，而黃巾起義又與漢末的政治格局息息相關。

先秦時期，中原王朝的統治階層主要由貴族組成。秦滅六國後，貴族被徹底消滅，世襲制遭到瓦解，但國家還是需要官員管理，但官員從哪裡產生卻是個問題，戰國時期那種毛遂自薦的方式終歸不是常態，科舉制度還沒有問世之前，漢朝發明了察舉制，察就是考察，舉就是推薦，其中最重要的一項就是舉孝廉。

孝，即孝順；廉，即廉正。漢武帝創立孝廉制的初衷是讓地方推舉孝順廉正的人做官，用這種方式達到國家選拔人才的目的。但孝廉制考察的是一個人的品行，無法量化，也就無法保障公平，就像現在某些地方推行素質教育一樣，實際上是靠關係、走後門而開啟方便之門，於是孝廉制成為一些世家大族培植自家勢力的利器。當然，其中確實選拔出一些人才，比如曹操就是透過舉孝廉進入仕途。

舉孝廉還有一個副作用，就是一些人為了當官拚命作秀。作秀的主要內容是孝（還沒當上官，所以談不上廉），特別是父母的葬禮，成為各大秀場，於是厚葬成風，一些人就算平日節衣縮食，也要在父母的葬禮上大秀一場，因為這時圍觀的人多，一旦傳開了，說某某很孝順，把家裡寶貝都給父母陪葬了，可能會被舉孝廉的人知道，就有可能被推薦去做官。後來的盜墓者最喜歡的就是漢墓，因為陪葬品多，這種風氣一直到曹操下令整治才有所好轉。

孝廉只能當一些基層官員，真正位高權重的人往往是外戚。他們就是皇帝的外姓親戚，如果某個妃子得寵，她的父親或兄弟就有可能做大官，而且一般都是宰相級的人物。外戚一旦把控朝政，等到下一代皇帝（通常是宰相的外甥）登基，皇帝就會被架空，比如霍光亂政；搞不好還會被篡位，比如王莽建立新朝。

有了歷史教訓，皇帝當然要想辦法自保，於是重用太監，與外戚抗衡。太監沒什麼文化，不懂管理國家，而且做為六根不全的人，通常心理比較扭曲，一旦他們掌權，就會弄得國家烏煙瘴氣。但太監是皇帝的家奴，主子在他們心裡的位置比誰都重要，而且他們通常沒有什麼政治野心，對皇帝來說，用起來最放心，貪點錢財真的不算什麼大事。

於是我們發現，到了東漢末年，以何進為代表的外戚被殺，而以十常侍為代表的太監（確切稱呼應該是宦官）把控朝廷，就不足為奇了。

外戚和宦官輪番爭鬥，各種腐敗問題層出不窮，官員們忙著結黨營私，沒有人在乎老百姓的死活，再加上漢靈帝中平元年（西元一八四年）天下大旱，農民顆粒無收，而朝廷一點稅賦都不減，老百姓被逼得沒有活路，於是就起來造反了。

帶頭的人叫張角，河北冀州鉅鹿郡人，他和弟弟張寶、張梁創立太平道，以此組織災民，揭竿而起，頭紮黃巾，打出「蒼天已死，黃天當立，歲在甲子，天下大吉」的口號，所以稱為黃巾起義。

太平道屬於道教的一支，道教形成於戰國，以老子的道家思想為理論根據，加入一些鬼神元素，最終成為一種宗教。

張角以太平道聚攏人心，糾集幾十萬民眾，對東漢的根基衝擊很大。現代的歷史課本稱為「黃巾起義」，但《三國演義》則經常看到「黃巾之亂」這個詞，這是因為所站的立場不同，課本基本上都把農民起義定義為正義，但對當時的朝廷來說，無疑是場暴亂。以前我看三國時，覺得黃巾軍都是烏合之眾，打沒幾下就全掛了。但如果把它放到歷史長河裡，會發現這次起義意義重大。

先不說黃巾起義直接導致東漢末年的亂世，單說這次農民起義，它是自秦朝陳勝和吳廣的大澤鄉起義以來，中國歷史上第三次農民起義（第二次是西漢末年的赤眉、綠林起義）。俗話說事不過三，如果陳勝、吳廣的起義具有偶然性，那麼黃巾起義直接坐實了底層人民的反抗精神。農民起義不同於軍閥造反，軍閥造反更多是為了個人權力，而農民起義是不堪壓迫後的反擊。這一點，不是每個民族都具有，相反的例子可以看看印度。

印度的地理位置可說得天獨厚，印度次大陸深入印度洋，東西兩側是阿拉伯海和孟加拉灣，大航海時代前無疑是個天然屏障。北部是平均海拔高達七千公尺的喜馬拉雅山脈；東部為平均海拔二千公尺的若開山，整個東部是少有人煙的熱帶原始森林；西北部有興都庫什山阻隔，該山脈全長一千六百公里，平均海拔五千公尺以上；西部地區則有蘇萊曼山，平均海拔約二千公尺。除了西北角有一個開伯爾山口外，是一個完全封閉的位置，這種地形有利於文明古國的孕育。而開伯爾山口最窄處只有六百公尺，在中國人眼裡完全是一夫當關、萬夫莫敵，比防守萬里長城容易許多。

不過印度人顯然沒有這個意識，一次又一次的外族入侵正是從這個山口突破。最早是雅利安人，然後是波斯人、馬其頓人、希臘人、塞迦人、大月氏人、白匈奴人、突厥人、蒙古人，大大小小的入侵達三百多次。印度的歷史就是一部被征服史，所有征服者都成為這裡的統治者，而原先的土著卻淪為最低的種姓，不但沒有反抗，反而認為是應該的，把外來統治者強加給他們的宗教當作信仰，認為今生受苦是為了來世修福。如果在中國，早就有人喊出：「王侯將相，寧有種乎！」所以一直到今天，印度的種姓制度依然強大，因為底層人不反抗，上層人當然不會主動放棄這種特權。

補充一點，這裡說的是地理概念上的印度，泛指整個印度次大陸，也叫南亞次大陸，並非單指印度這個國家。

正是因為中國人具有這種反抗精神，任何一個王朝的統治期間，都不得不考慮民眾的感受，如果做得太超過，就有被推翻的危險。黃巾起義算是替後世的帝王敲響了警鐘——不能太作威作福，要顧慮底層民眾的感受。

黃巾起義衝擊了東漢王朝的地方組織，中央政府派兵清剿，經常顧此失彼，往往這裡剛清剿完，那裡又冒出來。於是中央採取一項政策，改刺史為州牧，讓各個地方自行派兵清剿。正是這一政策，最終導致群雄割據的局面。

刺史，原本是中央派駐地方的監察官。「刺」是檢核問事的意思，即監察之職；「史」為「御史」之意。而州牧卻是一州之長，「牧」是管理的意思。改刺史為州牧，就是中央把軍政大權下放到地方，直接導致中央王權衰落，地方政權崛起。

本來從秦始皇設郡縣開始，漢朝一直秉承秦制，全國行政區劃只有兩級：郡和縣。到了靈帝中平五年（西元一八八年），全國行政區劃變成三級：州、郡、縣。雖然縣下面還有鄉，鄉底下還有里，但鄉和里屬於鄉民自治機構，不是中央直接管轄。

當時全國劃分為十三個州：兗州、豫州、青州、徐州、荊州、揚州、冀州、益州、幽州、并州、涼州、交

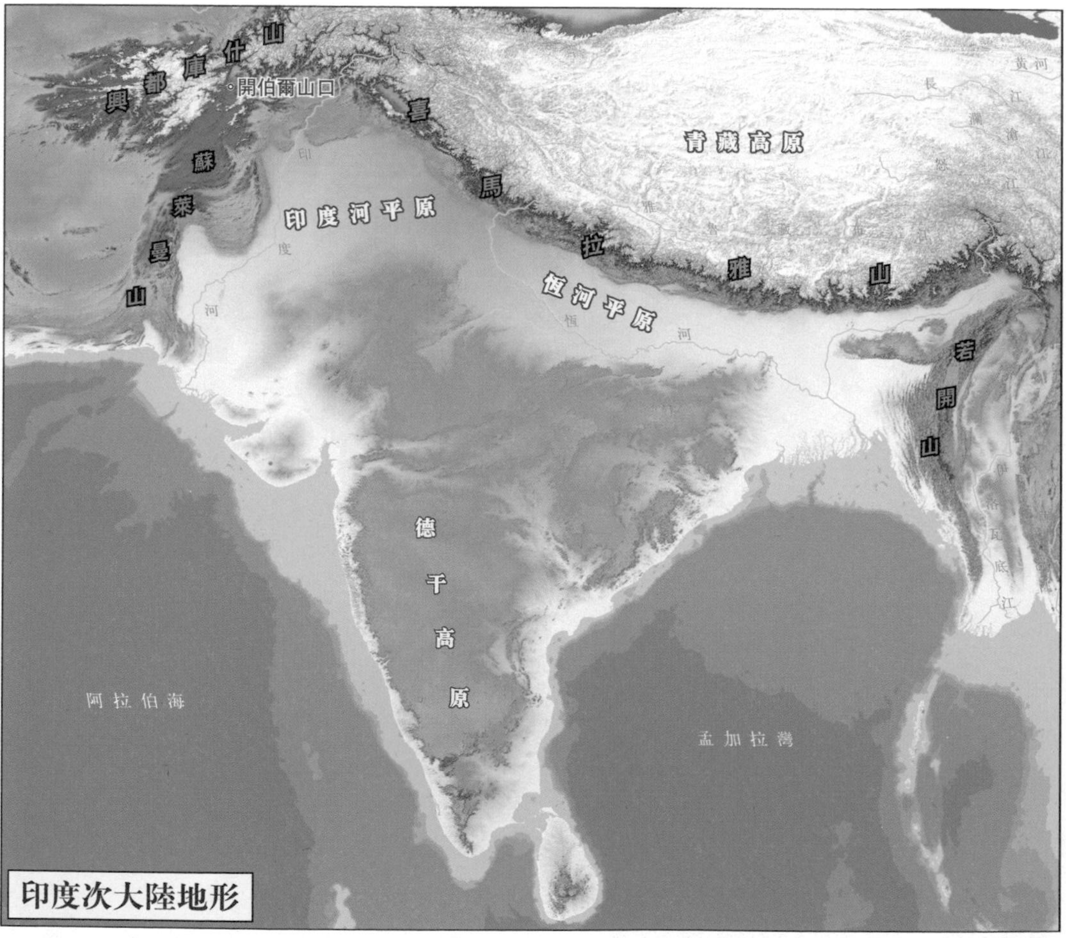

印度次大陸地形

州，還有首都洛陽所在的司隸校尉部，後來習慣稱司州。三國時期，曹操從司隸校尉部剝離出關中，又從涼州剝離隴右，合併為雍州，所以三國時期比東漢多了一個州。

各州的劃分在戰亂時期略有變動，但整體如下圖所示，正是從這個時候開始，各路英雄開始登場亮相。

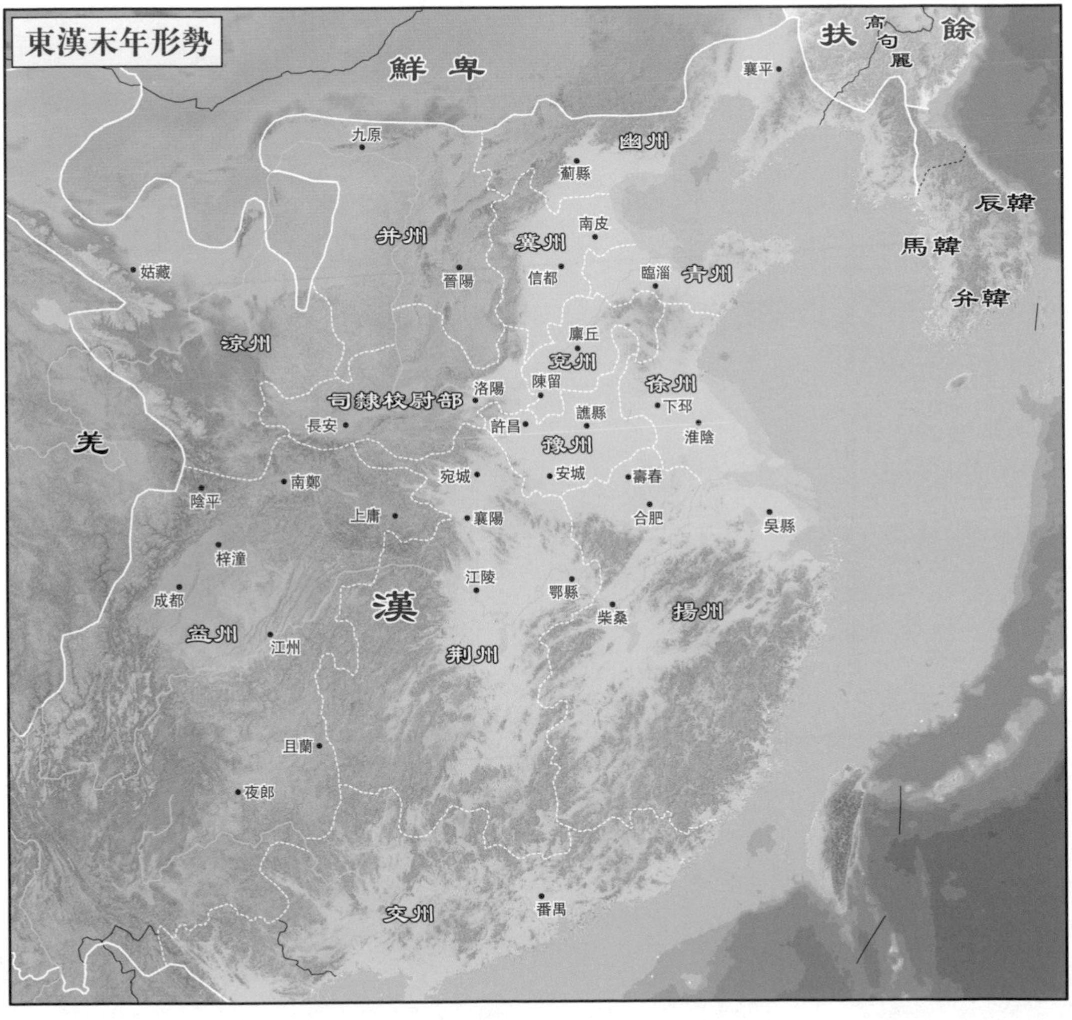

第二章 英雄也要問出身

「黃巾之亂」對東漢政府來說是場災難，但對某些人來說卻是機遇，劉備就是其中之一……

劉備出生於涿縣（今涿州），當時只是一個普通百姓，靠織席販履為生。但劉備的出身不簡單，歷史記載是中山靖王劉勝之後。也就是說，劉備的祖上曾經富有過。

劉勝是景帝劉啟的兒子，與漢武帝劉徹是同父異母的兄弟。景帝死前把庶子劉勝封在春秋時中山國（河北定州）的故地，故稱「中山王」。劉勝死後的諡號為靖，所以又稱「中山靖王」。

靖，是安定的意思。從靖字可以看出劉勝沒有什麼野心，一生過得很平靜。何止是平靜，可以說他身在王位，一生卻沒什麼建樹，生活極其驕奢淫逸。中山靖王墓（今保定市滿城區）出土最為震驚世界的文物就是兩套金縷玉衣，正是穿在劉勝和他妻子的身上，生活之奢靡可見一斑。

劉勝不參與宮鬥，不治理百姓，平時主要的樂趣就是喝酒和玩賞歌舞、美女，壽命不長（五十三歲），卻生了一百二十多個兒子，其中有個兒子叫劉貞。

當時正是漢武帝大搞推恩令的時候，從周朝開始，貴族們一直奉行嫡長子繼承制，漢武帝為了削弱諸侯王的勢力，加強中央集權，採用推恩令。具體做法是，原先只能由嫡長子繼承的封國土地，現在其他的兒子也有分，王爵仍由嫡長子繼承，其他的兒子可以封侯。這樣一來，本來占有大片土地的諸侯國就被肢解為一堆小國，不但無法與中央抗衡，而且原本沒有資格封爵的次子、幼子和庶子們，還會對中央政府感激涕零，成為這個制度的堅定擁護者。

劉勝的一百多個兒子，自然就把中山國瓜分了。而劉貞被封為陸城亭侯，位置就在涿縣，於是劉貞一家就搬到涿縣。

亭侯聽起來很大，其實很小。我們比較熟悉的是先秦時的爵位等級，如：公、侯、伯、子、男。劉貞的亭侯屬於列侯的一種，和先秦時的侯爵已不可同日而語。

先秦時的五等爵位都有封地、有自治權，而且可以世襲罔替。到戰國時，出現了封君（如戰國四公子和商鞅），封君只享有封地的租稅，沒有治理封地的行政權和軍事權。後來商鞅在秦國把這種形式發揚光大，按軍功行賞，設置了二十級爵位：一公士，二上造，三簪裊，四不更，五大夫，六官大夫，七公大夫，八公乘，九五大夫，十左庶長，十一右庶長，十二左更，十三中更，十四右更，十五少上造，十六大良造，十七駟車庶長，十八大庶長，十九關內侯，二十徹侯。

當中只有關內侯和徹侯才能稱為侯，而關內侯很多時候只有名義上的待遇，沒有實際的封地。因此，封侯通常是指徹侯。

漢朝繼承了這一套爵位制度，只是在侯上面加了一個王爵，世襲罔替。到了漢武帝時期，為了避武帝的名諱（武帝名徹），徹侯改稱為通侯（通徹同義），也稱列侯。

按大小來說，列侯分為三等：縣侯、鄉侯和亭侯。縣侯可以立國，鄉侯和亭侯都不能立國。可以立國的意思是，能夠在自己的封地設置一組行政單位管理內政，其實就是點家事。王爵立的國稱之為王國，侯爵立的國稱之為侯國。

先說王國，漢武帝推恩令後，各位王爺只獲取封地租稅的權力，行政權則由中央派官員管理。這個官員叫國相，和太守相同級別。我們可以看到三國時期，北海國的國相孔融經常亮相，而北海國王毫無存在感，就是這個道理。其實這時的王爺們，如果沒有在朝廷擔任職務，除了有錢，沒有任何權力。實際是把王國的權力降到郡一級，權力在國相（太守）手上，王爺們徹底被架空，就沒有反叛的條件了。所以看三國的地圖時，不要一看到某某國就詫異，以為那裡獨立為國、實力很強，其實只相當於一個郡而已。

那麼侯國呢？王國通常管理幾個縣，地位相當於郡，而侯國通常只有一個縣，地位和縣沒什麼區別。侯國也一樣，由中央派國相治理，這個國相相當於縣令。

當然，王國也好，侯國也罷，都有自己的家臣，只是他們的職責是處理王侯們的家事，不能參與國家政事。包括鄉侯和亭侯，也有自己的家臣。

如前所述，漢朝的行政區劃有州、郡、縣，縣下面還有鄉和里。秦朝時，十戶為里，十里為鄉；到了漢朝，由於人口增長，鄉和里的範圍都在變大；鄉和里都是村民自治機構，中央派出的官員只到縣一級。我們常說「橫行鄉里」，指的是在當地作威作福，來源就在於此。但這裡還有個亭，今天很少提到，原因在於亭和鄉、里有點不同。李白有句詩：「何處是歸程？長亭連短亭。」就和這個亭有關。

秦朝時，五里一短亭，十里一長亭。漢朝基本上也保持這個規矩，十里設一亭。這個亭不是我們常說的亭子，而是地方政府的派出機構，主管治安、抓捕盜賊等職能，同時兼管旅客住宿的功能。劉邦曾做過秦朝的泗水亭長，亭長不算官，只能算吏，所以他不是中央任命，而是由地方政府雇傭。

從這裡可以看出，亭和鄉、里沒有隸屬關係，只是地方政府的一個派出機構，協助維持地方治安。

魏晉以後，亭的軍事和行政功能消退，但旅客住宿、話別的功能還在，所以很多送別詩總會提到長亭和短亭。當然，這些地方自然少不了今天常說的亭子。

列侯的三個等級中，亭侯的級別最低。比如曹操替關羽請封的「漢壽亭侯」，只是個亭侯，而呂布的爵位是溫侯，溫縣是縣級，所以溫侯是個縣侯，級別比關羽高。

理論上講，亭侯可以享有一個亭的租稅，按十里一亭來算，就是方圓十里內村民的租稅都歸你一個所有，雖然級別低，相對普通百姓而言，也算是豪門。之所以說理論，是因為三國亂世時，這種封侯更重要的是一種榮譽，受封者未必真能享受到這些租稅。比如關羽的漢壽亭侯，漢壽在荊州，當時還在劉表的勢力之下，根本不在曹操的控制範圍，關羽自然領不到那裡的租稅。

漢高祖劉邦曾在「白馬之盟」中說：「非劉氏而王者，天下共擊之，若無功上所不置而侯者，天下共誅之。」（非皇族成員不得封王，如沒有軍功不得封侯。）所以，對外姓人來說，封侯就是一生能達到的頂點；即使是亭侯，普通人也是可望而不可即。李廣就是個例子，打了一輩子仗，但因沒有軍功，一直沒有封侯。因此王勃說：「馮唐易老，李廣難封。」

靠著血統，劉貞做為劉勝一百二十多個孩子當中的一個，能封個亭侯也算不錯，所以高高興興地到封地（涿縣陸城亭樓桑村）過自己的小日子。可問題是，武帝對這些王侯們還是不放心。

《三國演義》和《三國志》都有一段關於劉備祖上的相同描述：劉備為中山靖王劉勝之後，劉勝其中一個兒子劉貞，被封為涿縣陸城亭侯，漢武帝時「坐酎金失侯」，因此這一代開始淪為白身，居住在涿縣。坐：因為；酎：反覆多次釀造的醇酒；失侯：丟失了侯爵。這句話的意思是，劉貞因為酎金的事把侯爵弄丟了。

酎金奪爵是漢武帝繼推恩令之後打擊王侯們的又一利器。

漢文帝時期，平定呂后之亂後，文帝一登基就規定，每年八月在首都長安祭奠高祖，在祖廟裡祭祀時，需要獻上酎酒做為祭品，完事之後，參加祭祀的人要一起吃飯、喝酒，喝的也是酎酒。這些酒都不是白來的，每年祭祀時，要求各位王侯按照自己封國的人口數量進獻黃金助祭（實際上就是買酒錢或花錢雇人釀酒），標準是每千人四兩，不足千人的四捨五入，送到長安由少府驗收，就是所謂的「酎金」。

因為祭祀漢高帝劉邦是當朝最重要的祭典，所以漢文帝還規定：如果諸王和列侯上交的「酎金」成色不足或分量不夠，則「王削縣，侯免國」（諸侯王削減領地，列侯廢除爵位）。

不過，文景時期（漢文帝與漢景帝）很少真正嚴格執行這條規定，但漢武帝卻有效利用來大做文章。元鼎五年（西元前一一二年），漢武帝準備攻打南越，諸侯幾乎無人響應，讓漢武帝覺得諸侯們已經離心離德，於是利用漢文帝定下的規矩，說他們進獻的「酎金」要嘛成色不足，要嘛分量不足，以此為由一口氣廢除了一百零六名列侯的爵位。不幸的是，劉貞就名列其中。

所以從劉貞開始，涿縣劉家這一支就成了普通百姓；到劉備時，已經過了將近二百八十年。

二百八十年了，劉備還時時拿中山靖王說嘴，你要說他沒有野心，鬼都不信。按劉備的性格，平時話不多，但待人寬厚，這樣的人城府深，志向非旁人可知。劉備總強調他是漢室宗親的身分，很可能是受劉秀啟發。劉秀布衣出身，往上可以追溯到長沙定王，祖上也是因為推恩令丟了爵位，如果不是漢室宗親的身分，劉秀也不可能成為東漢的開國皇帝。劉秀讓漢朝延續了二百年，劉備後來的目標也是光復漢室。

劉備的祖父舉過孝廉，算是官員。父親在官府任職過，但沒有出身，只能算吏。官和吏不同，官屬於體制內的人，吏是替官打工，只能勉強糊口而已。可不幸的是劉備早年喪父，孤兒寡母沒了生活來源，只能靠賣草席、草鞋為生，已經淪落到社會的最底層。劉備又不喜好讀書，只喜歡結交朋友，其中包括關羽和張飛，如果不出意外，劉備這輩子大概沒什麼出息了。但黃巾軍給了劉備一次機會，黃巾一來，幽州政府開始招募義兵，劉備就帶著關羽和張飛參軍了。

劉備不是以個人身分參軍當大頭兵，而是以義兵的首領帶著一幫人眾參軍。招募義兵需要錢，但劉備當時是個窮光蛋，他人生的第一桶金從哪裡來？史書記載恰好中山國有兩個大商人張世平和蘇雙到北邊販馬，因戰亂在涿縣避風頭，聽說劉備要組織義軍剿黃巾，就給了他一大筆錢和無數馬匹，這樣才有資本組建一支自己的隊伍。只能說，劉備遇到了貴人。

《三國演義》說「幽州太守劉焉」放榜到涿縣，於是引出劉、關、張桃園三結義，而後從軍的事。這句話有幾個問題：其一，幽州的長官不叫太守，叫刺史或州牧，太守是郡一級的長官；其二，劉焉是劉璋的父親，不曾在幽州任職，倒是當過冀州刺史，後來又當了益州牧，把位子傳給兒子。當然，《三

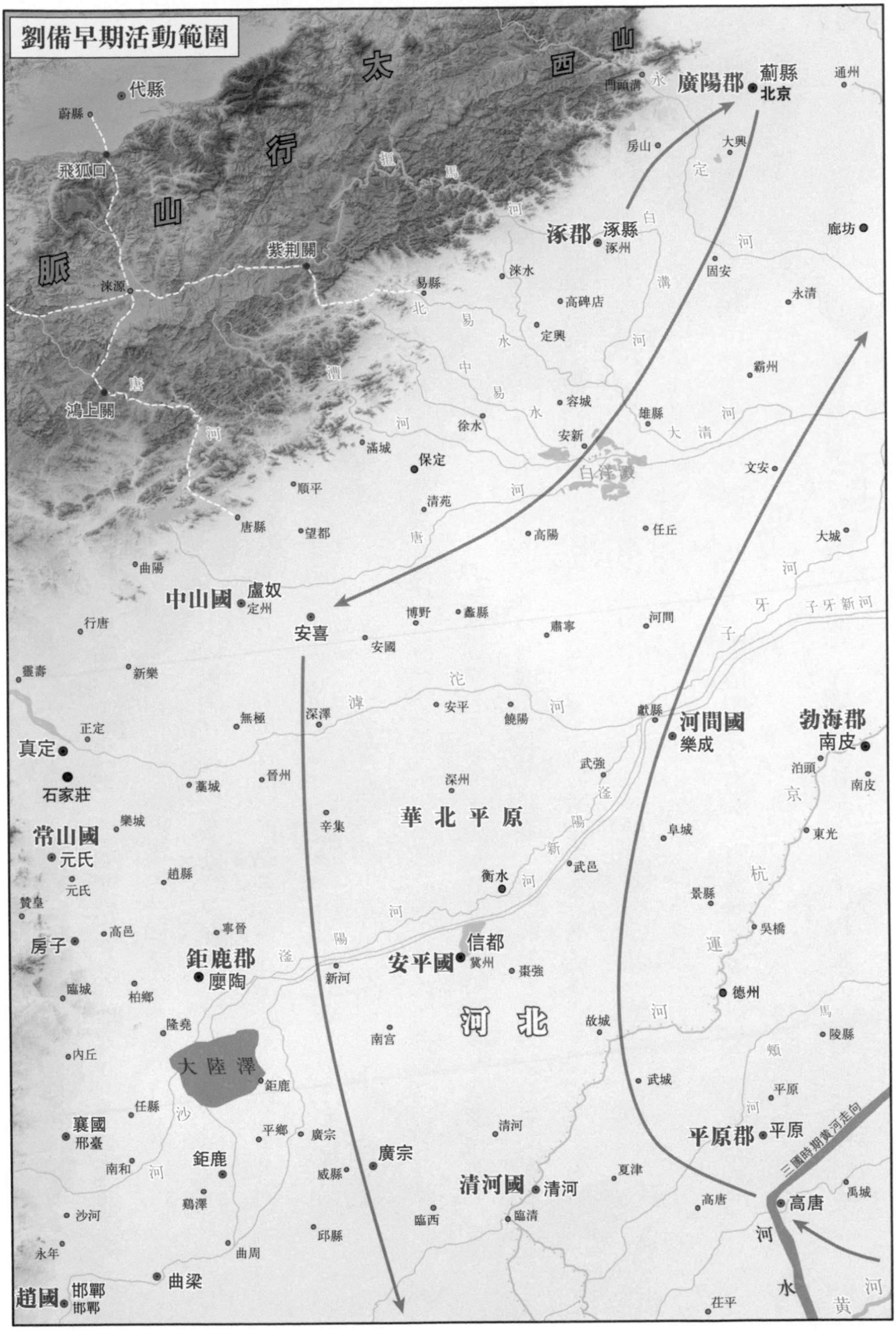
太行山脈
西山
代縣
蔚縣
飛狐口
淶源
紫荊關
鴻上關
唐縣
曲陽
行唐
靈壽
新樂
正定
真定
石家莊
常山國
元氏
贊皇
房子
高邑
藁城
晉州
無極
深澤
欒城
趙縣
寧晉
鉅鹿郡
廮陶
柏鄉
臨城
隆堯
內丘
大陸澤
鉅鹿
任縣
襄國
邢臺
南和
沙河
鷄澤
永年
曲周
曲梁
邯鄲
趙國
平鄉
廣宗
威縣
邱縣
臨西
臨清
清河國
清河
夏津
高唐
茌平
禹城
平原郡
平原
陵縣
德州
吳橋
景縣
阜城
武邑
衡水
信都
冀州
安平國
棗強
新河
南宮
故城
武城
河北
華北平原
辛集
深州
武強
獻縣
河間國
樂成
勃海郡
南皮
泊頭
東光
京杭運河
安平
饒陽
中山國
盧奴
定州
安喜
安國
博野
蠡縣
肅寧
河間
任丘
大城
文安
白洋澱
高陽
清苑
保定
望都
順平
滿城
徐水
容城
安新
雄縣
霸州
永清
固安
廊坊
定興
高碑店
淶水
易縣
涿郡
涿縣
涿州
房山
大興
廣陽郡
薊縣
北京
通州
門頭溝
永定河
拒馬河
白溝河
北易水
中易水
漕河
唐河
大清河
子牙河
子牙新河
滹沱河
滏陽新河
滏陽河
沙河
馬頰河
黃河
河水
三國時期黃河走向
劉備早期活動範圍

國演義》是小說，主要目的是刻劃人物形象和描寫故事情節，不用苛求史實，所以把劉焉安排在幽州並無不妥，虛構桃園三結義的情節也沒有錯，但常識性錯誤不應該犯，比如把州的長官稱太守，還有後面會提到的安喜縣，說是「定州中山府安喜縣」，實際上當時沒有「定州」，更沒有「府」這一級行政機構，安喜縣屬於冀州中山國下轄的一個縣。地理上的錯誤在《三國演義》很多，但這不妨礙它成為一部傑出的小說。很多人喜歡拿《三國志》的史實來糾正《三國演義》的錯誤，實在是緣木求魚，兩者的受眾不同，目的也不同。從個人角度來講，我更喜歡《三國演義》一些，對軍事、謀略、人物的描寫是《三國志》難以企及的。《三國志》的缺點是太簡單，有些事情，我們不能因為它沒有記載就認定沒有發生。關於《三國演義》的一些常識性錯誤，我們了解一下就行了，不必苛求，畢竟作者是明朝人，要如實寫出漢朝的事就強人所難了。至少在目前看來，還沒有一本歷史小說能像《三國演義》這麼成功。

順便再說一句，桃園結義的事在歷史上到底有沒有發生其實不重要，重要的是，從後來發生的事來看，三人情同手足卻是真的。他們可能是在酒桌上、閒聊中，經常稱兄道弟，不足為奇。

好了，閒話少說。劉備投軍後，跟著鄒靖去打黃巾了。以劉備當時的身分是見不到幽州刺史的，所以只能見到鄒靖這樣校尉一級的軍官。

三人跟著鄒靖，將黃巾趕出幽州境內，立了功，鄒靖向朝廷上表，為劉備請功，朝廷見劉備只是布衣出身，僅給了個安喜縣尉的職務。

尉，是管軍事的長官。如朝廷的太尉，是中央的最高級軍事長官，與掌管行政的丞相平級。校尉也不錯，像鄒靖就是州牧直屬的軍事長官。而縣尉呢，當然是管縣裡的軍事。一個小縣其實沒什麼軍事，大多就是管管治安和抓捕盜賊，所以縣尉就相當於一個警察局長。但無論如何，劉備終於從一介布衣躋身於士族了，雖然是在最底層。

劉備沒有嫌棄這個官職（也沒資格嫌棄），就辭別鄒靖，帶著關、張二人去安喜縣上任了。原來的那些部眾當然就遣散了，小小縣尉也沒錢養活那麼多人，再說官府也不會允許他有那麼多私人武裝。

安喜縣其實是黃巾暴亂的重災區，黃巾從鉅鹿起事，鉅鹿郡在中山國南面，地處華北平原，四周一馬平川，無險可守，所以黃巾軍很快就席捲整個冀州，也波及了幽州邊境。劉備能有這個差事，也是因為這裡很多官員被黃巾軍殺了，出現職位空缺。朝廷把劉備安排在這裡，其實不是什麼好差事。

後面的事，大家都知道，劉備到安喜縣沒幾個月，就出了「鞭打督郵」的事。

督郵是漢代各郡代表太守（應該是中山國相派下來的）督查下面縣鄉工作的官吏，包括傳達一些政令。這一次，督郵傳達的政令是朝廷要淘汰一些因軍功而取得官職的人，其中就包括劉備。朝廷的這一做法，無疑是卸磨殺驢。

至於鞭打督郵的事，《三國演義》說是張飛打的，而《三國志》說是劉備打的。從人物性格上來說，張飛打的更合乎情理。但不管是誰打的，這一打，劉備這個縣尉無論如何是當不成了，他還得另找出路。

第三章 十常侍之亂和董卓進京

董卓權傾朝野，外界反抗的聲音一浪高過一浪。當董卓在洛陽大開殺戒、剷除異己時，關外反抗他的勢力逐漸形成……

趁劉備還在逃亡的路上，我們來說說朝廷中的事。

黃巾起義爆發時，正是漢靈帝劉宏在位。

漢靈帝十二歲登上皇位，死的時候僅三十三歲，可以說非常年輕。但這位年輕的皇帝對國家做的最大的事就是不做事，只圖個人享樂。所謂享樂，當然離不開「酒色」二字。漢靈帝做的荒唐事很多，這裡只說對國家有重要影響的兩件：一是重用十常侍，二是賣官鬻爵。

先說賣官，從光和元年（西元一七八年）至中平六年（西元一八九年），漢靈帝在西園開了一個官吏交易所，公開張榜賣官前後長達十二年，這個創舉前所未有。為了表示公平，漢靈帝將各種官職明碼標價，令人驚訝的是，居然還可以殺價，如果暫時支付不起也可以上任後再付，不過要多付一倍的錢做為利息。許多官員升遷，也要按這個價碼付錢，很多官員因為付不起錢只好不升官了。

如何提拔官員是一個國家行政管理系統的根本，不管當時的察舉制有多少缺點，但總歸是一套完整的選拔制度，為漢帝國的正常運行打下了堅實的基礎。而賣官鬻爵這種事情雖然很多朝代都發生過，但多是應急之舉，一般都是因為國庫空虛，為解燃眉之急偶爾為之。但漢靈帝不是，他賣官的時間太長，已經把國家的根本搞爛了，而且他賣官得來的錢財都進了個人的腰包，用於享樂，對充實國庫毫無幫助。

漢靈帝變成一個昏庸的皇帝，當然和他身邊的人脫不了關係，這些人就是皇宮裡的宦官。宦官們為了討皇帝歡心，百般殷勤，出各種餿主意讓皇帝高興。這些宦官裡有十二個人最得寵，分別是：張讓、趙忠、夏惲、郭勝、孫璋、畢嵐、栗嵩、段珪、高望、張恭、韓悝、宋典。他們都任中常侍之職，所以習慣稱「十常侍」。漢靈帝為了表示對十常侍的嘉獎，還將他們封了列侯。許多前方出生入死的將士都沒有封侯，而這幾個宦官僅靠拍馬屁就得到侯爵，讓滿朝的官員如何服氣?!

當然漢靈帝不是只知道玩，他重用十常侍還有一個目的，就是制衡外戚專權。這個外戚就是何進，他是朝廷的大將軍。東漢的大將軍原本在三公（太尉、司徒、司空）之下，漢和帝時期，竇憲出任大將軍，權傾朝野，於是將大將軍位列三公之上。後來這個制度就傳承了下來，到東漢末年，大將軍同樣位列三公之上，而且和三公一樣可以自己開府。

何進是何皇后的哥哥，原本是個殺豬的。何皇后原本只是宮女，因為生下皇子劉辯而得寵，後來被立為皇后，何進也是因為妹妹的關係才當上大將軍。

但靈帝不喜歡劉辯，想把皇位傳給王美人的兒子劉協。何皇后當然知道劉協是個威脅，怕王美人因此得寵，就毒死了她。這件事差點讓靈帝把她的皇后身分給廢了，在一幫宦官的幫助下，何皇后保住了位子。同時為了劉協的安全，靈帝把他寄養在母親董太后那裡。

漢靈帝臨死前，將想讓劉協繼位的事託付給最寵信的宦官蹇碩。《三國演義》的蹇碩是十常侍之一，其實不然，他雖然也是宦官，但地位比十常侍高上許多。早在黃巾起義爆發時，靈帝就注意到軍事，為了分何進的兵權，設立了西園八校尉，統管新編禁軍，其中包括中軍校尉袁紹和典軍校尉曹操，而上軍校尉正是蹇碩，八校尉由他統管，就連何進也受其節制。

但蹇碩非常忌憚何進，一直想除掉他。靈帝死後，蹇碩讓人招何進入宮議事。何進得到消息，知道是個陰謀，於是託病不入。蹇碩陰謀失敗，只好立劉辯為帝，史稱少帝。

劉辯繼位時只有十三歲，年紀太小，管不了事，實際大權就掌握在何進兄妹手中。蹇碩還想著如何除掉何進，無奈勢單力薄，便想與十常侍合謀。十常侍的郭勝和何氏兄妹有舊情，於是告發蹇碩，何進正愁找不到理由，便藉此機會除掉了蹇碩。

西園八校尉自然歸何進所管，也就是說，袁紹和曹操都成為何進的手下。做為正常人，西園八校尉當然不願意在宦官手下當差，尤其是袁紹，他立即鼓動何進趁機將十常侍一網打盡。

禍亂朝綱的十常侍才是一切的源頭，何進也想進一步除掉十常侍，然而十常侍這時已經投靠何太后（之前的何皇后，何進的妹妹），何進一時下不了手。雖然他是個殺豬的，但在殺人方面還是心慈手軟。其實這個時候，蹇碩已死，宦官手裡沒有兵權，何進不該有什麼顧慮。也許正是因為這個原因，何進沒有感覺到十常侍對自己的威脅。

袁紹多次勸何進盡快除掉十常侍，何進總是去請示何太后，何太后不同意，何進就派兵在洛陽附近製造混亂，而且大張旗鼓地喊著要殺宦官，想以此脅迫何太后同意他除掉宦官。

要嘛殺，要嘛和，事情鬧到這種地步，傻子也知道先下手為強，於是十常侍就把何進騙進宮殺了。

何進一死，袁紹和兄弟袁術帶兵殺入後宮，殺死三千多名宦官，但張讓等人趁亂劫持皇帝劉辯逃往了邙山。

我們常說洛陽附近三面環山，一面臨河，其實它的北面（黃河南岸）還有一片高地，就是邙山，也稱北邙山。唐代詩人王建有詩云：「北邙山頭少閒土，盡是洛陽人舊墓。」也就是說，北邙山基本上就是一片墳地，秦相呂不韋、漢光武帝劉秀、西晉司馬氏、南朝陳後主、南唐李後主，以及唐朝詩人杜甫、大書法家顏真卿等名人的墓葬都在這一帶。其實如果仔細觀察就會發現，歷代帝王將相的陵墓絕大多數不在深山或平原，而是在山脈與平原的交接處。深山雨水多，容易沖刷墓地，而平原地區容易積水，兩者相交的地方不易積水，遇到雨水後又能迅速排乾，十分有利於棺槨的保存，因此成為墓葬的首選之地。例如北京的明十三陵，還有前面提到的中山靖王墓，都是選擇這種地形下葬。所謂風水，大抵如此。北邙山是崤山的支脈，海拔僅三百公尺，四周開闊，帶有一定的傾斜度，類似山脈和平原的交接地帶，而且離洛陽很近，自然成為歷代帝王將相喪葬的首選之地。

張讓挾持少帝逃往邙山，當然不是去求祖宗保佑。邙山以北的黃河岸邊有個渡口叫孟津，從這裡可以渡過黃河前往河北，暫時逃離洛陽的混亂局面，想辦法東山再起。孟津原本叫盟津，是周武王討伐商紂王時與八百諸侯會盟的地方，後稱為孟津，也是洛陽地區北渡黃河最近的渡口。

被張讓一同挾持的還有皇子劉協，他最初被封為渤海王，後改封為陳留王，比少帝小五歲，只有八歲。

何進死前還做了一件事：私召董卓領兵進京，目的是逼何太后同意他殺宦官。當然這其中也有袁紹的主意，而曹操則是反對，他覺得這是引狼入室，但曹操的地位沒有袁紹高，何進不聽。這時的袁紹，已經被何進提拔為司隸校尉。

董卓覬覦洛陽不是一、兩天了，靈帝還沒死時，董卓因為在隴右、關中平叛而立了一些功，被任命為并州（治所晉陽，即今太原）牧。但董卓不願意去，走到河東郡（治所安邑）就不動了。河東郡不屬於并州，而是屬於司隸校尉部，從這裡出發，只要翻過中條山，就可以順山路到達洛陽。董卓停留在這裡，目的不言而喻。

靈帝剛死時，何進和袁紹合謀召董卓進京。董卓立即動身，從安邑南下，翻過中條山，然後由茅津渡南渡黃河，沿崤函古道望東而來。這條路其實就是春秋時晉國假途滅虢的路，也是秦國東出函谷的路。

董卓渡過黃河後，何進有點後悔（也許是他想起曹操的話），就派諫議大夫种劭去阻

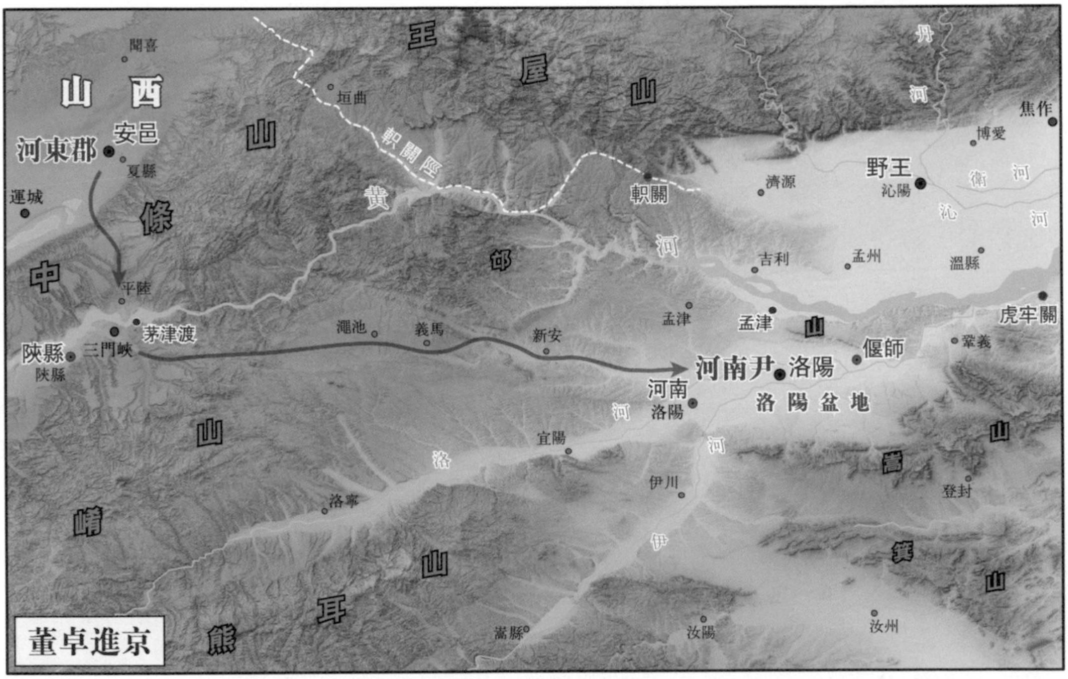

董卓進京

止。种劭在澠池遇到董卓，但董卓哪肯輕易放棄這次機會，不聽种劭的話繼續前進，最後駐紮在洛陽城西二十里外的夕陽亭。

這是第一次，何太后迫於壓力答應罷免宦官。第二次，董卓還沒到洛陽，何進就死了。

董卓一打聽到張讓等人劫持皇帝上了北邙山，於是趕緊領兵向北。

董卓在北邙山上救下少帝和陳留王，張讓自殺。回京的路上，董卓看到少帝嚇得驚慌失措，而陳留王對答如流，又聽說陳留王是董太后帶大的，自我感覺和董太后是同族，心中竊喜，就有了立陳留王為君的想法。

其實這些都是次要原因，最根本的原因還是因為少帝是何進的外甥，何進雖死，但他的舊部在朝廷中的勢力仍然很大，而且少帝的母親何太后還在，何進都難以控制這個妹妹，更何況是外人！董卓要的無非是一個好被他操控的皇帝，同時打擊何進的舊部，以達到專權的目的。

董卓想擅行廢立，做為何進老部下的袁紹第一個不同意，董卓威脅袁紹，袁紹便逃到冀州勃海郡。另一個看不慣董卓胡作非為的人——曹操，也出逃去了陳留國。

不久之後，董卓廢少帝為弘農王，立陳留王劉協為帝，就是漢獻帝。然後，董卓以何太后殺死董太后為罪名，毒死何太后。至此，東漢王朝已經名存實亡。

當然，僅換個皇帝還不能達到專權的目的。董卓先把原先在洛陽附近、何進任命的官員換成自己人；對外面的一些封疆大吏加官晉爵，以示拉攏，比如封幽州牧劉虞為大司馬；甚至對那些不肯與自己合作的人，比如袁紹，也加為勃海太守，封邟鄉侯，以示和解；董卓還加封一些名士到地方當官，以增加自己的聲望，比如孔融、韓馥、劉岱等。但這些都沒有用，董卓的罪惡不是小恩小惠足以化解，那些受他恩惠的人，日後大多成為他的反對者，比如韓馥。

對於弘農王劉辯，等風聲稍過，董卓就命李儒毒死他，以絕後患，更讓那些反抗自己的人斷了念頭。

至此，董卓權傾朝野，外界反抗的聲音一浪高過一浪。當董卓在洛陽大開殺戒、剷除異己時，關外反抗他的勢力逐漸形成，最終在袁紹的帶領下，各路兵馬浩浩蕩蕩開往洛陽。

第四章 諸侯伐董卓

伐董聯盟名單：後將軍袁術、冀州牧韓馥、豫州刺史孔伷、兗州牧劉岱、河東太守王匡、勃海太守袁紹、東郡太守橋瑁、廣陵太守張超（張邈之弟）、山陽太守袁遺、陳留太守張邈、濟北相鮑信。

袁紹在《三國演義》中領著十八路諸侯齊聚虎牢關，於是有了「溫酒斬華雄」、「三英戰呂布」等精彩篇章。不過遺憾的是，歷史上的劉備沒有參與伐董聯盟，當時公孫瓚還在忙著和劉虞爭奪幽州的控制權，無暇顧及董卓的事，劉備投靠公孫瓚名下，自然沒有機會參與這場聲勢浩大的伐董事業。

演義裡除了虎牢關，還提到汜水關，其實是同一個關口在不同時期的叫法。這裡最早是春秋時鄭國的制邑，漢朝時稱虎牢關或成皋關（屬成皋縣），隋、唐時改稱汜水關。總之，從洛陽盆地往東，在嵩山與黃河的交匯處，有一條狹窄的通道與中原相連，在這裡設一關口，就可以防止關東諸侯來襲。這個關就是虎牢關，它是洛陽的東大門，一旦關口有失，洛陽就無險可守。

洛陽一帶是盆地，敵人要進攻洛陽，除了虎牢關，還有沒有其他突破口呢？

首先是西邊，從洛陽一直往西，經崤函古道，過了潼關就是關中。董卓本來就是西涼人，年輕時結交很多羌人朋友。漢桓帝末年，董卓被徵召為羽林郎，開始為朝廷效力，在討伐漢陽郡（即天水郡）羌人的過程中建立奇功。不得不說，董卓打仗非常勇猛。不過黃巾起義爆發時，董卓的表現很差，差點被朝廷處死。幸運的是，同年冬天，涼州叛亂，以韓遂為代表的西涼軍閥進犯三輔（又稱三秦，即關中），朝廷派出六路人馬，五路人馬鎩羽而歸，只有董卓一路大獲全勝，於是朝廷替他加官晉爵。正是在關中平定韓遂等人的叛亂中，董卓憑藉軍功取得并州牧的職位。可以說從關中到隴右是董卓的發家之地，不乏故舊親信。而且，早在伐董聯盟形成之初，董卓就把駐守長安的蓋勳和皇甫嵩調到洛陽，換上自己的親信，所以不會有人從關中這個方向來打董卓。

同樣是西邊，如果從函谷關的北面，也就是山西，會不會有人打董卓的主意呢？更不會，董卓做過并州牧，又在河東郡經營日久，這裡早就換成他的自己人。

綜上所述，洛陽的西邊對董卓來說最為安全。

再說北邊，其實很簡單，就是黃河。黃河是天塹，在漢朝，渡河很容易被「軍過半渡而擊之」。不過好在伐董聯盟來的時候是冬天，黃河結冰了。但如果防守方有準備的話，也有辦法破解這個問題，就是鑿冰。把冰鑿開了，敵人就不能借冰面過河，而且浮冰可以阻止敵人行船。所以，北邊的黃河對董卓來說很好防守，如果袁紹方強行渡河，會付出極大代價。

再來看洛陽的南邊，地形略為複雜。先看洛河，洛陽之所以稱為洛陽，就是因為洛河。山南水北謂之陽，洛陽正是因為位於洛河之北。今天看到洛陽位於洛河之南，是因為經過二千年的滄海桑田，洛河在下游地區改道，洛陽城的位置也發生了變動。洛河往上是秦嶺的腹地，所以這裡很安全，不會替敵人提供進攻的通道。洛河最大的支流伊河，往上似乎可以連接中原。不過，如果仔細看，會發現伊河在進入洛陽盆地前，經過一段峽谷，正好是熊耳山和嵩山的連接點，它有個專門的名字「伊闕」，也就是伊水之門的意思。伊闕還有個名字叫龍門，其實我們並不陌生，後來的北魏和唐朝在這裡開鑿很多石窟，稱為龍門石窟。之所以叫龍門，就是這個地方太狹窄了，可以說是一夫當關，萬夫莫敵。中原的軍隊想從這裡攻打洛陽，要先翻過伏牛山和箕山之間的山路，然後來到狹窄的龍門，最關鍵的是龍門之間只有水路，沒有陸路，想要從這裡過去，難度可想而知。

但嵩山呢？我們可以看到從伊闕到虎牢關，嵩山連綿起伏，其實中間有好幾個缺口。不過早在黃巾起義爆發之初，朝廷就在這裡設置各個關口，如伊闕關、大谷關、軒轅關等。

所以，對董卓來說，南面也不用操太多心。

對伐董聯盟來說，大家都從東邊來，想要攻打洛陽，虎牢關是最好的突破口。

但各懷心思的伐董聯盟沒有聚集在虎牢關。

我們先看看來的都有哪些人。

伐董聯盟名單上的人有：後將軍袁術、冀州牧韓馥、豫州刺史孔伷、兗州牧劉岱、河東太守王匡、勃海太守袁紹、東郡太守橋瑁、廣陵太守張超（張邈之弟）、山陽太守袁遺、陳留太守張邈、濟北相鮑信。

你可能會感到奇怪，裡面沒有劉備就算了，怎麼連曹操都沒有？別急，後面會解釋。

眾人推袁紹為盟主，是因為袁紹家是望族，就是所謂的「四世三公，門多故吏」。袁紹的高祖袁安在漢章帝時為司徒，曾祖袁敞在漢安帝時為司空，祖父袁湯在漢桓帝時為太尉，父親袁逢和叔父袁隗在漢獻帝時分別為司空、司徒，所以四代（高祖、曾祖、祖父、父）均出現過擔任三公（司徒、司空、太尉）職位的人物，所以稱袁紹的家世為四世三公。門多故吏不用說了，這樣的家族，關係網非一般人能比。

袁術是袁紹的弟弟，但袁術是嫡子，袁紹是庶出，所以在袁家，袁術的地位比袁紹高。袁紹的聲望有很大一部分是靠掃除宦官和反抗董卓贏得，家族背景更多是發揮背書作用。

韓馥是董卓任命的冀州牧，袁紹的勃海郡就在冀州，董卓的本意是讓韓馥好好看管袁紹，不過隨著反董形勢的高漲，韓馥也只好加入。

鮑信原本是何進的手下，和曹操的關係非常好。何進派他去泰山募兵，等他招了兩萬兵回來時，何進已經死了，董卓進入洛陽，鮑信勸袁紹殺董卓，袁紹不敢，鮑信很失望，就回泰山了。這次有人號召伐董，他自然參加。另外，橋瑁、王匡也曾是何進的手下，和袁紹、曹操都是同僚。

其他人不多說了，單說陳留太守張邈。可能有人會納悶，陳留不是陳留王的封國嗎？長官應該是國相才對呀?!其實，漢獻帝被封為陳留王之前，這裡是陳留郡，長官自然是太守，而張邈的年紀很大，且一直任職，所以職務還是太守。張邈與袁紹、曹操都相當熟識。

前面說過，曹操從洛陽跑出來後去了陳留國，後來正是受到張邈資助，才有一支五千人的隊伍。相比其他上萬人的隊伍，曹操這一支是最小的。因為曹操沒有自己的地盤，而且是董卓的通緝犯，只能打著張邈的旗號，所以伐董聯盟的名單就沒有他。

各州郡起兵後，袁紹自號「車騎將軍」，和河內太守王匡屯兵於河內郡，冀州牧韓馥沒有出兵，留在鄴城補給糧草；豫州刺史孔伷屯潁川；兗州刺史劉岱、陳留太守張邈、廣陵太守張超、東郡太守橋瑁、山陽太守袁遺、濟北相鮑信和無名無號的曹操屯兵酸棗；後將軍袁術屯兵魯陽（今魯山）。

袁紹自號車騎將軍含有深意，東漢的軍職，大將軍之後就是車騎將軍，自從大將軍何進死後，大將軍沒有了，車騎將軍當然就是老大了。而且，他和王匡屯兵河內，與洛陽隔河相望，其實是在觀望，不用急著渡河，先看看其他人的行動再說。韓馥留了一手，不參戰，只出糧，萬一聯軍失敗，他可以說是形勢所迫。孔伷駐潁川，實際上也是在觀望。

袁術屯魯陽，有自己的算盤，他想另立山頭，不想居於袁紹之下——嗯，對，嫡子看不起庶子。大家族裡的庶子比傭人強不了多少，參見賈寶玉和賈環的地位差距，要讓賈寶玉替賈環當幫手，他寧可去死。袁術也一樣，不想當袁紹的手下。

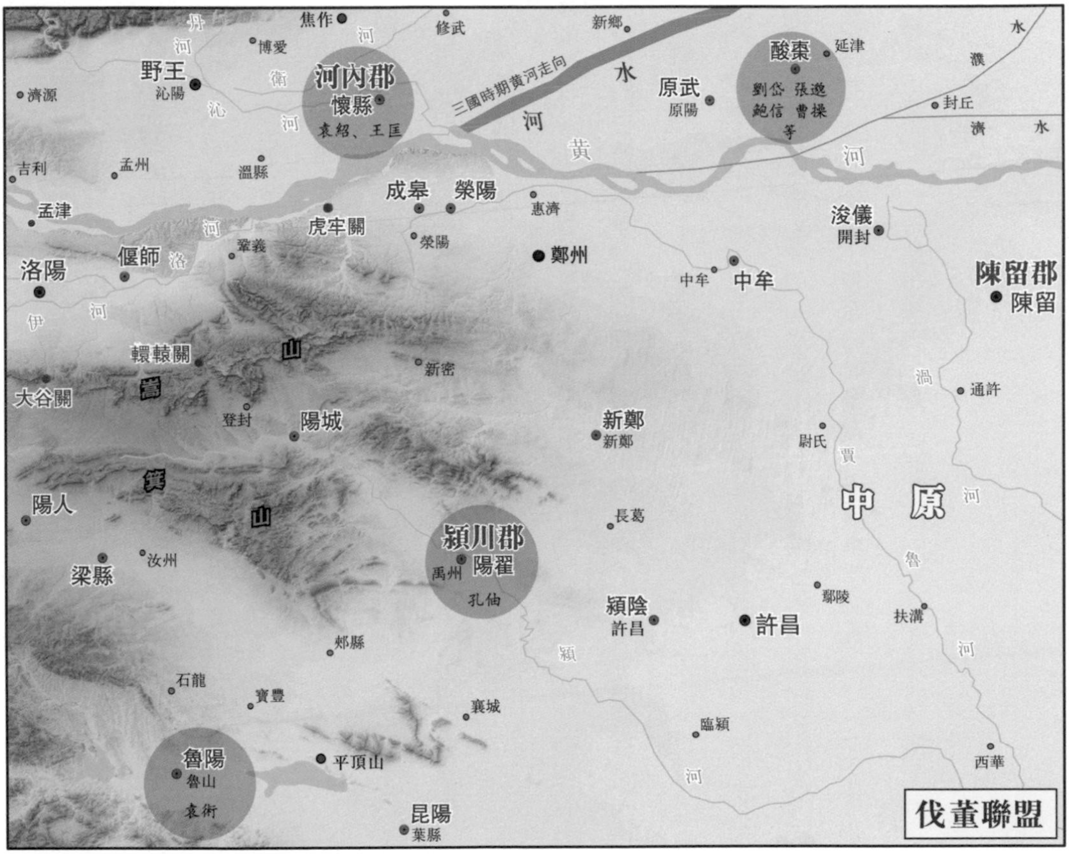

真正有誠意打仗的是屯兵於酸棗的這些人，尤其是沒被眾人放在眼裡的曹操。

酸棗屬於陳留國的一個縣，也是陳留國中離虎牢關最近的一個縣，而且都在黃河南岸，從這裡出發一路向西，可以直撲虎牢關，可以說酸棗是伐董的最前線。需要注意的是，三國時期的黃河過了成皋之後，與現在的黃河走向相比，更靠北一些。歷史上黃河經常改道，現在的黃河下游，實際是奪取了濟水的部分河道之後形成的，所以我們看到的酸棗縣（今延津西南）在今天的黃河北岸。

如果從地圖上看，聯軍的軍隊已經把董卓圍了半圈。董卓如果不趕緊跑，就是死路一條。董卓著實被嚇得受不了，挾持漢獻帝遷都長安，一把火燒了洛陽城，不僅挖開漢室皇陵盜竊珍寶，還縱兵劫掠附近的百姓，昔日繁華的洛陽城轉眼之間化為焦土。

不過董卓仍然親自駐防洛陽，聯軍勢大，他不敢掉以輕心。曹操認為時機已到，應該趁機攻取洛陽。聯軍害怕董卓的西涼軍，沒人出兵，於是曹操帶著自己的兵直撲虎牢關。到了滎陽，與董卓的大將徐榮交鋒，結果寡不敵眾，死傷大半，曹操也中了一箭，幸虧被曹洪所救，撿回一條性命。

回到酸棗，曹操建議立即分兵武關，圍困董卓。從這裡可以看出曹操非常具有戰略眼光，長安所在的關中，與中原只有兩條路相通，一條是經函谷過洛陽，另一條是出武關入南陽。董卓在長安和洛陽之間機動，仍占據著天下的中心，如果諸侯分兵進駐武關，董卓迫於壓力，不得不加強關中的防守，勢必會削弱洛陽的兵力，這時諸侯可以趁機攻占洛陽，一旦拿下洛陽，董卓就被圍困關中，頂多算個割據一方的諸侯，難以挾天子號令天下。

但其他人顯然不具備這種戰略眼光，也沒有這麼長久的打算，只想保存實力，於是按兵不動，整天在酸棗喝酒。等酸棗囤積的糧食吃完，大家就散了，各自回家搶地盤。

時任長沙太守的孫堅其實也參加了伐董。

孫堅本是富春（今浙江杭州市富陽區）人，孫家世代在吳地做官。黃巾起義爆發時，孫堅在淮、泗一帶招募了一千精兵，跟隨朱儁南征北戰，屢建戰功。討伐西涼叛軍時，孫堅和董卓有些過節。到了中平四年（西元一八七年），長沙人區星反叛，朝廷任孫堅為長沙太守，率眾平叛，又立奇功，封烏程侯。聽到關東諸侯紛紛起兵討伐董卓後，遠在長沙的孫堅也立即起兵。

只不過孫堅晚了一步，沒喝上酸棗聯軍的酒。原因一是路途遠，二是他在路上幹了兩件事。

哪兩件事？一是逼死荊州刺史王睿，二是殺掉南陽太守張咨。王睿死後，劉表才被董卓任命為荊州刺史。殺王睿是因為舊仇，殺張咨是因為要糧草不給，自從殺了張咨後，孫堅走到哪裡都能得到糧草。

孫堅到了魯陽，投奔袁術。袁術為了拉攏孫堅，表奏孫堅為豫州刺史（此時孔伷已死）。從這之後，孫堅實際上把豫州當作自己的地盤了。

一番休整加上招兵買馬後，孫堅準備攻打洛陽。不過與袁紹他們不同的是，孫堅不打算從虎牢關進攻，而是選擇洛陽南面的大谷關和軒轅關。

孫堅之所以這麼選擇，是因為他面臨的情況和袁紹不同：

第一，虎牢關以東除了袁紹的勢力外，還有董卓的勢力，而孫堅投靠的是袁術，袁術和袁紹沒有一條心，所以袁紹不會幫他。事實上，孫堅剛到魯陽時，董卓就派東郡太守胡軫突襲孫堅，只是無功而返。如果選擇虎牢關做為突破口，孫堅很可能會腹背受敵。

第二，這裡離陽城很近，陽城是豫州刺史的治所，實際上是孫堅的大本營，而陽城距離魯陽不遠，可以和袁術互相接應。更重要的是，袁術控制著南陽郡，南陽盆地是個產糧區，孫堅需要他的糧草支援。

聽說孫堅攻打軒轅關，董卓立即命令徐榮回守軒轅關。和曹操的命運一樣，孫堅也敗在徐榮手下，僥倖逃命。

孫堅大敗之後，收拾殘兵敗將，進駐陽人城，試圖東山再起。董卓聽說孫堅占領陽人，便派胡軫和呂布帶兵追殺。孫堅反擊，胡軫戰敗，部將華雄被斬，孫堅一時名聲大振，斬華雄的英名在《三國演義》給了關羽。

袁術擔心孫堅風頭太大難以控制，便斷了他的糧草。孫堅星夜趕往魯陽，陳清事實，以表忠心，袁術心有慚愧，馬上下令調撥糧草給孫堅。

董卓對孫堅的勇猛感到害怕，以高官厚祿為誘餌，想與他和解，孫堅斷然拒絕，麾軍北上，進兵大谷關。

於是董卓親自迎戰，結果遭到重創，留下呂布掩護，自己轉守新安和陝縣。誰知呂布也不是孫堅的對手，於是孫堅破關，占領洛陽。此時洛陽城已是一片廢墟，方圓百里看不到人煙。孫堅一片感慨，對

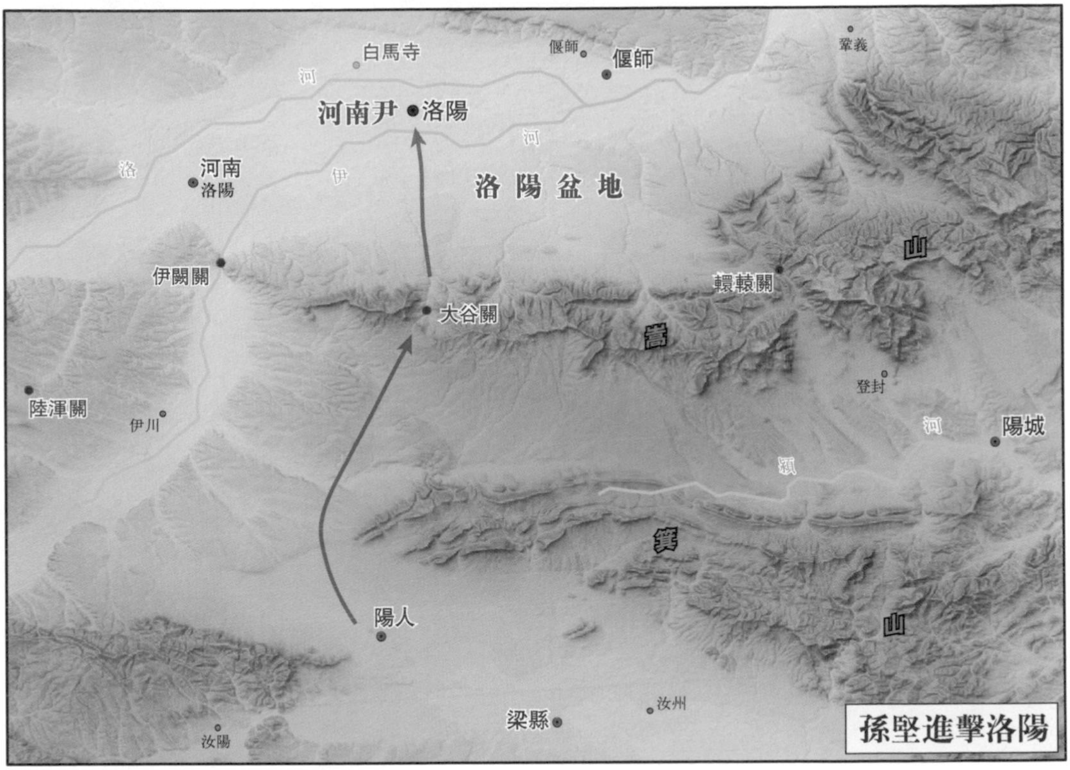

孫堅進擊洛陽

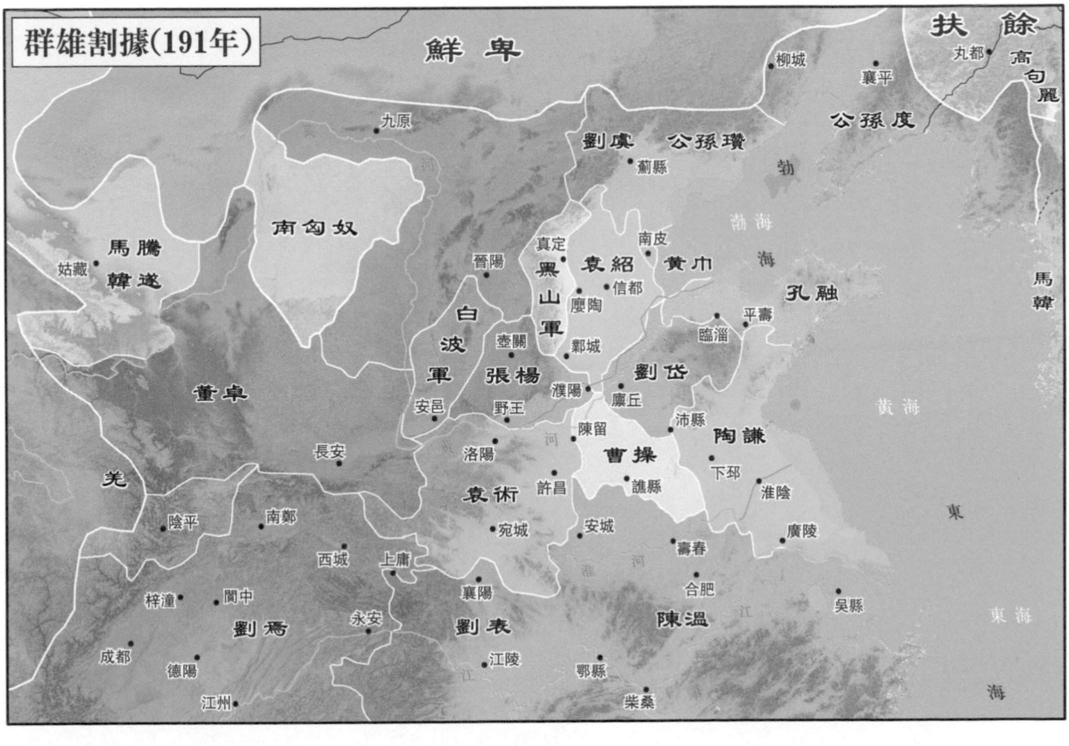

群雄割據(191年)

董卓更是恨之入骨。

意外的是，在洛陽城的廢墟裡，孫堅得到漢王朝的傳國玉璽。

孫堅一面休整部隊，一面分兵攻擊函谷關（漢函谷，今新安縣，非秦函谷）、新安（今澠池東）的董卓守軍。為了防止孫堅進擊，董卓分兵遣將，在新安、華陰、安邑（今夏縣）等地派人留守，自己退往長安。孫堅修復被董卓挖掘的漢室陵墓後，引兵回到魯陽。

孫堅被袁術表奏為豫州刺史後，想以豫州為根據地建立自己的基業，畢竟長沙太偏遠。可就在他辛辛苦苦攻打洛陽時，袁紹卻改派周昂為豫州刺史，並占領孫堅做為豫州刺史治所的陽城。

為什麼會出現兩個豫州刺史？誰是正統？這正是漢室名存實亡的表現。注意一下措辭，袁術是表奏，袁紹是改派。表奏的意思是上表給天子，由天子任命，當然這時的天子被董卓操控，董卓不會搭理袁術，但至少袁術還是走了這個流程。而袁紹呢？自己任命，在他眼裡，董卓控制的這個朝廷已經不管用了，他可以自己做主。這是個開頭，日後大家都開始效仿。

孫堅聽說陽城被占後，十分氣憤，率兵攻打周昂，周昂敗走。在這次攻打周昂的過程中，袁術派公孫越協助孫堅，結果公孫越意外中箭身亡。公孫越是公孫瓚的弟弟，既然周昂是袁紹的小弟，公孫越又是死在周昂手上，公孫瓚當然就把這筆帳記在袁紹身上了，於是兩人因此結仇。

至於袁術和袁紹兄弟反目，起因是袁紹想立漢室宗親幽州牧劉虞為帝，希望得到袁術的支持。袁術想自己當皇帝，如果立成年的劉氏當皇帝，自己就徹底沒希望了，於是找藉口反對——這是第一次。第二次，正是因為豫州刺史的事，兩人徹底翻臉。袁術大罵袁紹是家奴，但沒辦法，群雄大多還是依附袁紹，為了和袁紹爭霸，袁術和公孫瓚、陶謙結盟。袁紹當然不能坐視，聯合荊州刺史劉表，準備南北夾擊袁術，袁術便派孫堅攻打劉表。

劉表駐守在襄陽，孫堅自南陽而下，直奔襄陽。劉表派黃祖在樊城和鄧縣之間阻擊，很快被擊潰。孫堅勢如破竹，渡漢水，圍襄陽，劉表堅守不出。黃祖調集兵馬後再來挑戰，結果又敗，逃入襄陽城南的峴山。孫堅追擊，卻不料遭遇埋伏，中箭身亡，一代將星就此隕落。

縱觀整個伐董過程，孫堅最為勇猛，也是最有成就的一位將領，可惜英年早逝，不然孫氏一族可能不只偏安於江左。

伐董之後，關東群雄基本上形成兩大陣營，一方以袁紹為首，一方以袁術為首，開始逐鹿中原。

第五章 群雄逐鹿

劉備在平原待了三年，大概是他離開涿郡後待過最長時間的地方。三年內天下發生許多事，其中有兩件大事……

再說劉備從安喜縣逃亡後就往南去了，路上遇到毌丘毅。他是何進還沒死時派往丹陽募兵的大將，於是劉備便和毌丘毅同往丹陽。

丹陽兵戰鬥力極強，後面的故事會經常提到。陶謙能守住四戰之地的徐州，有丹陽兵的功勞；孫策下江東開創基業，也有丹陽兵的功勞。諸侯伐董卓時，大家害怕董卓的西涼兵，主因是涼州產馬，經常和附近的羌人、匈奴人打仗，所以西涼鐵騎的戰鬥力非常強。然而，丹陽兵是步兵，為什麼戰鬥力也這麼強？和它的地理位置有關。

丹陽郡的治所在宛陵（今安徽宣城），雖地處江南，但附近被九華

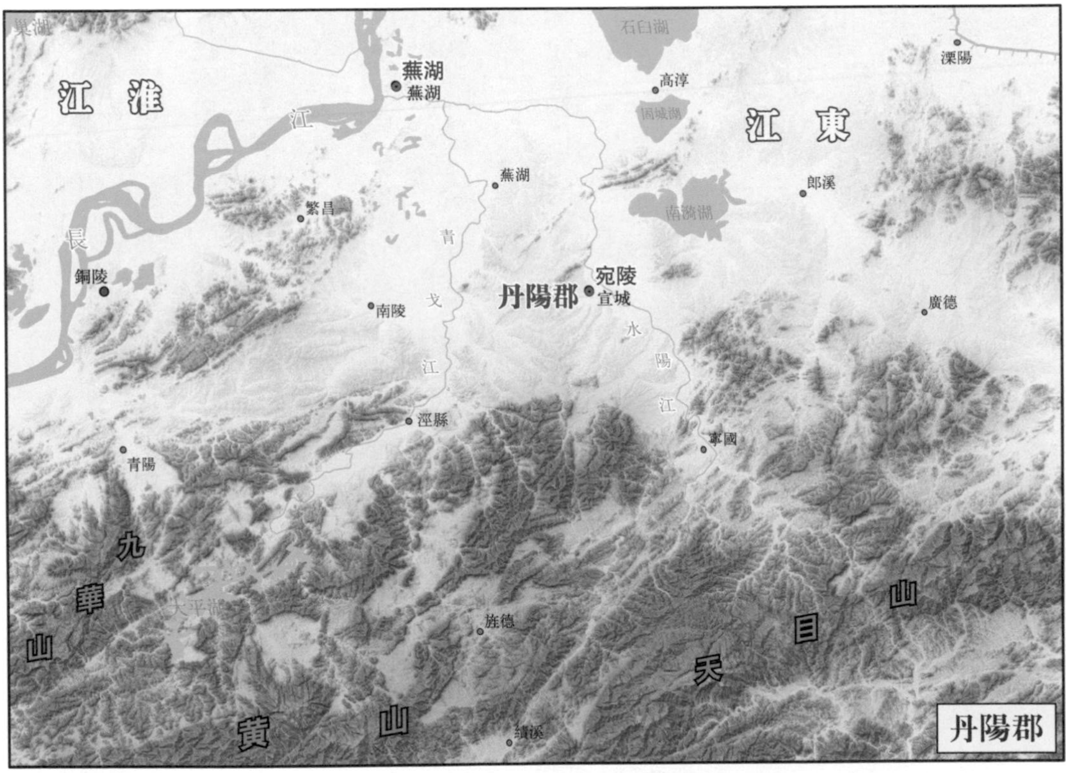

山、黃山、天目山環繞。春秋時期，吳、越是這裡的主角。吳國和越國都是華夏化的越人國，不同的是，越國的越人比例比較高。吳國占據江南的平原地區，越國占據杭州灣南岸（今紹興）一帶狹長的平原地帶。但南部的山區還有大量越人，一部分歸屬越國，但大多數仍處於原始部落狀態。這些越人在平原地區不是華夏文明的對手，但在山地卻所向披靡，慢慢的，他們逐步向附近的山地擴散，往北就到了九華山一帶。所以實際上，從九華山到黃山，再到天目山，都是越人的天下。秦始皇征服百越後，這些越人名義上已歸屬中原王朝，但仍保持原有的生活習性：好武，耐苦，擅長山地作戰。到了漢朝，江東已經被視為中原王朝的「熟地」，但越人的比例仍然很高，一直到東晉時期漢人衣冠南渡後，漢人才在這裡占據絕對優勢。

因此，所謂的丹陽兵，其實是山越兵，據說他們使用的武器與漢人不同，不是刀劍，而是吳鉤。李賀有詩云：「男兒何不帶吳鉤，收取關山五十州。」吳鉤是一種彎刀，與中原的刀劍不同，狀如鉤，為春秋時吳國士兵常用。

這裡還有個問題，劉備鞭打督郵算是得罪了朝廷，怎麼還能和朝廷的人同行，不怕被抓嗎？這正是外戚和十常侍的矛盾所造成。督郵裁撤剿黃巾有功的人，恰好是受十常侍指使，而毌丘毅是何進的人，當然不會理十常侍那一套，所以劉備才得以和毌丘毅同行。

劉備跟著毌丘毅到了下邳，遇到盜賊，和盜賊作戰的過程中，劉備立了功，於是被毌丘毅表舉為下密縣丞，鞭打督郵的罪責就洗乾淨了。縣丞是縣令的副手，相當於副縣長；下密（今山東昌邑）屬北海國，北海國相是孔融。但不知道什麼原因，劉備沒做幾天就辭職了。

不久，劉備被任命為高唐縣尉，然後又升職為高唐縣令，總算當了主角。可惜的是，黃巾軍很快打入高唐，劉備再次逃亡，這次他投奔公孫瓚，公孫瓚表他為別部司馬。

公孫瓚和劉備是老同學，當劉備還在涿郡時，叔父看他將來會有出息，便資助他讀書，老師是大學問家盧植。公孫瓚呢？本來是貴族出身，但因為是庶出，地位低，只能在涿郡當個小吏。不過公孫瓚長得帥，被郡太守看上了，招為女婿，還出錢讓他向盧植就學。就這樣，兩人成了同學。

當劉備還在涿郡賣草鞋時，公孫瓚有老丈人提拔，加上會打仗，已經被封為列侯。按現在的說法，和這位同學相比，劉備已經輸在起跑線上。只是，許多人之所以痴迷三國，正因為那是一個人才輩出的時代。孝廉制穩固的漢朝，寒門士子想要人頭地比登天還難，但在三國時期，特別是曹操推行唯才是舉的政策後，諸侯紛紛效仿，於是大批沒有背景、沒有名望的人才井噴式湧現。像劉、關、張這樣草根出身的人，只有在這種情況下才有可能開創一番事業。

公孫瓚的主要功績是抗擊烏桓，今天的北京是中國的政治中心，但在漢代，還是一片苦寒之地。相對於中原，這裡不僅氣候寒冷，而且靠近北方邊境，經常受到游牧民族侵擾。烏桓是東胡的一支，和鮮卑同族，原本聚集在大興安嶺，因受匈奴打壓而分裂。當匈奴人被漢朝打壓後，鮮卑很快占領大漠南北。而烏桓因為靠近漢人，長期和漢人打交道，漢化程度很深。公孫瓚長期和烏桓人作戰，勇猛果敢，下手狠毒，烏桓人聞風喪膽。公孫瓚喜歡白馬，手下養了一支精兵，擅騎射，又騎著清一色的白馬，稱為「白馬義從」。趙雲正是白馬義從的一員，我們看到影視劇的趙雲，總是銀槍、銀甲、白袍、白馬的瀟灑模樣，正是白馬義從的標準配備。趙雲是常山郡（今石家莊）人，被當地人推薦加入白馬義從。

劉虞到幽州任州牧後，和公孫瓚的做法完全相反，對游牧民族使用懷柔政策，公孫瓚看不慣，又擔心劉虞搶走功勞，處處使壞，劉虞就上奏朝廷，參了公孫瓚一本，朝廷讓公孫瓚只能帶兩萬人馬，屯駐右北平郡（今河北唐山一帶）抗擊烏桓。自此兩人明爭暗鬥，將幽州的華北部分一分為二：劉虞占據西邊，以燕國為中心；公孫瓚占據東邊，以右北平為中心。

這裡有個很有意思的變化，幽州的治所是薊縣，就是今天的北京，北京失去首都地位時，就叫北平，正是源於右北平郡，而原來右北平下轄的無終縣（曾經的治所）卻繼承了薊縣的名字。這正是權力轉移造成城市名稱隨之遷移的例子，相同的例子還有武昌，原本在鄂州，隨著權力西移就到了武漢。另外還有一種情況是，權力下移造成同一名稱管轄範圍縮小，三國時期很多郡名就變成今天的城市名，比如長沙郡、漢中郡，當然還有徐州。

實際上，幽州在遼東還有一片土地，因為地處偏遠，幾乎沒人理會，遼東太守公孫度趁機自立。公孫度雖然姓公孫，但和公孫瓚沒有關係，他是道地的遼東人，也是遼東的土皇帝。

幽州被瓜分，冀州同樣在洗牌。袁紹討伐董卓雖然一無所獲，但手下已經聚集大隊人馬。回到勃海郡後，韓馥擔心袁紹坐大，故意減少軍需供應，企圖餓散、餓垮袁紹的軍隊。袁紹感覺處處受制於人，就惦記上韓馥冀州牧的位子。

隔年（西元一九一年），韓馥部將麴義反叛，韓馥討伐不利。袁紹覺得時機成熟，派使者與麴義結交，分解韓馥的實力。

同時，袁紹邀公孫瓚南下，共同奪取冀州，這時的公孫瓚和袁紹的關係還很好就同意了。只打一戰，韓馥就嚇破膽。袁紹派人去鄴城遊說韓馥，讓他把冀州牧的位子讓給自己，這樣就不用怕公孫瓚了。韓馥聽完這個建議，居然答應了！袁紹不費一兵一卒就得到冀州，包括韓馥手下的謀士，如沮授、田豐、審配等都歸順袁紹。

公孫瓚因為弟弟的死和袁紹翻臉，親率主力從北方攻打袁紹，又任

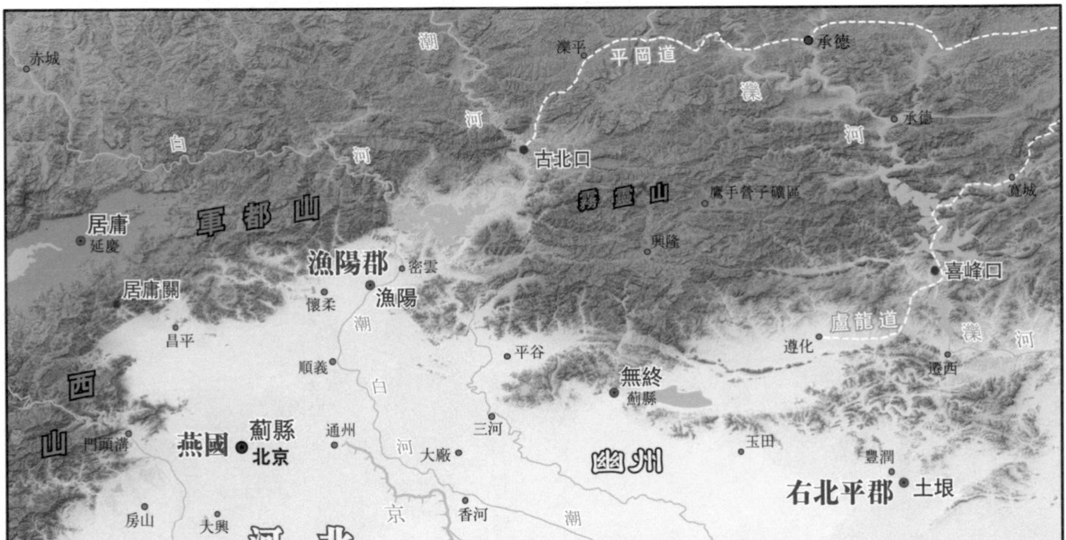

燕國與右北平郡

命嚴綱為冀州牧、田楷為青州牧、單經為兗州（今山東金鄉縣西北）牧，從南方牽制袁紹。劉備被派往青州協助田楷，趙雲也跟去了，擔任劉備的騎兵隊長。

劉備在青州多次立功而被升為平原縣令，後來又升為平原相。

劉備治理平原有方，愛民如子，深受百姓愛戴。據說有一個叫劉平的人，不知道什麼原因和劉備結仇，派一名刺客殺劉備。劉備當時不知道對方是刺客，好心款待，禮讓有加。刺客忍不住告訴劉備實情後就走了──對，他不好意思下手。

有一天，北海相孔融忽然被黃巾軍包圍，太史慈殺出重圍向劉備求救。劉備受寵若驚說：「孔北海居然知道世上還有我劉備這麼個人！」欣然前往。劉備這時才知道，自己在江湖上已經有些名氣了。

劉備在平原待了三年，大概是他離開涿郡後待過最長時間的地方。三年內天下發生許多事，其中有兩件大事。

第一件，萬惡的董卓終於死了。

董卓死於呂布之手，呂布原本是丁原的手下，丁原是何進召到洛陽來殺宦官的，結果何進一死，董卓掌權。董卓利誘呂布殺死丁原，吞併丁原的軍隊，又和呂布結為父子。董卓被孫堅打敗後，從洛陽回到長安，知道自己作惡太多，時時擔心有人刺殺他，就讓呂布做自己的貼身侍衛。不過，董卓生性多疑，脾氣暴躁，經常為一些小事發脾氣，有一回還向呂布扔出畫戟，差點要了他的命。呂布本來就是好色之徒，和董卓的一個婢女（貂蟬的原型）有染，擔心東窗事發，所以整天提心吊膽。呂布和司徒王允的關係比較好，就把心中的苦悶向王允傾訴一番，恰巧王允正在謀劃怎麼除掉董卓，便說服呂布入夥。

後面的事和演義一樣，呂布殺死董卓，大快人心，長安城裡舉城歡慶。就這樣，王允和呂布掌控了長安的大局。

正當大家覺得局勢會慢慢變好時，董卓的兩個舊部李傕和郭汜，本來想把部隊解散後回家種田，結果一被人煽動又殺回來。長安陷落，王允戰敗被殺；呂布帶著百來名騎兵殺出武關，到了南陽，就是袁術的地盤。

呂布想投奔袁術，袁術看不慣他自以為是的樣子，很客氣地拒絕了。於是呂布投奔袁紹，呂布在袁紹手下屢建戰功，一有功又開始驕傲，說袁紹給他的軍隊太少，要求增加軍隊。袁紹覺得呂布很不安分，想除掉他。呂布感到大難臨頭，逃到河內郡，和流落在此的張楊聯合，暫時落腳。

第二件，曹操崛起。

伐董聯盟解散後，曹操趁機占領東郡（治所濮陽），於是袁紹表其為東郡太守，曹操也算有了自己的一畝三分地。

初平三年（西元一九二年），青州的黃巾軍突然壯大，連破兗州（治所昌邑）數個郡縣，還斬了兗州刺史劉岱。兗州無主，鮑信推舉曹操任兗州牧。有了兗州，曹操才算真正成為一方諸侯。於是曹操和鮑信聯兵攻打黃巾，鮑信不幸戰死，曹操痛心不已。

青州黃巾聲勢浩大，人數有三十萬之多。曹操化悲痛為力量，日夜攻打，最終黃巾軍抵擋不住，率眾投降；另加黃巾軍的家眷老小，共有百萬之眾。曹操從三十萬青壯中挑選三萬精兵，名為「青州兵」，其餘的人安排屯田，老少都有安置。和其他軍閥不同，曹操沒有殺降，而且妥善安置，讓三萬精壯沒有後顧之憂，能忠心耿耿地跟隨他南征北戰。正是這些青州兵，為曹操的霸業之路打下基礎。

這時的曹操還屬於袁紹陣營的一部分，所以他的主要任務是打擊袁術陣營，比如北邊的劉備、南邊的袁術、東邊的陶謙，當然也包括無處不

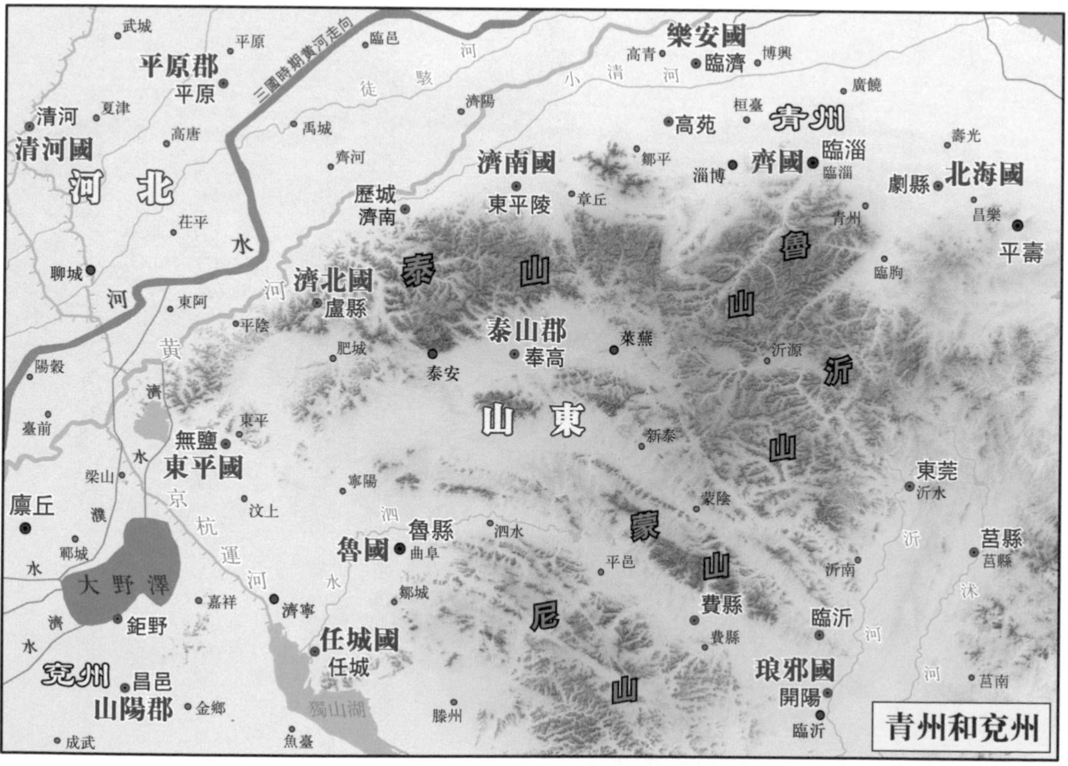

在的黃巾軍。

最後，還有一件不算太大的事，就是公孫瓚殺了劉虞，幽州除遼東外全歸了公孫瓚。

補充一下，各州郡的治所會經常變動，特別是州治。原因在於戰亂時期，統治者需要根據戰爭調整州政府的駐地。另外一個原因，不同勢力經常會在同一個州設置自己的代理人（刺史或州牧），於是就會出現兩個州治。

此外，為什麼到處都有黃巾軍，野火燒不盡，春風吹又生？因為黃巾軍本來就由難民組成，戰爭會產生新的難民，當一場大戰過後，那些流離失所的人為了活下去，最好的歸宿就是加入黃巾軍。如果所有的人都像曹操這樣對難民，妥善安置，黃巾自然就消亡了。

第六章 陶謙讓徐州

興平二年（西元一九五年），陶謙病重。臨死前對別駕麋竺說：「非劉備不能使徐州安定。」

西元一九三年秋天，曹操的父親前來投奔兒子，結果在從琅邪到泰山的路上，被徐州牧陶謙的手下殺了。

死了親爹的曹操像瘋了一樣攻入徐州，沿途燒殺搶掠，雞犬不留。陶謙退守郯縣（此時郯縣是徐州的治所），曹操圍城。徐州形勢岌岌可危，恰好曹操糧草快用完了，退兵回兗州，陶謙逃過一劫。

隔年夏天，曹操又來打徐州，兵鋒已到東海國（治所郯縣），陶謙知道擋不住曹操的青州兵，急忙向青州刺史田楷求救，於是田楷派劉備前往徐州。

劉備雖然手下有關羽和張飛兩員大將（趙雲因兄長去世返家），戰鬥力不弱，但實在沒什麼家當：大約一千多步兵，還有一支雜牌騎兵，人數不多。到了徐州後，陶謙給他四千丹陽兵，劉備頓時實力大增。陶謙的慷慨讓劉備感覺在公孫瓚那裡白混了這麼多年，於是從這個時候開始，劉備不再跟隨公孫瓚，改跟隨陶謙了，大概就是所謂的「良禽擇木而棲」。

有劉備來對付曹操，陶謙心裡踏實了許多。

正當曹操對徐州志在必得時，不料後院起火了。

原來曹操兩次攻打徐州，所到之處寸草不留，東郡的守備陳宮對曹操的行為十分不滿，就和陳留太守張邈、張超一同反了曹操。

張邈原本是曹操的恩主，曹操討伐董卓時還是打著他的旗號，不過今非昔比，曹操現在是兗州牧，陳留屬於兗州，所以陳留太守張邈就成了曹操的屬下。

不過這幾個人不是曹操的對手，陳宮想到了一個人——呂布，如果請他來當兗州牧，對付曹操應該不成問題。

這時的呂布正在河內伺機而動，眼見天上突然掉下大餡餅砸在自己腦袋上，毫不猶豫地答應了。彷彿一夜之間，曹操幾年的心血付諸東流，當時只剩下三個縣：鄄城（今山東鄄城）、范縣（南范縣）、東阿（今山東陽穀）。如果天長日久，在呂布的威逼之下，難保這三個縣不生變。所以曹操趕緊從徐州撤兵，回擊兗州。

陶謙聽說曹操退兵，總算鬆了一口氣，表劉備為豫州刺史，讓他屯小沛（沛縣），以防曹操再犯。

自從曹操當上兗州牧後，就把治所遷到廩丘。等他回到兗州，發現廩丘被人占走，一打聽，呂布屯駐在濮陽，便領兵圍攻濮陽。雙方僵持百餘日，忽然蝗災大起，只好停戰，曹操退還鄄城。小小的鄄城養不起那麼多兵，曹操徹底斷糧。正在走投無路之際，袁紹派人來了，說可以去投靠他，還讓曹操全家都搬到鄴城。曹操不傻，知道去了就是人質，但眼前實在無路可走，如果不是程昱攔著，他就會答應了。

興平二年（西元一九五年），陶謙病重。臨死前對別駕糜竺說：「非劉備不能使徐州安定。」

陶謙為什麼想把徐州讓給劉備？

首先，當然是劉備名聲好。這個不是《三國演義》吹的，歷史上的劉備確實非常講信義，從他在平原時的所作所為就可以看出一二。陶謙得罪了曹操，可以說惹上天大的禍事，而劉備不但來幫忙，還改換門庭投奔到他的門下，在旁人看來無異於自取其禍，但劉備沒想這些，他想幫人幫到底。從這件事，陶謙看到劉備滿滿的誠意。

第二，劉備不僅有美名，還有實力。自從剿黃巾以來，劉備雖然吃過敗仗，但總體來說，勝多敗少。也就是說，如果他統領徐州，面對曹操強力進攻時，有可能守住。曹操在徐州大開殺戒，最慘的還是百姓，如果劉備能守住徐州，就是徐州百姓之福，陶謙心裡還有徐州百姓這筆帳。

第三，如果不給劉備，就只能傳給

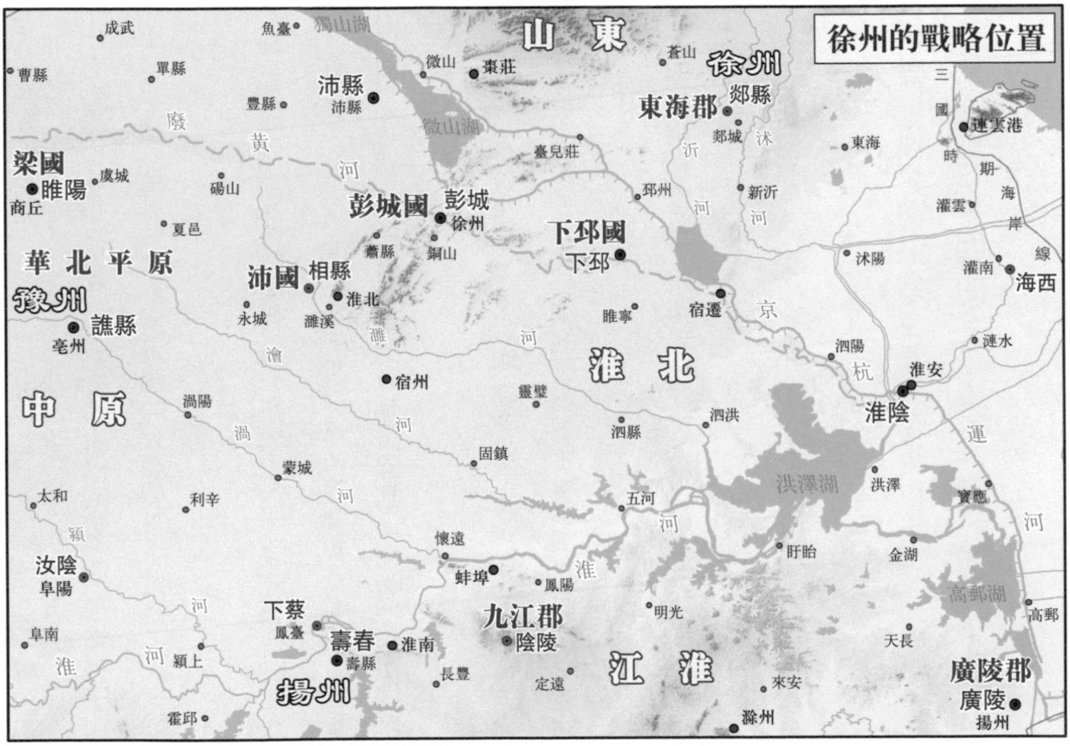

自己的兒子。這時還沒有傳位給兒子的先例，大家都是用互相保舉的方式培植自己的勢力，畢竟天子還在，傳位給兒子就是目無朝廷。這個陶謙還做不來，在各地軍閥都心懷鬼胎的大環境下，做為老人，陶謙還是忠於漢朝。

最後，也是最重要的，徐州是四戰之地，四周的軍閥虎視眈眈，沒有一定能力的人是守不住的。陶謙原本有個盟友袁術，但袁術自從孫堅死後實力大降，最終在曹操的打壓下，在南陽站不住腳，跑到了壽春。袁術在壽春不但不能幫陶謙什麼忙，反而打起徐州的主意，讓陶謙越發感到徐州的形勢岌岌可危，需要一個有能力的人來接班。

當然，歷史上陶謙沒有三讓徐州，他說完這句話不久後就死了。陶謙一死，麋竺就請劉備領徐州。只因幸福來得太突然，劉備一下子不敢接受。後來在陳登、孔融的勸說下才接受，並把治所遷到下邳。

下邳曾是楚王韓信的封地，劉備遷到這裡主要有兩點考慮：這裡離曹操更近，離壽春的袁術也不遠，可以更好地防止這兩股勢力侵蝕；另外，下邳境內有泗水流過，沿泗水北上可以到達彭城（今徐州市）和沛縣，往南可以到達淮河，水路是最便捷的運糧、運兵通道，無論是抵抗曹操的進攻，還是防止袁術的蠶食，下邳都是最佳選擇。

和下邳地理條件相似的還有彭城，劉備沒有選擇彭城安家，一是彭城地處徐州和兗州的交界處，離曹操太近，沒有緩衝；另一個，離袁術太遠，調兵調糧所花費的時間太長。袁術就像一隻躲在黑暗的老狐狸，時刻盯著徐州，一有變動便伺機而動，劉備不敢掉以輕心。

無論如何，徐州終歸是個四戰之地，四周又無險可守，劉備要想守住徐州，依然困難重重。

其實曹操這時無暇顧及徐州，圍攻濮陽失敗後，曹操痛定思痛，第二年整軍再戰。這一打，連連得勝，收回定陶、廩丘等城池，平定兗州。呂布走投無路，逃往徐州投靠劉備，劉備把呂布安排在小沛（沛縣），兗州又回到曹操手裡。

曹操收回兗州後，下一步自然是繼續打徐州，眼看到嘴的肉不能就這麼飛了。雖然徐州易主，劉備和他也沒有殺父之仇，但曹操很清楚徐州的戰略地位，只要拿下徐州，北上可以平定山東，南下可以吃掉江淮。

但恰巧在這時發生一件事，打亂了曹操的計畫。原本掌控長安的李傕、郭汜發生矛盾，兩人開始火拚，長安城亂成一片，死傷無數，漢獻帝趁機逃了出來，下詔讓各位諸侯勤王。

曹操一看這是天大的機會，立即領兵西去，先把獻帝接到洛陽。但洛陽已是一片廢墟，皇帝和文武百官住在這裡很不方便，曹操趁機把都城遷到許昌，從此以後，就可以挾天子以令諸侯。

曹操一去，劉備總算鬆了一口氣。袁術一看曹操把重心放到許昌，暫時不會和自己搶徐州，便派兵進犯徐州。劉備急忙南下迎敵，雙方在盱眙、淮陰相持。

誰知這個時候，袁術答應給呂布二十萬斛大米，讓呂布從後方攻打劉備。見利忘義的呂布趁機南下，偷襲下邳，劉備一時腹背受敵，走投無路，疲憊交加，只好向呂布求和。呂布怨恨袁術答應的二十萬斛大米沒有兌現，答應劉備的求和，把他安排在小沛。

但袁術不想放過劉備，命大將紀靈帶三萬人馬攻打劉備。劉備無兵無糧，向呂布求救。其實呂布沒有特別喜歡劉備，只是擔心一旦袁術占領小沛，自己就被包圍在中間，容易腹背受敵。於是呂布只帶了千餘人趕往小沛，用「轅門射戟」的方式讓雙方罷兵。

自從從孫堅手裡得到傳國玉璽後，袁術想當皇帝的願望一天比一天強烈。到這個時候，他不再遮遮掩掩，直接把這個想法告訴呂布，想讓兒子娶呂布的女兒為妻，並馬上接過去完婚。呂布覺得女兒將來能當皇后，他就是國丈，感覺很不錯就答應了。

但沛國（不是沛縣，治所相縣）相陳珪擔心呂布一旦和袁術聯合，徐州和揚州連成一片，就會打破各路諸侯的均勢，於國於民不利，便對呂布說，袁術想自立為帝是倒行逆施，而曹操奉迎天子，征討八方，你要投靠的話也得投靠曹操，名正言順，如果跟著袁術，就會成為眾矢之的。呂布覺得有理，想起剛從長安逃出時被袁術拒絕的事，急忙出城把女兒追回來，還殺了迎親使者。

袁術知道後大怒，派出幾萬步騎分七路奔殺徐州而來。當時呂布手下只有三千多兵馬，眼看必敗無疑。好在有足智多謀的陳珪，呂布才轉危為安，大敗袁術，一路把袁術的軍隊趕到淮河南岸。

這時的劉備正在小沛招兵買馬，糾集了幾萬人。呂布擔心劉備要搶自己的徐州，先發制人。劉備不敵，又是大敗，跑到許昌，投奔曹操。曹操表劉備為豫州牧，和之前被人推舉的徐州牧不同，這個豫州牧是得到朝廷承認的。雖然朝廷實際上已經被曹操把持，但好歹是得到官方認可，從此大家都稱劉備為

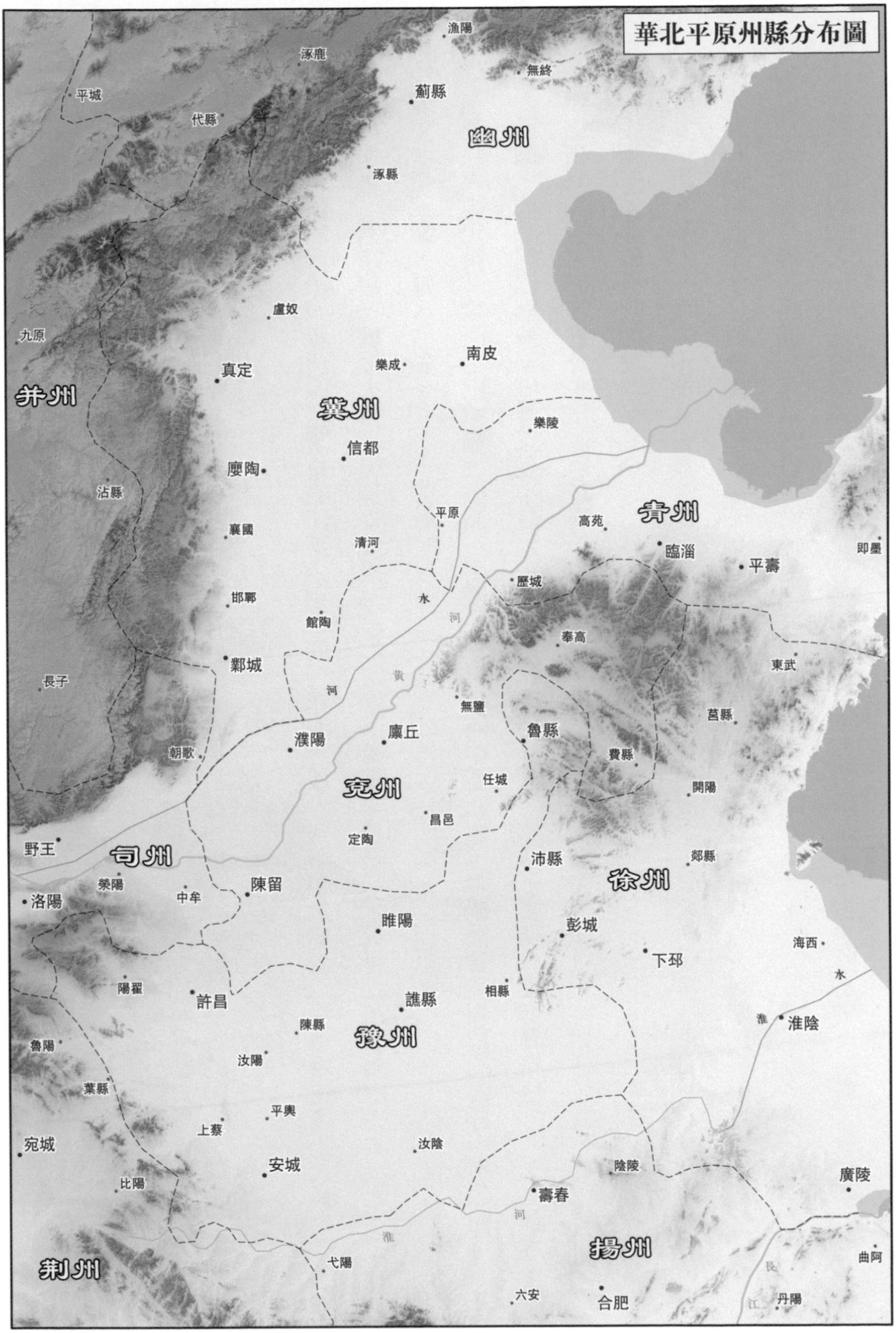
華北平原州縣分布圖
漁陽
涿鹿
無終
平城
薊縣
代縣
幽州
涿縣
盧奴
九原
南皮
樂成
真定
并州
冀州
樂陵
信都
廮陶
沾縣
平原
青州
高苑
襄國
清河
臨淄
即墨
平壽
歷城
邯鄲
水
館陶
河
奉高
鄴城
東武
黃
河
長子
無鹽
莒縣
魯縣
濮陽
廩丘
費縣
朝歌
任城
開陽
兗州
昌邑
定陶
野王
司州
沛縣
郯縣
滎陽
徐州
洛陽
中牟
陳留
睢陽
彭城
海西
下邳
水
陽翟
許昌
相縣
譙縣
淮
淮陰
陳縣
魯陽
豫州
汝陽
葉縣
平輿
上蔡
宛城
汝陰
安城
陰陵
廣陵
比陽
壽春
河
淮
揚州
曲阿
荊州
弋陽
長
六安
合肥
江
丹陽

「劉豫州」。而曹操這時已經是位列三公的司空，外加車騎將軍之職。

曹操還給了劉備軍隊和糧草，讓劉備回沛縣收攏舊部。

自從把天子接到許昌後，曹操的人生之路就像開外掛一樣順風順水。

曹操不是不知道呂布反覆無常，也不是不想打徐州，但在攻打徐州前，要先解決身後的隱患，就是盤踞在南陽的張繡。

張繡是張濟的侄子，張濟原是董卓的部下，和李傕、郭汜一樣，張濟和張繡也是在董卓死後殺入長安城為其報仇。當李傕、郭汜火拚後，長安城成為一片廢墟，軍糧更是奇缺，於是張濟和張繡帶著兵馬逃出關中，出武關，進入南陽。

南陽在袁術走後，實際上已被劉表控制。張濟攻打穰城時中箭而亡，張繡接管了叔叔的部隊，不想與劉表為敵，收兵退出穰城。劉表感覺不該這麼對待窮途末路之人，收留了張繡，讓他守宛城。

張繡和劉表的關係其實有些類似這時劉備和曹操的關係，表面上大家都是漢臣，替朝廷效力，有一定的自主權，並非嚴格的從屬關係。

建安二年（西元一九七年），曹操南征，部隊到達淯水（今白河），張繡率眾投降。

本來一切順風順水，但曹操犯了一個所有男人都容易犯的錯，他看上張濟的遺孀鄒氏，招呼都沒打一聲就把人收在身邊。張繡很生氣，覺得曹操太不把他當一回事，這是其一；其二，曹操親自接見胡車兒（看名字像個胡人），賞給他禮物。胡車兒是張繡的親信，非常勇猛，曹操也許是愛才之舉，但在張繡看來，這分明是要讓胡車兒伺機除掉他，那還不如先下手為強，於是造反了。

張繡這次的反叛對曹操造成了重大損失：長子曹昂、侄子曹安民被殺，猛將典韋戰死。

隔年，曹操再討伐張繡，但這時袁紹已從北方騰出手來，曹操突然感到北方強大的壓力，不得不半途而廢。

一直到建安四年（西元一九九年），張繡在賈詡的建議下，再次投降曹操。這次曹操以禮相待，讓兒子曹均娶了張繡的女兒。張繡這才真心相投，在後來的官渡之戰和北征烏桓中都立下汗馬功勞。

曹操為什麼對張繡不計前嫌，難道他忘了喪子之痛嗎？當然不是，曹操死前還念叨這個兒子。如果曹昂沒有死的話，繼承魏王的人也輪不到曹丕。別說曹昂了，就是典韋的死，也讓曹操痛心不已。

問題不是張繡多麼優秀，而是南陽這塊地方對曹操太重要了。你大概也看出來了，前面兩次提到從長安出逃的人，一個是呂布，一個是張濟，都是先到南陽，為什麼不走別的路，偏偏都來南陽？

因為從長安出逃，往中原這個方向走，只有兩條路：一條是出潼關、走函谷、經洛陽、出虎牢，不僅路途遙遠，而且要經過重重關卡，很容易被劫殺；而走南陽呢？只有一個武關，南陽又是一個大盆地，到了這裡基本上就安全了，既可以北上中原，也可以南下荊襄。

對曹操來說，拿下南陽就等於拿下關中的南大門，從南陽還可以直叩襄陽，為日後打荊州留做準備；而且，南陽離許昌太近，南陽如果在敵人手上，許昌的安全難以保障。

當然，這裡還有一個重要的原因，就是北方袁紹已經占據整個河北，馬上就要劍指中原，曹操如果在張繡身上耗費太多的精力，很容易被袁紹鑽了空隙。曹操現在最大的敵人，就是北方的袁紹。

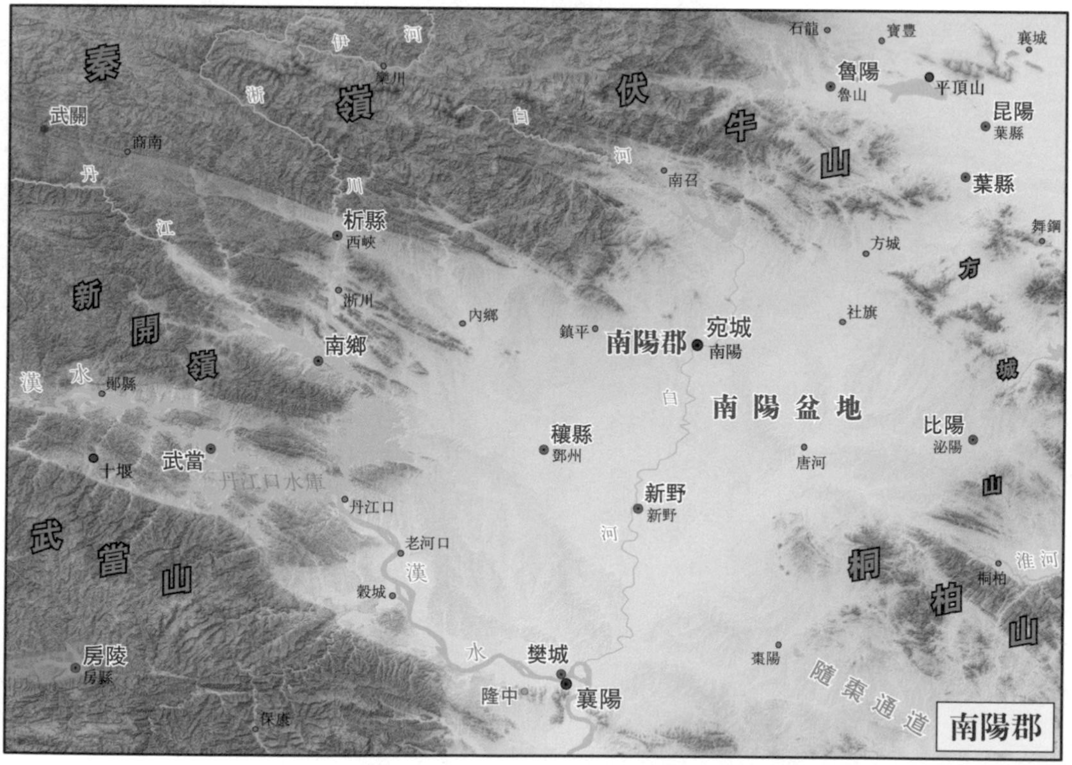

第七章　官渡之戰

曹操原本和袁紹是同盟關係，但自從曹操把漢獻帝迎到許昌後，袁紹才發現曹操已經成為競爭對手……

當初，獻帝剛從長安逃亡時，袁紹手下的謀士曾勸他把獻帝接到鄴城，這樣就可以挾天子以令諸侯，但袁紹沒有採納，結果被曹操搶得先機。曹操與董卓的做法不同，董卓為所欲為，完全不把天子放在眼裡，所以像袁紹這樣的一方諸侯完全可以不理會。曹操雖然實際掌握大權，但在禮法上處處把獻帝擺在前面，各路諸侯不得不從，否則就是與朝廷為敵。

曹操靠著手上有獻帝這張王牌，占領了河南的大片領土，甚至關中的勢力也紛紛歸附。這是袁紹始料未及的，後悔不迭，於是他想讓曹操把首都遷到鄄城，離他近，比較好控制。曹操不但一口回絕，還借皇帝的口下詔書責備袁紹，說他地廣兵多，不但不出兵勤王，反而只知道擴充自己的地盤。袁紹氣到受不了，罵曹操忘恩負義。這時曹操的處境，東有徐州呂布、西有南陽張繡、南有淮南袁術，皆虎視眈眈，怕袁紹真的和自己撕破臉，便派孔融持天子符節出使鄴城，拜袁紹為大將軍，兼管冀州、青州、幽州、并州，袁紹的心裡才好受點。事實上，此時袁紹已拿下了冀州、青州、并州，但幽州還在公孫瓚手裡。

在曹操還沒拿下河南的情況下，袁紹已經坐擁三州，毫無疑問是天下最大的勢力，曹操不怕才怪。拿下冀州的事情我們已經了解，就是從韓馥手上得來的。青州，大致位於黃河的下游和山東的北部。這是黃巾爆發的重災區，朝廷的勢力在這裡缺席，最早看上這邊的是公孫瓚，派了田楷和劉備去青州搶占地盤。袁紹當然不肯示弱，派了長子袁譚。田楷在臨淄，袁譚在平原（此時劉備已去了徐州），再加上朝廷任命的北海相孔融，三股勢力中，田楷最強，袁譚最弱。但幾年之後，形勢逆轉，袁譚擊敗田楷，又打北海，孔融出逃，袁譚徹底占據青州。

并州原本有一支駐軍，就是丁原。丁原進京被呂布殺死後，董卓吞併了丁原的部隊，并州實際上成為無主之地，加上這裡本來就居住著很多匈奴人（漢朝收服的南匈奴人），所以成為黃巾和黑山軍的天堂。黑山軍是農民軍的一支，發源於太行山南端的黑山，正好位於冀州、并州和司隸校尉部的交界處，處於三不管地帶，很快就發展壯大，逐步向中山、常山、趙郡、上黨、河內等地蔓延。中山、常山屬於冀州，袁紹當然不能容忍他們的存在，所以實際上袁紹是在剿除黑山軍的過程中，逐步向并州滲透，最終將其占據。

有了青、冀、并三州，袁紹可以合三州之力對付幽州的公孫瓚。無論從人才、錢糧、兵力哪方面來說，公孫瓚毫無勝算。而且公孫瓚沒什麼政治頭腦，如果這時趕緊結好曹操，從後方牽制袁紹，不至於陷入孤軍奮戰的地步。所以到了建安三年（西元一九八年），袁紹毫無懸念地拿下幽州，公孫瓚見大勢已去，自殺身亡。

當其他諸侯還在為一州一郡爭得頭破血流時，袁紹已經擁有四郡，而且得到朝廷認可，如果不出意外，天下恐怕就是袁氏的了。袁術正是看到這一點，急忙向這位曾經的仇人、他不認可的哥哥寫了一封信。袁術在兩年前稱帝，結果弄得眾叛親離，又被曹操連連攻擊，內外交困，走投無路。寫信的意思無非是想讓袁紹稱帝，他願意把「帝號」讓給袁紹。袁紹接到信後不敢聲張，但心中竊喜，並表示願意接收袁術。

袁紹在河北，袁術在淮南，中間隔著徐州和青州。所以袁術要去找袁紹，就必須先過徐州，再到青州，也就是袁譚的地盤，最後輾轉冀州。曹操聞訊後，派劉備半路截殺，袁術就卡在徐州過不去，回淮南後沒多久就吐血而亡。

再來說劉備。投靠曹操後，劉備仍舊屯居小沛，但心裡無時不惦記著被呂布霸占的徐州。建安三年（西元一九八年），劉備軍隊奪取了呂布軍隊的黃金，呂布派遣高順和張遼進攻劉備，曹操雖然派夏侯惇援救，但劉備還是輸了，棄城而逃。到梁國（治睢陽，今商丘）國界時碰到曹操，於是兩人合兵一處，圍攻呂布。圍城三個月，決水淹城，呂布見大勢已去便下城投降。在劉備的勸說下，曹操殺死了呂布，其手下陳宮、高順也被處死，張遼歸順。呂布死後，曹操得到徐州，劉備跟著到了許昌。

漢獻帝自從到了許昌後，一直不甘心做傀儡皇帝，這一年暗下衣帶詔，讓董貴人的父親董承設法誅殺曹操。劉備起初沒有參加，後來和曹操青梅煮酒論英雄，感覺曹操容不下自己，便加入了董承的密謀。

恰好這時曹操派劉備去徐州攔截袁術，劉備趁機逃離許昌。趕走袁術後，劉備進兵下邳，殺徐州刺史車冑，讓關羽守下邳，自己屯小沛，與北方的袁紹聯合，共敵曹操。

不久，衣帶詔事發，董承被殺。曹操怒不可遏，決定親征劉備。一場大戰後，關羽被擒，劉備逃往青州，先找到袁譚，又輾轉投奔袁紹。袁紹聽說劉備來投，出鄴城二百里相迎。正是在鄴城，劉備見到闊別多年的趙雲。當年在青州和田楷一起抵抗袁紹時，趙雲因為兄長過世回去老家，劉備遺憾不已，沒想到在這裡重逢，這是劉備在潦倒落魄的流亡生涯中唯一值得高興的事。

這時的袁紹正準備發動一場大戰，一舉消滅曹操，因為發生在官渡，所以稱為「官渡之戰」。

官渡其實是位於鴻溝岸邊的一個渡口，鴻溝是戰國時期魏國開挖的一條運河，西連滎陽北部的黃河，東接浚儀（開封）附近的渦河，渦河又直達淮河，所以鴻溝是洛陽通往江淮的通道，當年劉邦和項羽曾在此對峙，劃鴻溝為界。曹操之所以把主力屯兵於此，是因為官渡處於許昌的正北方，不到一百公里，袁紹要取許昌，必然經過官渡。

官渡之戰的導火線是河內郡，曹操攻打徐州呂布時，河內的張楊本想去營救，結果被部下楊醜殺了；楊醜想投奔曹操，結果被眭固殺了。眭固原本是黑山軍的首領之一，攻打東郡時被曹操打敗，就投奔張楊。眭固和曹操有仇，想投奔袁紹，結果半路被曹操截殺，曹操就此占領河內。袁紹見曹操把勢力擴張到黃河以北，深感不妙，集合十萬大軍，外加一萬騎兵，準備南渡黃河，直取許昌。

曹操的兵力總共不到兩萬，分成幾處防守：劉延一千守白馬，于禁兩千守延津（黃河岸邊的一個渡口），其他各處人馬不過一、兩千，絕大部分人馬部署在官渡，由曹操親自領軍。

當曹操正在部署對袁軍作戰時，劉備反曹占領徐州，曹操領兵東征，田豐建議袁紹趁機南下，袁紹卻因為小兒子生病不肯出兵，錯失良機，致使曹操打完劉備後，從容回防官渡。

建安五年（西元二〇〇年），官渡之戰正式開始。

二月，袁紹進軍黎陽，派顏良為先鋒渡黃河，進攻黃河南岸的白馬。如果顏良拿下白馬城，就可以掩護主力從容渡河。守白馬的東郡太守劉延勢單力薄，很快就被袁軍圍困。

曹操在各處設防的兵力不多，能解白馬之圍的只能是他自己了。四月，在謀士荀攸的建議下，曹操佯裝從延津渡河襲擊袁紹後方；袁紹果然上當，分兵延津。此時曹操率輕騎，以張遼、關羽為先鋒，迅速趕往白馬，關羽於萬軍之中斬殺顏良，袁軍潰敗。

為了不讓白馬成為袁紹南下的據點，曹操把白馬城的百姓清撤一空，沿黃河向西而去。袁紹大軍渡河，派文醜和劉備追擊曹操。曹操當時手下只有六百多人，而袁軍有五、六千。情急之中，曹操讓士兵解鞍放馬，沿路丟棄輜重，裝出一副敗逃的樣子。袁軍果然又上當了，只顧著哄搶財物，亂作一團。曹操令騎兵翻身上馬，殺個回馬槍，袁軍大敗，文醜死於亂軍之

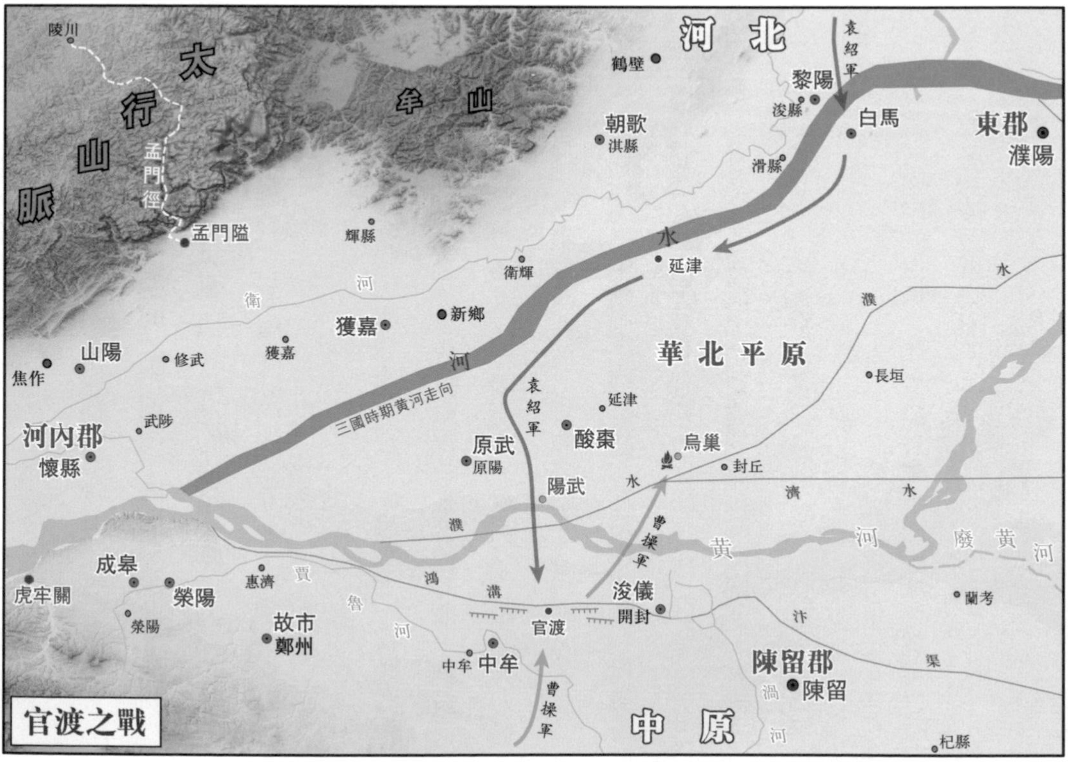

官渡之戰

中（注意，不是關羽所殺）。

袁紹連失顏良、文醜兩員名將，士氣大挫。

但袁紹在兵力上仍占優勢，曹操不敢輕舉妄動，老老實實地回防官渡。

到了七月，袁紹進軍陽武。八月，袁軍主力接近官渡，依沙堆立營，從東往西長達數十里，曹操也立營與袁軍對峙。

看到這裡不免有個疑問，既然從河北到中原都是一馬平川的平原，袁紹不能繞過去直接打許昌嗎？為什麼要在官渡和曹操糾纏？這就涉及古代戰爭一個很重要的問題：糧道。在現代戰爭中，後勤補給可以靠空運、空投，但古代沒有這個條件。這樣一來，保證糧道安全是一場曠日持久的戰爭能否取勝的關鍵。袁紹固然可以

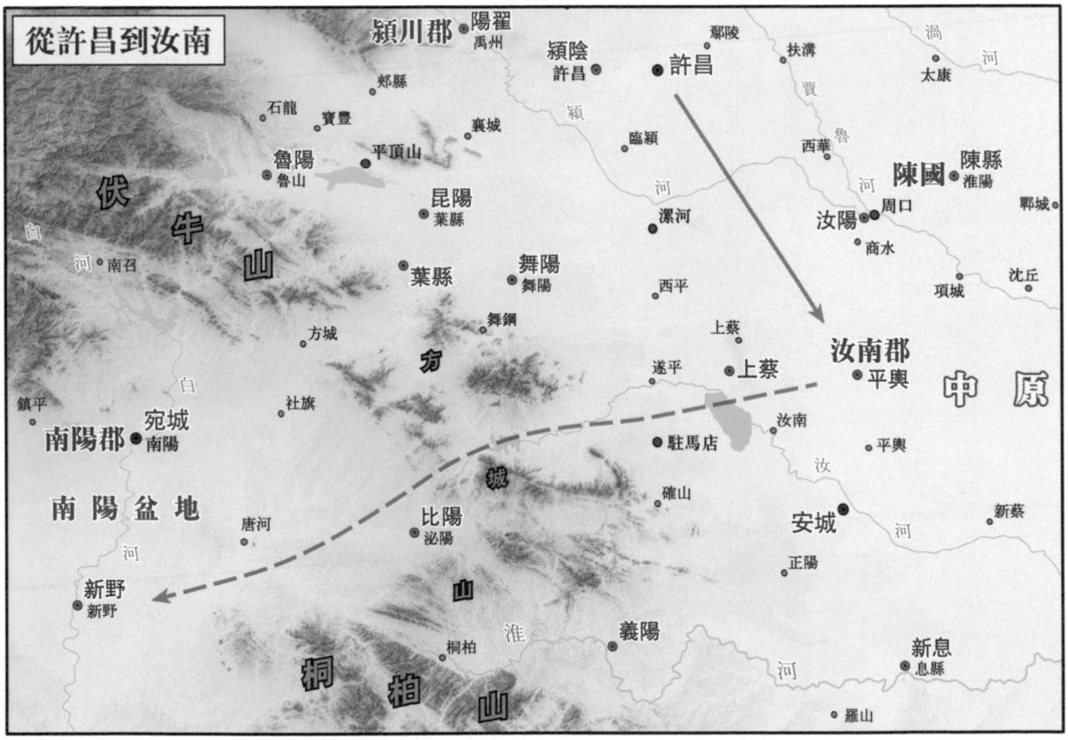

繞過官渡打許昌，可許昌畢竟是首都，城防不會太差，如果不能一鼓而下，運輸糧草的補給線很容易被曹操切斷，沒有糧食軍隊就會叛變，這仗就沒辦法打了。對當時的士子們來說，到底該投靠袁紹還是曹操，都會在心裡盤算一下：誰最有前途？誰能讓自己施展才華？誰能幫自己實現人生抱負？但對普通士兵來說，當兵就是為了混口飯吃，和誰打仗都一樣，不存在誰正義或誰不正義，更沒有什麼民族大義的問題，如果連飯都沒得吃，投降敵方好了。但袁紹犯了一個致命錯誤，他把糧草囤積在離前線過近的烏巢，讓足智多謀的曹操鑽了空隙。

另一個原因，袁紹要的不僅是許昌，更想要消滅曹操有戰鬥力的部隊，在連年混戰的中原地區，只要曹操保留一支軍隊，遲早都會東山再起。做為多年的同僚，以及這麼多年的盟友，袁紹對曹操的能力相當清楚。

雙方在官渡相持三個月，偶有交兵，互有損傷。曹操缺兵少糧，眼看快堅持不住了，寫信給荀彧說想退守許昌。但荀彧說曹操以一當十，堅守了半年，已經是個奇蹟，再堅持下去，奇蹟還會發生。

正是在這段期間，汝南劉辟叛曹歸袁。袁紹一聽是天大的好事，汝南郡位於許昌以南，有了汝南就可以令曹操腹背受敵。袁紹擔心劉辟能力有限，就派劉備過去幫他，從南方襲擊許昌。關羽聽說這件事後，便向曹操辭行，往汝南投奔劉備。

這一段在《三國演義》非常精彩，「關公約三事」、「千里走單騎」、「過五關斬六將」……把關羽的高大形象瞬間樹立起來。這些事在歷史上到底有沒有發生過，其實看看地圖就清楚了。土城約三事大概是有的，要不然曹操不會放關羽走；千里走單騎也可信，只不過從許昌到汝南直線距離四百里，繞遠一點大約五百里，說一千里是比較誇張，但問題也不大。

至於過五關斬六將，先看看過的是哪五關，斬的是哪六將：過東嶺關殺孔秀，過洛陽城殺韓福、孟坦，過汜水關殺卞喜，過滎陽殺太守王植，過滑州黃河渡口殺秦琪。

東嶺關在許昌的西北，即今白沙水庫所在位置。按照這個路線，關羽出了許昌之後往西走，過東嶺關，沿著當年孫堅攻打洛陽的路線到了洛陽；到洛陽轉了一圈後又從虎牢關（汜水關）回到中原，這時才想起袁紹是在河北，然後不急著渡河，一直沿黃河往東走，快到白馬才從滑州（今滑縣）北渡黃河。

當中有幾個問題，我們可以探討一下。

第一，假設關羽不知道劉備去了汝南，而去袁紹處尋找，那麼他既然是光明正大地走平原，完全可以從許昌直接北上，沒必要繞到洛陽；就算他要繞開官渡前線，也沒必要翻山越嶺去洛陽，完全可以走東邊的大片平原。

第二，我們假設關羽到洛陽可能有別的事，到了洛陽後，完全可以從孟津渡黃河，沒必要跑到滎陽殺幾個人再渡河。

「過五關斬六將」毫無疑問是羅貫中虛構的，只是用了真實的地名，才讓人真假難辨。事實上，關羽殺了顏良後，不會自投羅網去找袁紹，而是等劉備離開袁紹去了汝南，才去找他。從許昌到汝南一馬平川，根本不存在什麼難以逾越的關口，可以很順利地到達目的地。也許正是這個原因，實在不利於突顯關公的人物形象，所以羅貫中讓他去洛陽轉了一大圈。不過以羅貫中對地理知識的了解，可能根本沒想那麼多，只是想在關公的路上製造點麻煩，至於走哪條路，根本無所謂。按照羅貫中的設計，關羽從許昌到洛陽，再到河北，最後到汝南，路程早已超過千里。

劉備到汝南後被曹仁打敗，又回到袁紹處。不過經過這麼長時間的接觸，劉備看出袁紹的脾氣秉性，想離開他，就以聯合劉表為由，帶兵去汝南了。這次曹操派蔡陽攻打劉備，結果被關羽殺了。

當曹操和袁紹在官渡相持不下時，袁紹手下的謀士許攸突然投奔曹操。曹操大概也沒想到，這個時候還有哪個不長眼的來投奔自己，光著腳就跑出帳外迎接。許

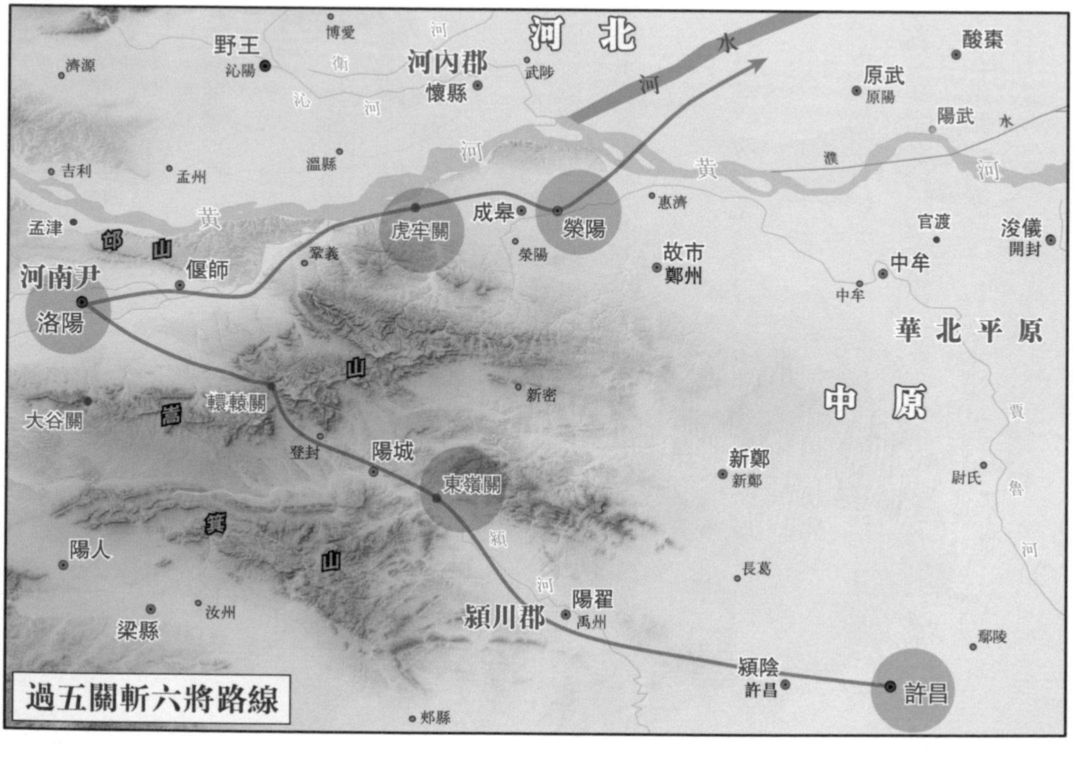

過五關斬六將路線

攸向曹操獻出一計：偷襲烏巢，燒其糧草。

袁紹的糧草輜重都囤積在烏巢，派淳于瓊帶上萬人把守。曹操親自帶兵偷襲，抄小路過去，圍攻放火。袁紹知道後，一面派人救援，一面派張郃、高覽攻擊曹操在官渡的大本營。兩人久攻不下，聽說曹操在烏巢已經得手，知道大勢已去，就投降了。兩人一投降，袁紹的軍隊立即崩潰，倉皇退回河北。曹操趁勢掩殺，大獲全勝。

這一仗，袁紹損失了七、八萬人，從此一蹶不振。

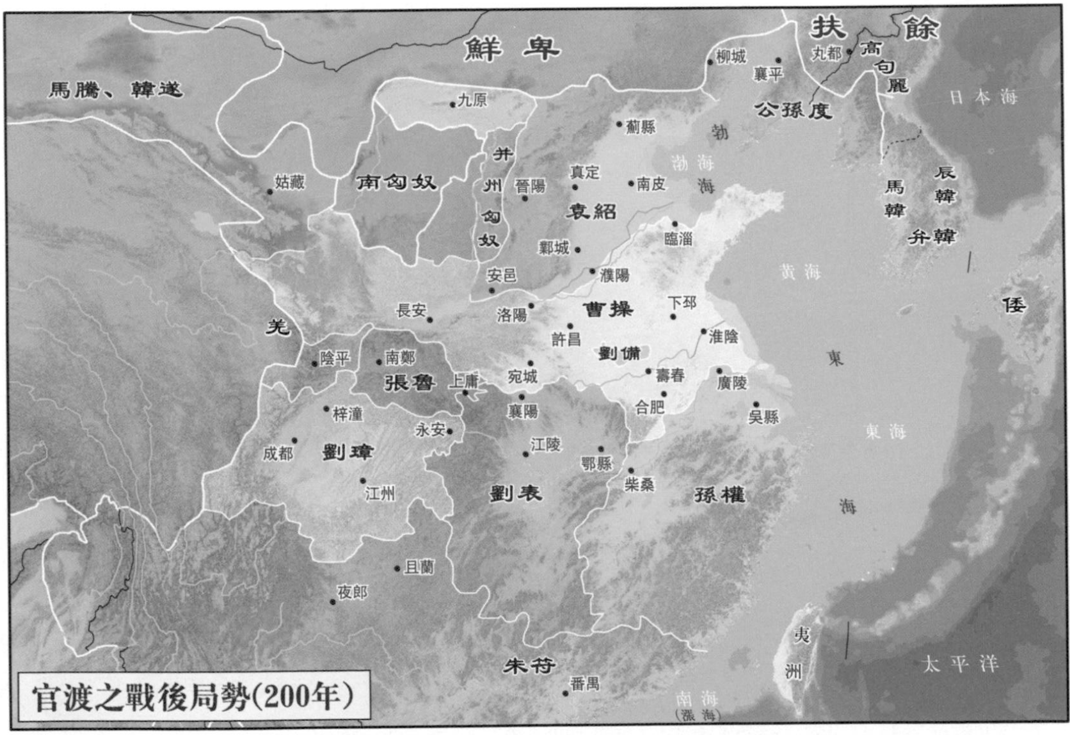

官渡之戰後局勢(200年)

第八章 平定江東

當曹操和袁紹在北方對峙時，其實還有一個人在一旁虎視眈眈，這個人就是江東的孫策。

孫策是孫堅的長子，孫堅在外南征北戰時，孫策及家人留在壽春。孫策從小有一個好朋友——舒縣人周瑜。孫堅北上討伐董卓時，周瑜勸孫策把家搬到舒縣（今安徽廬江西南）。孫堅死的時候，孫策才十七歲，把父親葬在曲阿（今江蘇丹陽）後，一家人又遷到江都（今江蘇揚州南）。

初平四年（西元一九三年），守孝結束的孫策到壽春找袁術，想要回父親的舊部為袁術效力，同時也為父親報仇。

袁術察覺孫策不是凡人，擔心他擁兵自立，就讓孫策去找丹陽太守吳景。吳景是孫策的舅舅，孫策靠著舅舅招募到幾百人。就憑這幾百人，孫策把涇縣附近為患多年的山賊打跑了。

隔年，孫策帶著這幾百人再次到壽春找袁術，還是想要回父親的舊部。袁術吝嗇、小器，從孫堅幾千舊部中挑出一千多人給孫策。袁術的為人，有野心沒氣量，本來答應讓孫策做九江郡（治所歷陽，今安徽和縣）太守，最後卻給自己的親信，孫策很失望。這種事情不是偶爾為之，而是一而再地發生。有一次，袁術準備攻打徐州（這時徐州還在陶謙手上，陶謙本是袁術的盟友），就向廬江（治所舒縣）太守陸康要三萬斛軍糧。唐朝之前，一斛就是一石，一石等於十斗，十斗就是一百二十斤，三萬斛就是三百六十萬斤，也就是一千八百噸。這麼大的數量，袁術就是獅子大開口，先不說陸康拿不拿得出來，就是拿出來了，也要傾家蕩產，結果只能拒絕。袁術就命孫策攻打廬江郡，事成之後讓他做廬江太守，還說自己以前用錯了人，很後悔。孫策信了，拚命拿下廬江郡，結果袁術還是任命自己的親信為太守，把孫策晾在一邊。

袁術的家底本來在汝陽（汝南袁氏），後來憑藉孫堅的協助占據南陽。曹操一再打壓後，先後丟了南陽、汝陽，跑到壽春。壽春本是揚州的治所，袁術在這裡胡作非為，朝廷當然不能坐視。這時的漢獻帝雖然被李傕、郭汜脅持，但比在董卓手下好多了，手上好歹有點權力。興平元年（西元一九四年），漢獻帝派劉繇擔任揚州刺史，與袁術抗衡。劉繇是兗州刺史劉岱的弟弟，他到揚州後第一件事就是要挑一個辦公的地方。挑來挑去，最後選了長江南岸的曲阿。吳景和孫賁，一個是孫策的舅舅，一個是孫策的堂兄，在劉繇這次南渡長江的過程中幫了忙，按理說應該受到重用。但劉繇心裡明白，他們不

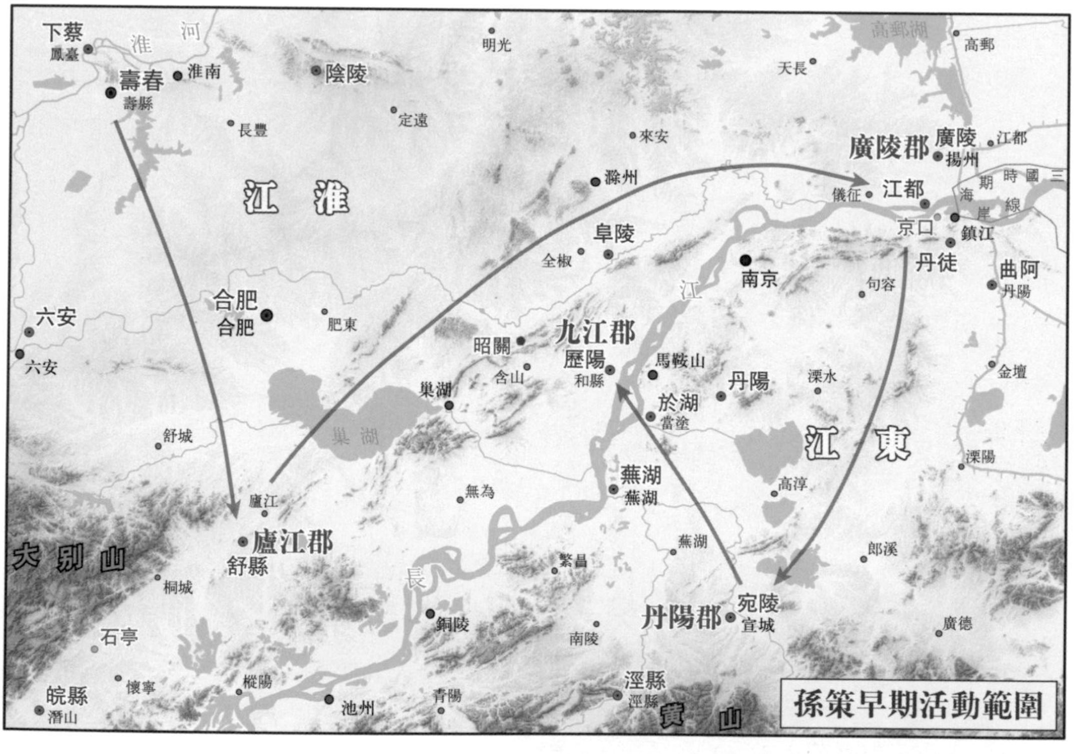

孫策早期活動範圍

是朝廷命官，而是袁術任命的人，再加上這次孫策攻打廬江，劉繇擔心有一天會來打自己，想把他們趕出江南。兩人在劉繇的武力逼迫下，只好北渡長江，退守歷陽（和縣）。

就這樣，袁術在江北，劉繇在江南，雙方對峙日久，時有交鋒，你來我往僵持不下。

這時孫策對袁術說，他們家世代在江東為官，對江東人多有恩義，他願意到江東招募士兵，大約能招到三萬人，到時候可以帶著這三萬人幫助袁術平定天下。聽到「平定天下」，袁術當然是喜上眉梢，那正是他朝思暮想的事情，但他覺得江南地區有劉繇占據曲阿、王朗占據會稽，孫策很難有作為，也不好打消年輕人的積極性，再說萬一成功了呢？於是給了孫策一千多人馬。

從壽春到歷陽，不過三百多里路，一路上不斷有人投奔孫策，到了歷陽時，孫策手下已經有五、六千人。就憑這五、六千人，孫策準備下江東。

興平二年（西元一九五年），孫策從歷陽渡江，打敗劉繇，劉繇逃往豫章郡。孫策又命朱治從錢唐（今杭州）北上，拿下吳郡。至此，劉繇的勢力在江東絕跡。

袁術見狀，生怕孫策坐大，急忙把堂弟袁胤派往丹陽任太守。

建安元年（西元一九六年），孫策進攻會稽。王朗敗潰後投降，於是會稽平定，孫策自任會稽太守。這個王朗，正是《三國演義》裡被諸葛亮罵死的王朗，不過歷史上的王朗不是氣量狹小的老古董，而是一名經學家。

經學是中國特有的一門學問，經學家也只有中國才有。我們平時熟知的哲學家、科學家、文學家、思想家等，都是引進西方概念後才有的，但在古代，這些人的重要性都不如經學家。秦始皇焚書坑儒後，先秦的文獻除了醫書之外無一存世，所幸秦朝只有十五年，先秦時的讀書人大多還在，於是漢朝立國後，開始靠這些人的記憶整理先秦時的書籍。但記憶總是不完整，而且有偏差，靠記憶整理出來的書籍總歸不是原貌，就需要有人研究、考證準確性，這些人就是經學家。隨著後來一些先秦時期的書簡出土，人們又發現，書簡上所記錄的文字與整理後的文章有所差別，書簡是當時人手抄的，同樣存在誤抄的情況，這又需要經學家考證和辨析。可以說，正是因為經學家的存在，中國的文化才能一脈相承延續到現在。特別是漢朝，今天看到的先秦文獻，大多是漢朝經學家整理出來的。另外還有一個問題，先秦時各國文字不一樣，出土的文獻或個人冒死私藏的書籍，與整理後的文獻相比，因為字形不一樣，或者背誦時的偏差，產生了兩個版本的經典，先秦時流傳下來的稱為古文經典，漢朝人整理的稱為今文經典，因此又衍生出古文經學派和今文經學派，這兩個學派經常產生矛盾。總之，經學就是研究經典的學問，經典原指先秦時諸子百家的思想著作，漢武帝「罷黜百家，獨尊儒術」後，特指儒家經典。

孫策俘獲王朗後，對其禮遇有加。

建安二年（西元一九七年），袁術僭越稱帝。孫策寫信勸阻，袁術不理，於是兩人斷交，不再往來。

正在這時，漢獻帝的詔書到了，任命孫策為騎都尉，襲父爵烏程侯，兼任會稽太守，並命他與呂布、陳瑀等一起討伐袁術。不用說，這是曹操的意思，借皇帝的口說出來而已。孫策覺得手下已經有那麼多兵，騎都尉的職位太低，怎麼也該是個將軍呀?!誰知御史立即答應，讓他權代明漢將軍，就是暫時代理明漢將軍的職務，等他回去請了聖旨再正式任命。

孫策很高興，按照詔書要求，開始整頓兵馬。走到錢唐，卻發現一個大陰謀，原來陳瑀想趁他北上時占領自己的地盤，已經聯絡了江東的祖郎、焦已、嚴白虎等做內應。

陳瑀軍駐守在徐州東部的海西，孫策知道後大怒，派呂範、徐逸統兵直撲海西，大破陳瑀，俘獲其將士、妻兒等共四千多人，陳瑀北上投奔袁紹。

建安三年（西元一九八年），孫策趕走丹陽太守袁胤，仍讓自己的舅舅擔任此職。這時，原本在袁術帳下的周瑜和魯肅紛紛棄暗投明，跟隨孫策。孫策對周瑜格外禮遇，親自迎接，又是送兵馬，又是送樂隊，還興建府院。

然後，孫策開始往丹陽以西擴展，先進擊陵陽，擒獲祖郎，又進擊涇縣，擒獲太史慈。這兩人都被孫策委以重任，特別是太史慈。

前面提過，太史慈曾代表孔融向劉備搬救兵。太史慈其實不是孔融的手下，他年輕時因為講義氣得罪過人，為了避禍而去遼東。孔融聽了他的仗義之舉後，派人照應他的母親，送錢送禮。太史慈從遼東回來後，知道這些事，心懷感激，恰巧這時黃巾圍困北海郡，太史慈就去北海幫忙，殺出重圍請劉備出兵營救便是他報恩的一部分。

太史慈和揚州刺史劉繇是老鄉，都是山東東萊人。劉繇到曲阿後，太史慈以見老鄉的名義拜見他，歸為劉繇帳下，但不被重用，劉繇只讓他做點偵察工作。孫策攻打曲阿時，太史慈和他交過手，太史慈勇猛無畏的性格讓孫策留下深刻的印象。劉繇兵敗後，太史慈護送他跑到豫章（今南昌），然後躲進涇縣附近的山中，自稱丹陽太守，被孫策收服後才算遇到明主。劉繇到豫章後不久就死了，手下一萬多人沒有去處，孫策命太史慈招撫，大家以為太史慈會一去不返，孫策卻堅信他的人品，最終果然如期而歸。

這個時候，孫策基本上已經收服江東，下一步，就是北進或西擴了。

建安四年（西元一九九年），孫策正要討伐袁術，袁術卻病死了。袁術一死，原來的手下迫於曹操的壓力，不敢

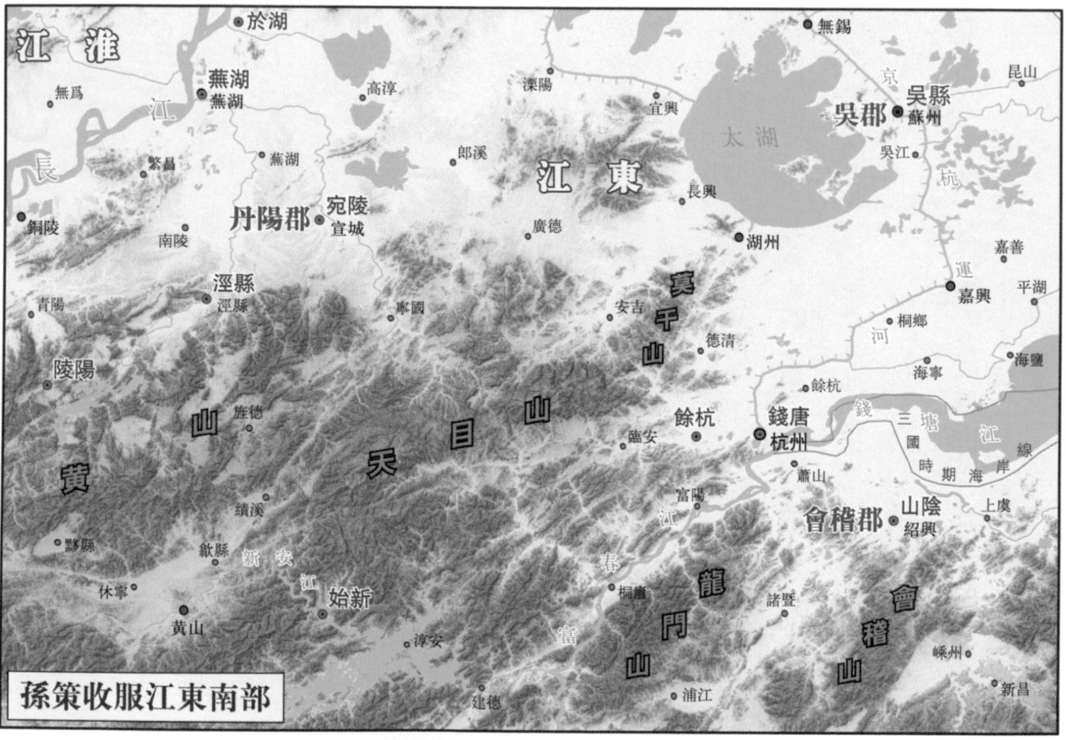

孫策收服江東南部

待在壽春，其中有兩名將領，本來想投奔孫策，結果半路被劉勳攔截，袁術的家人乾脆帶著一家老小投奔劉勳。劉勳是廬江太守，這個位置原本應該是孫策的。當年孫策辛辛苦苦打了下來，袁術卻把郡守的位置給了老部下劉勳，這口氣，孫策至今沒有嚥下。

廬江郡的治所原本在舒縣，劉勳接任後把大本營放到皖城（今潛山）。皖城既是吳楚咽喉，同時可以避開曹操的鋒芒。這個地方，孫策自然也想要。

於是孫策寫了一封言辭謙恭的信給劉勳，說自己實力有限，勸請劉勳討伐上繚，而且只有他有這個實力，並送上豐厚的禮物。

劉勳本來就貪財，上繚據說是個有很多寶藏的地方，地方雖小，卻長年割據一方，就是因為有錢。

上繚城對我們來說比較陌生，但提起海昏二字，應該無人不曉。二〇一一年，江西省文物部門在這裡發掘出海昏侯墓，轟動一時，海昏侯劉賀的一生更是充滿戲劇性。劉賀的爺爺正是大名鼎鼎的漢武帝，奶奶是武帝的寵妃李夫人，父親是第一代昌邑王劉髆，劉賀正是在昌邑（今山東巨野）出生。後元元年（西元前八八年）正月，劉髆去世，劉賀繼承昌邑王的爵位，這時他只有五歲。元平元年（西元前七四年），漢昭帝劉弗陵去世，權臣霍光擁立二十一歲的劉賀為帝。但僅二十七天後，劉賀就被霍光廢為平民，幽禁於昌邑。可能是打擊太大，幾年之後，劉賀幾乎成了廢人。新皇帝見他對自己沒有威脅，就封了他為海昏侯，食邑四千戶，這才有了海昏侯國。不過好景不長，不久有人向皇帝參了一本，說他對現狀不滿，於是皇帝削了他三千戶，只剩一千戶。經這一打擊，海昏侯劉賀不久就病死了，年僅三十三歲。

上繚城正是位於海昏侯國內，也是劉賀後代的聚集地，到漢末已經發展到上萬戶，人數多達十幾萬。他們在這裡有自己的軍隊，有獨立的行政組織，可以說兵強馬壯，錢糧充足。

能讓劉勳動心的正是這裡的錢糧。

看在錢的分上，劉勳答應了。等他一走，孫策立即進攻皖城，一舉攻破。劉勳還沒打下上繚，老窩卻被人端了，走投無路，只好投奔曹操。

孫策沿長江而上，一路打到黃祖屯兵的沙羨（今湖北嘉魚縣北）。殺父之仇，不共戴天。孫策率領周瑜、呂範、程普、孫權、韓當、黃蓋等人同時進攻黃祖。最後黃祖隻身逃走，妻妾、子女共七人被俘，兩萬多部眾被殺，跳水溺死的就有一萬多人。這一仗，孫策還繳獲了戰船六千多艘，以及堆積如山的財物。

按理說，離除掉殺父仇人僅有咫尺之遙，黃祖已經是命懸一線，孫策如果乘勝追擊，黃祖的結果還真不好說。但是，孫策畢竟是孫策，沒有被勝利沖昏頭，雖然此時已經占據荊州東部，但荊州和江東之間還盤踞著一股勢力，此時如果貿然攻入荊州腹地，難保不被人切斷後路。所以大敗黃祖後，孫策立即回師向東。

這個地方正是鄱陽湖邊上的豫章郡，治所在南昌，前面提到的海昏侯國就屬於豫章郡。我們看地形發現，豫章郡所在的鄱陽湖一帶與荊州和江東之間有大山阻隔，南面更有南嶺做為屏障，沿湖的平原地帶能產糧食，所以這裡很容易形成割據勢力。時任豫章太守的是名士華歆，和盧植是同門。

孫策帶著人馬到達南昌附近後，沒有立即攻城，他不想與華歆為敵，於是派人進城曉以利害。華歆不想生靈塗炭就投降了，孫策待之如上賓。另外還有一人，就是之前的對手劉繇。劉繇逃到豫章後，不久病故。孫策命人把劉繇的靈柩送回故里安葬，一同送回的還有劉繇的遺孤。

到這個時候，從荊州東部一直到江東，全部在孫策的統治下。當時的曹操，面對袁紹的十萬大軍陳兵官渡，正是焦頭爛額之時，聽說孫策已在江東坐大，生怕在背後捅自己一刀，趕緊拉攏：把弟弟的女兒許配給孫策的小弟孫匡，又為兒子曹彰迎娶孫賁的女兒，用禮徵召孫策的弟弟孫權、孫翊，並令揚州刺史嚴象舉薦孫權為茂才。

茂才即秀才，因避東漢光武帝劉秀的名諱改稱茂才。秀才不是科舉制後才有的稱謂，在漢朝察舉制時就有，是僅次於孝廉的一種察舉科目。但是，孝廉為郡舉，茂才為州舉，因此茂才的數量遠少於孝廉。被舉為茂才的人大多是現任官吏，是朝廷對有特異才能、品行，或者有突出貢獻的官吏進行褒獎的一種方式。由此可見，茂才比孝廉的含金量還高。

科舉制之後，經常把秀才稱為茂才。但這個時候的秀才，比漢朝的秀才含金量低多了。

曹操雖然百般拉攏，但孫策心裡自有算盤，這時的曹操在官渡全力抵抗袁紹，許昌空虛，如果此時領一支勁旅突襲許昌，迎漢獻帝南下，將來挾天子以令諸侯的就是他了……

孫策為什麼這麼不厚道？其實這無關人品，只關利益。和後來的孫權以守成為主不同，孫策更像他

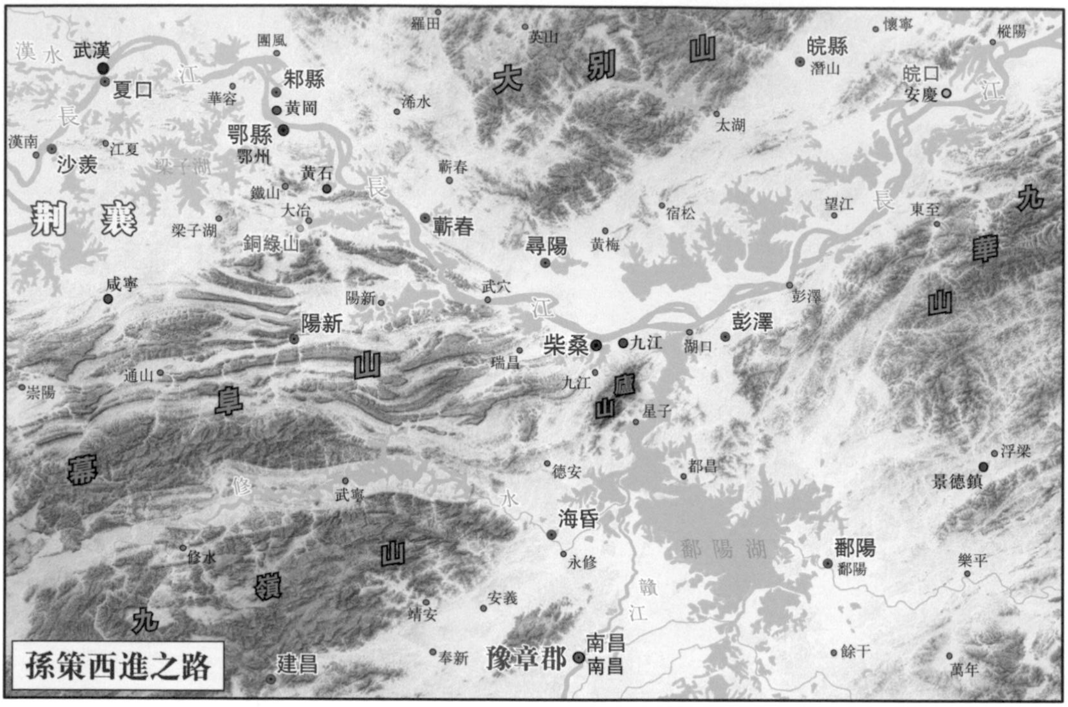

孫策西進之路

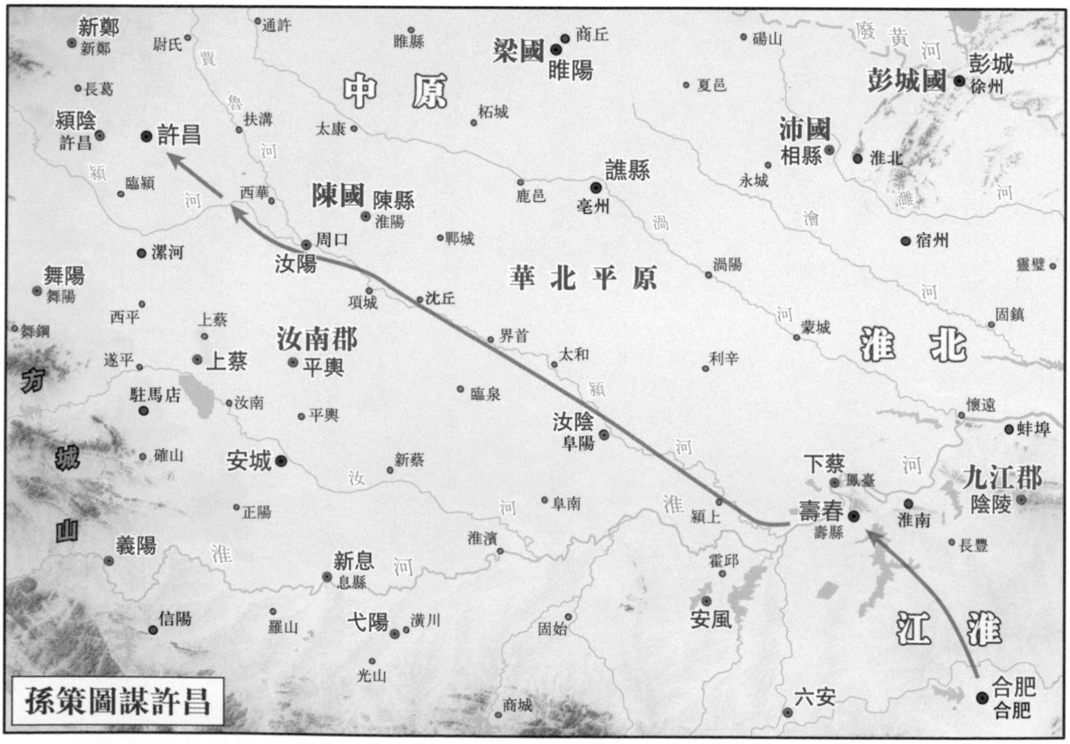

孫策圖謀許昌

的父親孫堅，是個開拓型的人物。短短的幾年時間，孫策就打下了江東做為基業，又吃掉江西，還把觸角伸到荊州東部。而後來的孫權，在幾十年的政治生涯中，基本盤仍是孫策打下的江山，僅在赤壁之戰時，靠著和劉備的聯盟才吃掉荊州的兩個郡，至於南方百越地區的交州，主要的作用是穩定後方，和諸葛亮平定南中的意義相同，從戰略上講沒有太大的貢獻。

反過來說，曹操拉攏孫策只是權宜之計，一旦緩過氣來，孫策就是他的下一個目標。做為亂世梟雄，雙方心裡都清楚得很。

還有一個問題，許昌離江東那麼遠，孫策圖謀許昌，會不會只是一時衝動？

當然不是。從孫策打黃祖的事蹟中可以看出，孫策做事相當冷靜，面對殺父仇人沒有被勝利沖昏頭；面對攻打許昌、劫持天子這種大事，更不會是一時衝動。

下面我們假設一下，如果孫策攻打許昌，會從哪裡進攻呢？畢竟許昌和江東有千里之遙，千里奔襲不是一個好辦法。

首先走荊州肯定行不通，劉表鎮守著襄陽，做為死敵，肯定不會借路給孫策。況且劉表應該知道假途滅虢的故事。另外一個，即便劉表頭腦發昏借了路，南陽還是曹操的勢力，方城山如果有軍隊防守，要突破也極其困難。

所以，孫策只有一條路，其實也是最便捷的路，就是走江淮。首先從江東到江淮有很多水網，水路對吳越之地的人來說再親切不過，他們最擅長的就是在密密麻麻的江南水網裡穿梭。其次，自從淮南的袁術死後，劉勳成為淮南最大的勢力，在劉勳被孫策擊敗投奔曹操後，江淮一帶雖然名義上歸順曹操，實際上沒有什麼強而有力的勢力。假如孫策真要行動，可以沿水路輕鬆打到壽春，再以壽春為基地，先沿淮河向西，然後走潁河北上，最後直逼許昌。

可惜的是，正當孫策調兵遣將、祕密準備時，意外發生了。

原因是許貢，他原本是吳郡的太守，因暗中勾結曹操而被孫策所殺。但許貢生前養不少門客，其中有三人不忘故主，千方百計想要手刃仇人。建安五年（西元二〇〇年）四月四日，孫策在丹徒（今鎮江南）附近的山中打獵，被許貢的門客暗算，不久後去世，年僅二十六歲。這個時候，關羽剛在黃河岸邊的白馬斬殺顏良，袁紹的大軍還沒有到達官渡。

孫策死後，弟弟孫權繼位，統領江東。

第九章 統一河北

曹操取得官渡之戰的勝利後，按理應該乘勝追擊，立即進兵河北。但實際上沒有，他沒有忘掉身後那個如影隨形、揮之不去的劉備……

官渡之戰的第二年（西元二〇一年），曹操親征身在汝南的劉備。劉備其實早有打算，一看曹操來了，立刻跑到荊州投奔劉表。曹操沒有後顧之憂後，才開始著手北方的事。

官渡之戰前一年（西元一九九年），曹操命臧霸攻占山東，鞏固右翼，關中更是早在迎漢獻帝到許昌後（西元一九八年）就派人收服了。所以官渡之戰後，曹操的勢力已經橫跨東西，從關中一直綿延到山東。看起來很大，但隨時都會面臨兩線作戰的境地，這個時候，曹操急需一個穩定的後方。好在江東的孫策已經死了，孫權年幼，一時沒有北上的意圖；而劉表沒有圖謀天下的志向。總體來說，南方還算安定，袁紹新敗，人心渙散，如果不趁這個時候圖謀北方，恐怕再也沒有機會了。所以曹操的下一個目標，毫無疑問是北方，他只是在等待一個時機，畢竟袁紹家大業大。

袁紹的失敗，可以說很大程度上敗於內部的派系鬥爭。按理說，袁紹手下兵多將廣，能人智士層出不窮，戰前戰後不斷有人獻言獻策，可他偏偏會在各種建議中選擇最糟糕的方案，這也是個奇蹟。從地理上講，袁紹背靠燕山，右枕太行，又有青州、并州做為兩翼，而曹操地處四戰之地的中原，四周都是大平原，無險可守，隨時處於腹背受敵的境地，無論如何袁紹都不應該敗。我們常說天時、地利、人和，天時和地利都在袁紹這邊，可惜就是人不和。也許是之前袁紹太順了，從西園八校尉開始，頭頂著四世三公的招牌，霸業之路一直順風順水。反觀曹操，在崛起路上屢屢受挫。太順的人一旦遭受打擊，往往相當致命，袁紹大概也想不明白自己為什麼會敗給曹操，這個心結解不開，最終在官渡之戰兩年後，憂憤而死。

他死後，袁氏內部的派系鬥爭不但沒有停止，反而愈演愈烈。

袁譚是袁紹的長子，按理應該繼承袁紹的爵位，但審配等人卻擅自擁立第三子袁尚為繼承人，袁譚不服，但這時雙方還沒撕破臉，二人還一同抵抗曹操。曹操的確想趁袁紹死後吞併河北，但在二袁還是一條心的情況下，很難討到便宜，於是在郭嘉的建議下，暫且退兵，等待二袁自相殘殺。

果然，沒有大敵當前，二袁的矛盾就激發出來了，開始火拚。袁尚占據鄴城，城高池深，袁譚不敵，退守南皮。袁尚大舉進攻，袁譚又退守平原。袁尚圍城，形勢岌岌可危，袁譚向曹操求救。

曹操沒有增援平原，而是派兵直接攻打鄴城。這是典型的圍魏救趙，袁尚

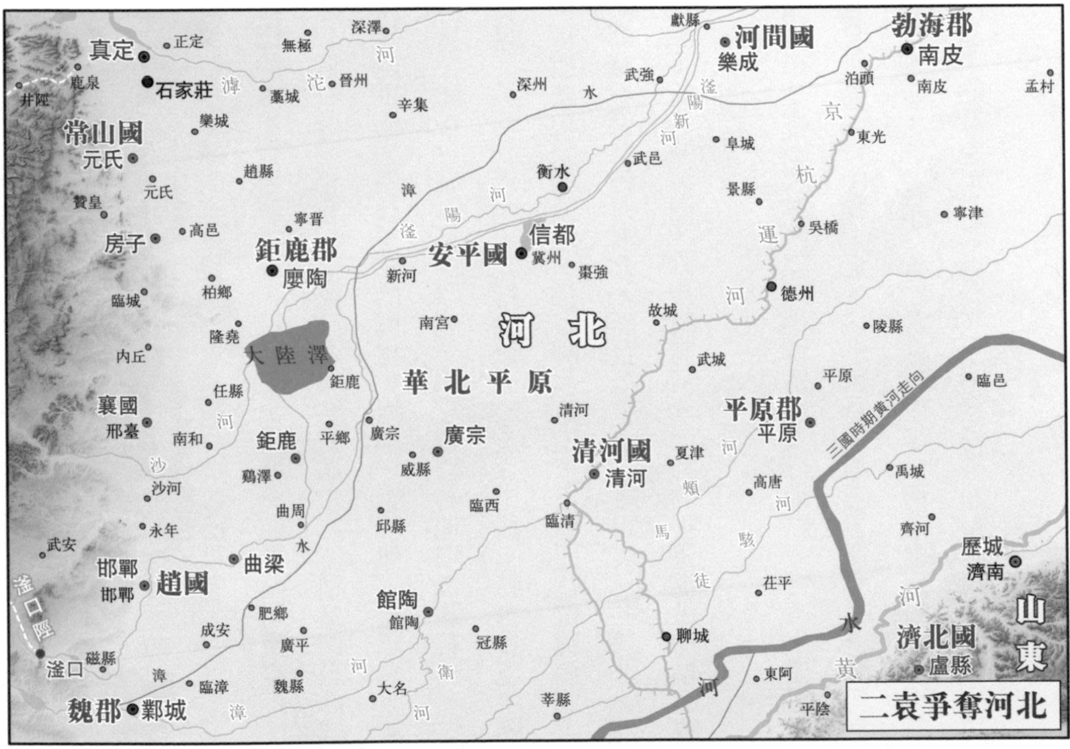

一看，立即回救鄴城，依滏水（今滏陽河）紮營。曹操這時就不急著攻城了，先派兵包圍袁尚。顯然，曹操這是在圍城打援。袁尚一看，糟糕！立即向曹操請降。曹操心想既然接受了袁譚的投降，如何再接受他的敵人？沒有答應。袁尚連夜出逃，袁軍潰散，鄴城的守軍沒了鬥志，最終被曹操攻破。

從這一年（西元二〇四年）起，曹操把自己的大本營遷到鄴城，只留下少量官吏在許昌陪漢獻帝。

說到鄴城，在中國幾千年的歷史中，它是一個特殊的存在。中國許多有名的城市，特別是做過都城的，比如長安、洛陽、開封等，甚至離鄴城不遠的邯鄲，在幾千年的歷史長河中，毀了建，建了毀，無論如何，都能一直傳承至今，唯獨鄴城，到今天已不復存在。個中原因，和它獨特的地理位置有關。

如果我們把眼光放到整個河北大地，也就是從黃河到燕山、太行山以東的這片土地，就會發現中國的古代史時期，這裡除了鄴城外，沒有一個城市能統領整個河北。那時的北京還很小，而且位置偏北，是一片苦寒之地，只是做為邊關重鎮而存在。鄴城不僅能統領河北，而且離中原近在咫尺。也就是說，在河北的勢力，如果以鄴城為都城，背靠燕山和太行山為屏障，身後又有河北大片的平原提供糧草，很容易形成割據勢力，對中原的王朝直接形成威脅。

即使是在今天，我們放眼望去，河北的大城市基本上都在西部，也就是沿太行山麓一帶，東部相對平庸。今天的京廣鐵路和京港澳高速公路，也是沿著太行山腳下走。這是因為在過去，黃河的下游經常在河北平原上肆意改道，即使建造城市也很容易被毀。就算是今天，黃河穩固了，河北東部的地勢相對較低，還是容易受到洪水衝擊。而地處太行山腳下的城市，因為地勢高，不容易被沖毀，同時很容易受到從太行山下來的河流的滋潤，所以自然條件相對要好，發展得也快。

同樣處於太行山下，北部的邯鄲和南部的安陽，為什麼沒有鄴城這樣的作用呢？答案是因為漳河。過去我們說河南、河北，是以黃河為參照物；今天我們說河南省、河北省，卻是以漳河為分界線。

漳河的發源地在太行山上，就是長治（三國時為上黨郡）這一帶。在上游，漳河分為兩支：清漳河和濁漳河。清漳河的上游又分為兩支，分別發源於昔陽縣及和順縣，這裡地勢高，山體為變質岩，所以河水清澈；濁漳河上游分為三支，幾乎都在長治盆地內，這裡地勢低，屬黃土丘陵地貌，河水含沙量大。

漳河的上游這麼多，足以說明漳河的水量有多大。漳河原本是黃河下游最大的支流，黃河改道後，漳河補給京杭大運河，屬海河水系。

因濁漳河來自黃土高原，且水量大，所以導致漳河的含沙量同樣大。凡是含沙量大的河流，一到平原地帶，因為流速減緩，泥沙開始沉積，沉積的泥沙使河床變淺，於是河水沖出河床，氾濫成災。正因如此，漳河也經常改道，所以今天看到的漳河在鄴城故址以南，實際上在三國時期，漳河（漳水）在鄴城以北。

我們都知道西門豹懲治河伯的故事，戰國時這裡是魏國邊界，鄴城正是魏國的邊防重鎮，也是副都，隔漳河相望的是北方的趙國。西門豹到了鄴城，最主要的功績就是治理漳河，開鑿了十二條水渠，使漳河之水不再氾濫，有利於農業生產。鄴城原本是春秋時齊桓公所修建，到西門豹手上時開始繁榮起來。

三國時期，漳河依然是黃河的支流，水量很大。曹操後來在鄴城修建了銅雀臺，曹植在〈銅雀臺賦〉說：「臨漳水之長流兮，望園果之滋榮。」可以說正是這條漳水，滋養了歷史上有名的建安文學。

三國時期是鄴城最輝煌的時期，後來的五胡十六國和南北朝時期，河北的勢力常以鄴城為中心割據一方，既可以背靠河北大糧倉，又可以南望黃河覬覦中原，對中原王朝來說是個實實在在的威脅。

南北朝時期，北周大象二年（西元五八〇年），隋公兼丞相楊堅在鎮壓對自己不服的相州（治所鄴城）總管尉遲迥後，為了防止河北的反楊勢力死灰復燃，下令火焚鄴城，一代名都從此成為廢墟。

話說回三國。曹操打敗袁尚後，袁尚

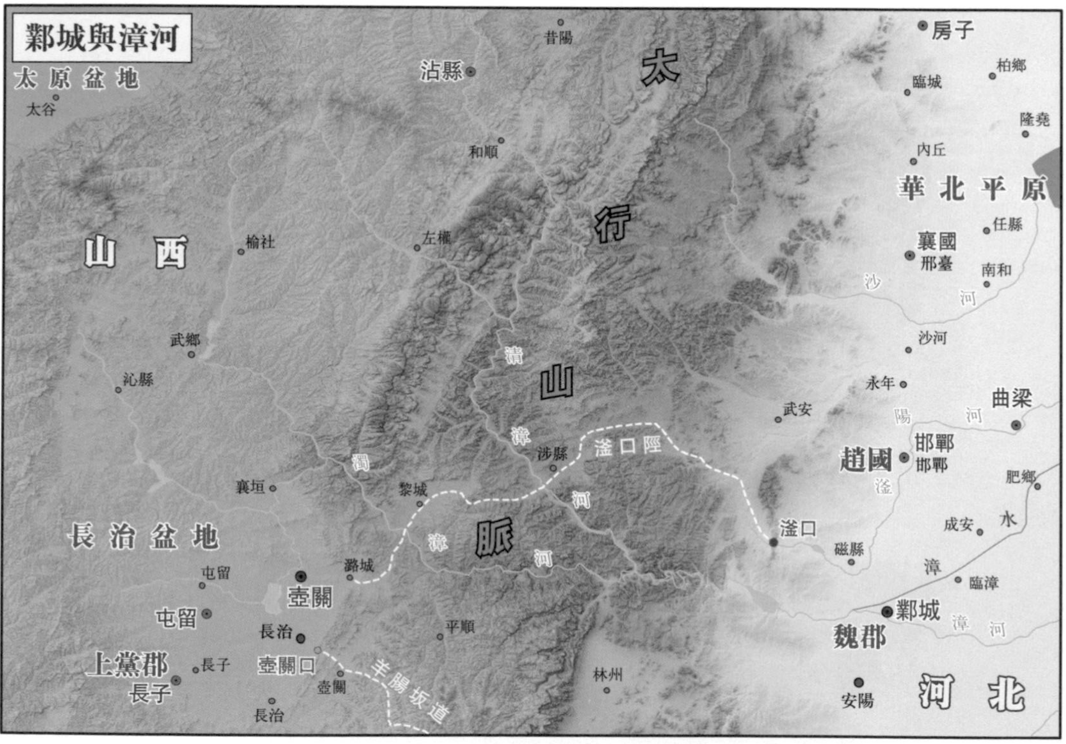

逃往中山。袁譚一看達到目的，立即毀約，一連占領清河郡、安平郡、勃海郡、河間郡，又北上中山攻擊袁尚。袁尚敗走，逃往幽州投奔袁紹的次子袁熙。袁熙占據的正是當年公孫瓚的地盤，袁紹打敗公孫瓚後，就命袁熙為幽州刺史。袁譚吞併了袁尚的部眾，這樣一來，等於是冀州除了鄴城以外，都歸在袁譚手下，還包括一部分青州。

起初，曹操擔心袁譚不是真心歸降，讓兒子曹整娶袁譚女兒為媳以安其心。當他知道袁譚叛變後，大怒，歸還了袁譚的女兒，起兵征討。袁譚知道自己不是曹操的對手，逃往南皮。曹操移兵南皮，袁譚敗走，於亂軍中被殺。

於是冀州、青州平定，曹操自領冀州牧。不久之後，袁尚、袁熙因為部下叛亂，又逃往烏桓。西元二〇五年，黑山軍首領張燕率領部眾十餘萬人投降曹操。有了黑山軍加入，曹操很順利地攻入并州。隔年，消滅了袁紹的外甥高幹，平定并州。

再說袁熙手下叛亂的兩個部將焦觸、張南，之所以在這個節骨眼上敢反叛上司，自然是另有打算，就是投靠曹操。曹操當然是求之不得，不費一兵一卒就平定了幽州，給二人封了侯。

這樣一來，原來屬於袁紹的青、冀、幽、并四州，現在全歸在曹操手上。但四州之內畢竟還有很多袁氏舊部，袁尚、袁熙暫時逃往烏桓，一旦伺機殺回來，這些舊部有多少人會掉轉矛頭都不好說。為了徹底解決袁氏的問題，曹操決定北征烏桓，以絕後患。

第十章 北征烏桓

〈觀滄海〉

東臨碣石，以觀滄海。水何澹澹，山島竦峙。
樹木叢生，百草豐茂。秋風蕭瑟，洪波湧起。
日月之行，若出其中；星漢燦爛，若出其里。
幸甚至哉，歌以詠志。

秦、漢之際，位於蒙古高原上的匈奴崛起。匈奴人東征西討，打敗了周邊的眾多部族，其中就有位於大興安嶺一帶的東胡。東胡被擊敗後，殘部沿大興安嶺向南、北兩個方向逃竄，往北的稱為鮮卑，往南的稱為烏桓，都是以最後落腳地附近的大山為名。

漢朝時，匈奴人在漢人的一再打擊下分成南北兩部分，南匈奴最終歸化漢朝，進入河套一帶；北匈奴西遁，不知所終，於是草原上出現權力真空。到了漢末，鮮卑人逐漸進入蒙古高原，成為草原上的統治者。而做為同族的烏桓人，南遷後又有怎樣的變化呢？

如果我們把視角放得更高就會發現，大興安嶺和燕山山脈相連，正好把蒙古高

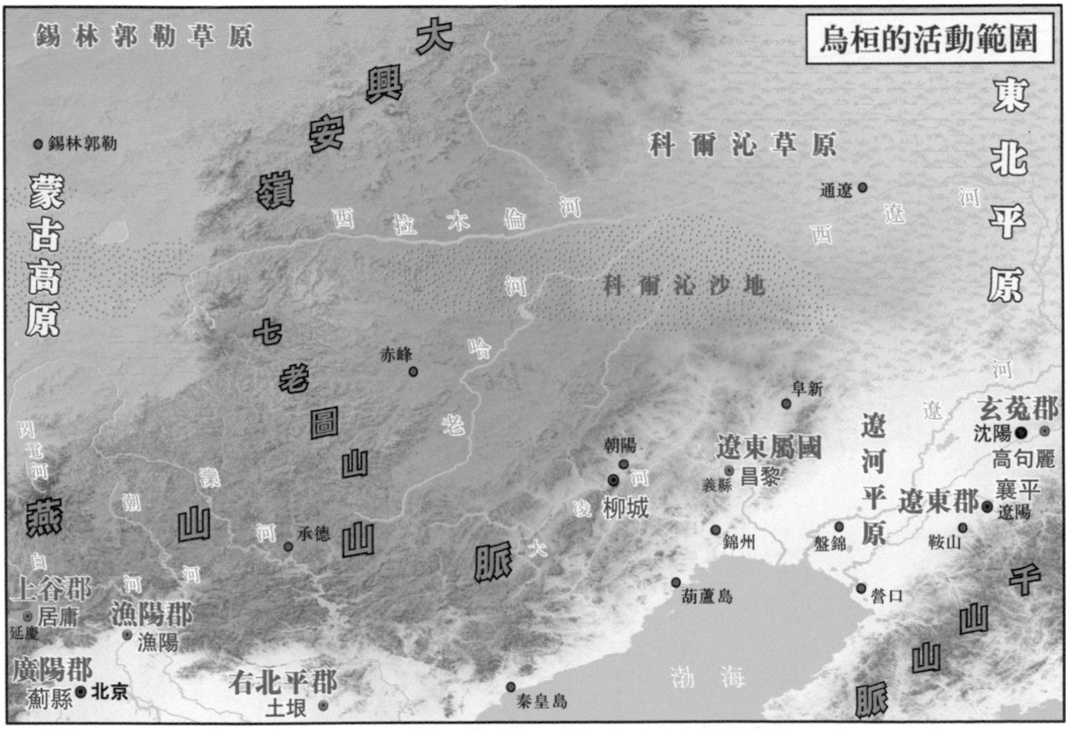

原、華北平原和東北平原隔開，似乎是道天然屏障。可是實際上，在大興安嶺和燕山山脈相連的地方，恰好有一條河從蒙古高原流下，把二者分割開來，從而打開一條從蒙古高原到東北平原的通道，這條河正是西拉木倫河。

東胡人原先生活的地方是一片草原——錫林郭勒草原。當然，錫林郭勒是後來蒙古人的叫法，東胡人也許替它取了別的名字，我們就不得而知了。過去我們常把蒙古高原稱為大漠，又把它分為漠南和漠北，其實這個分法正是基於兩片土地的地貌不同：漠北以草原為主，是歐亞大草原的東端；漠南則以沙漠為主。漠北雖然有草，但緯度高，氣候冷，冬季漫長；而漠南氣溫比漠北好很多，冬季也沒漠北那麼長，但缺少水草。對游牧民族來說，漫長的冬季就意味著生死考驗，不僅牛羊在嚴寒下會大量死亡，人也會因為缺糧而饑餓致死，所以他們常在冬天穿過沙漠到長城以南搶糧食和人口。

錫林郭勒草原正好位於漠北的最南邊，被匈奴人打散後，鮮卑人沿著大興安嶺北上，去水草更豐美的呼倫貝爾草原，雖然那裡氣候更冷。而烏桓南下後，遇到的卻是一片沙漠，不過好在穿過沙漠後不久，他們就發現了一條河，這條河正是西拉木倫河。

有水就有生機，烏桓人沿著西拉木倫河往東，穿過大興安嶺後，讓他們意外的是，前面居然是一片肥美的大草原——科爾沁草原。科爾沁草原處於大興安嶺的東麓，靠近松遼平原，屬於季風區，水熱條件遠好於蒙古高原，於是烏桓人便在這裡繁衍生息。需要說明的是，今天看到在科爾沁草原中有一大片沙地——科爾沁沙地，是近幾十年來過度開發造成的，當時這裡都是草原。

西拉木倫河穿過科爾沁草原，在這裡匯集了老哈河之後繼續東流。這一段河流有另一個名字——西遼河。西遼河匯集東遼河後形成遼河，最終注入渤海。所以，烏桓人沿著這條河水逐步擴散到遼東，並沿著老哈河、大凌河等河流滲透到燕山的腹地。

烏桓人在南下的過程中，不斷學習漢人的技術，也學會了耕種，最終成為一個漢化程度很高的部族。

漢武帝大破匈奴後，把匈奴人逐出漠南。漠南成了無人區，武帝擔心有一天匈奴會捲土重來，而關內的漢人又不願意到這些苦寒之地，去了也難以生存。恰好這時烏桓投靠漢朝，武帝就把他們南遷到上谷（今延慶）、漁陽（今密雲）、右北平（今豐潤）、遼西（今盧龍）、遼東（今遼陽）這五個郡，當然是在關塞以外游牧，目的是替漢朝防禦匈奴。光武帝時期，在朝廷的許可下，烏桓人南遷至塞內，並向西發展到河套一帶。

烏桓在兩漢時先後兩次南遷，逐漸發展壯大，但仍受漢朝護烏桓校尉管轄，分成若干部落，各自為政，一直未形成統一的部落聯盟。

河套一帶的烏桓人後來融入了鮮卑，我們不提。遼東的烏桓只是少數，人數最多的烏桓部族正是集中在燕山山脈一帶，其中最主要的就是上谷、漁陽、右北平三郡的烏桓部落，他們有一個共同的首領叫蹋頓，所以蹋頓領導的這支烏桓又稱三郡烏桓。

袁紹和公孫瓚爭奪幽州時，蹋頓曾出兵幫助袁紹，袁紹後來也替他們加封。所以，一直以來，三郡烏桓都是袁氏的死黨，這也是曹操要一舉蕩平烏桓的原因。

為了北征烏桓，曹操準備了一年。其中包括修水渠，為戰時運兵、運糧用。後來的隋朝大運河北段，有很多河段就利用了曹操修的水渠。

好了，閒話不多說，我們來看看曹操攻擊烏桓時會選擇怎樣的線路。

烏桓首領蹋頓盤踞在燕山東部的柳城（今朝陽西南），如果單看地圖，我們很容易判斷，曹操應該走遼西走廊，到達遼東後，再沿大凌河而上，這是最便捷的通道。但實際上這樣行不通，因為當時的遼西走廊沒有完全打通，路不好走，一下雨就沼澤遍地，車馬很容易陷在泥坑裡。而曹操攻打烏桓時，正好碰上雨季，只好尋求其他的道路。

後來的遼國徹底打通遼西走廊前，從華北平原到東北平原主要有三條道路：平岡道、盧龍道、無終道。

平岡道：從古北口北上灤平，然後沿灤河河谷到承德，再到平泉；從平泉到老哈河，老哈河與大凌河有山谷相連，沿山谷到大凌河後，就可以沿著大凌河直達柳城。

盧龍道：從喜峰口北上，沿灤河的支流瀑河而上，快到源頭時，接上老哈河，後面的路同上。

無終道：從冷口北上，沿灤河支流青龍河而上，對接大凌河後就可以沿河直達柳城。

除柳城外，以上所說的地名都是今天的地名。其中古北口、喜峰口、冷口都是明代長城的重要關口，包括遼西走廊入口的山海關。

其實不只是明朝，這些關口也是歷朝歷代防範邊患的要塞。戰國時期，燕國的長城曾把整座燕山都包了進去，後來的中原王朝逐漸發現，要越過燕山去保衛長城太難，所以到後來，即使中原王朝的勢力範圍已經涵蓋蒙古高原和東北平原，仍不忘在這裡修築關塞，因為這裡才是農耕文明的最後一道防線——不僅能防止東北的勢力進入華北，也能防範蒙古高原的游牧民族南下。

如果仔細觀察燕山的地形就會發現，燕山山脈西高東低，東部的海拔不高，有的地方甚至沒有蒙古高原的海拔高。燕山山脈的正中部存在一片窪地，就是承德，這裡曾是清王朝的行宮，也叫避暑山莊。因為身處山林之中，夏天自然涼快。但

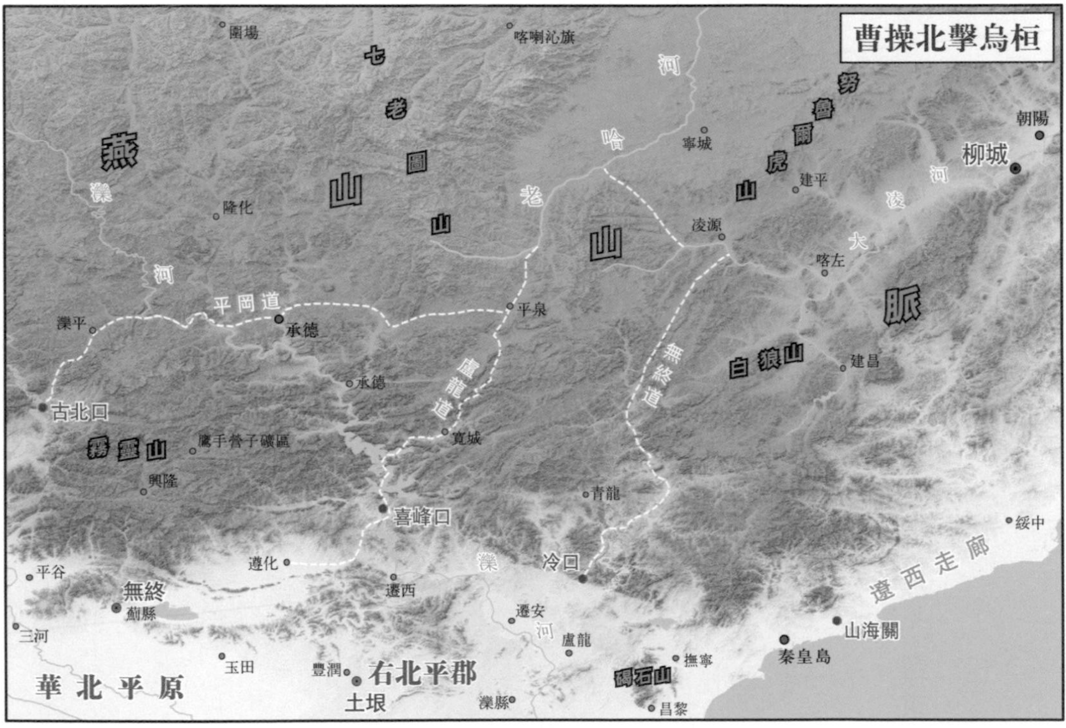

承德曾經有個名字叫熱河，因為這裡有很多溫泉，溫泉的水流到河裡，使這裡的河水即使冬天也不會結冰。

第二次鴉片戰爭時，咸豐皇帝跑到這裡，說是避禍，其實還有另外一個目的，就是萬不得已的話可以退回東北老家，就像之前蒙古人退回大漠一樣。按中國人一貫的思維，他以為英、法聯軍是來入主中原，結果沒想到，這次的外敵入侵和以往不同，英、法聯軍不想要江山，只要利益。所以，清政府在這裡設置行宮，除了環境因素外，更重要的是，這裡是連接華北和東北的紐帶，是他們的後路。

因為燕山不高，如果再加上幾條河，游牧民族完全可以藉著河谷穿越山林，抵達華北。

第一條河就是灤河。蒙古高原與燕山相接的部分也稱壩上，灤河的源頭叫閃電河，正是位於壩上。閃電河在壩上幾乎畫了一個圓圈，然後切燕山而下，直達華北平原，流入渤海。如果游牧民族從壩上南下，首選正是沿灤河河谷，所以中原王朝在這裡修築了一個關口，三國時稱盧龍塞，明朝時叫喜峰口。

完全沿著灤河河谷走畢竟太遠，在灤河進入燕山山脈後不久，其實還有一條河離得不遠，就是潮河。如果從這裡翻越山嶺，進入潮河河谷，可以很快進入密雲附近的平地；或者再往前走一點，從灤平附近的山谷進入潮河也是個不錯的選擇。為了防範這兩個方向的入侵，中原王朝在這裡修築另一個關口——古北口。

冷口主要的作用是防範從東北過來的少數民族，大凌河與青龍河的源頭相距只有十里，如果從遼東進入華北，這裡是最近的道路。

至於山海關，最早是隋朝在這裡修築了關口，稱榆關，明朝時改稱山海關。它所對應的遼西走廊，以前叫傍海道，只能季節性地通行。

古北口、喜峰口、冷口所對應的三條古道（平岡道、盧龍道、無終道）自古就有，而且也是在遼西走廊打通前的主要通道。只是這三條路都是山路，行軍困難，特別是自從匈奴人遠走他鄉後，北方邊患已不存在，這三條路年久失修，更是舉步維艱。

建安十二年（西元二〇七年）五月，曹操親率大軍到達無終（今薊縣）。試圖走遼西走廊遇阻後，曹操聽從無終人田疇的建議，出盧龍塞（喜峰口），走盧龍道。

八月，曹軍到達白狼山，離柳城不到一百公里。烏桓人以為曹操會走遼西走廊，這時才發現敵情，匆忙應戰。曹軍雖然打了個出其不意，但到底走的是山路，漢軍以步兵為主，輜重盔甲都在後面沒跟上。曹操有些擔心，張遼卻一馬當先，衝入敵陣斬了蹋頓。烏桓軍一時亂成一團，曹軍乘機掩殺，大獲全勝。

這一仗，曹操獲得二十萬胡漢俘虜，袁氏兄弟逃往遼東投奔公孫康（公孫度之子）。投降的烏桓人中，曹操挑選精壯者入伍，後來隨著曹操南征北戰，也就是從那時起，三郡烏桓號為天下名騎，這些烏桓人最終被漢人同化。至於遼東的烏桓人，也在後來的歷史中逐漸漢化。而守河套的烏桓人，後來隨著鮮卑的強大又融入鮮卑（他們本來就是一家），只不過鮮卑南下後，同樣被漢人同化。所以，烏桓人後來逐漸從歷史上消失，他們最終都融入漢人當中。

曹操平定烏桓後已是冬季，遼西走廊可行，曹操就從這裡返回，到達碣石山時，有感而發，寫下了一首〈觀滄海〉：

東臨碣石，以觀滄海。
水何澹澹，山島竦峙。
樹木叢生，百草豐茂。
秋風蕭瑟，洪波湧起。
日月之行，若出其中；
星漢燦爛，若出其里。
幸甚至哉，歌以詠志。

毛澤東後來在〈浪淘沙．北戴河〉說：「往事越千年，魏武揮鞭，東臨碣石有遺篇。」指的正是這件事。北戴河位於碣石山的正東，不到三十公里。

第十一章 隆中對

正當劉備在新野長吁短嘆，感慨中年危機時，上天又給了他一道曙光——諸葛亮。

曹操滅了烏桓後，有人建議他藉機攻打公孫康，一舉平定遼東，曹操沒有採納。當袁紹在河北呼風喚雨時，公孫康正躲在遼東瑟瑟發抖，如今好不容易袁氏敗了，他沒有理由替袁家背鍋。所以，當袁尚、袁熙逃到遼東後，公孫康立即殺了兩人，把他們的人頭送給曹操。曹操在返軍途中，收到兩顆人頭，會心一笑。

曹操不是不想趁機吞併遼東，而是他還有更重要的事要做，就是一直讓他放心不下的荊州劉表。

劉表，字景升，漢室宗親，他能占據荊州，首先要感謝孫堅。因為孫堅殺了荊州刺史王睿，劉表才得到這個差使，繼任荊州刺史，而後又升為荊州牧。王睿當荊州刺史時，治所在江陵，劉表控制荊州後，把治所遷到襄陽，一是因為荊州南部太亂，各自為政，二是為了防止當時身在南陽的袁術染指荊州。

要說劉表剛任荊州刺史時，做事還是雷厲風行，但是後期，可能是有了蔡夫人後，變得胸無大志。但是，曹操擔心的不單是劉表，而是有了劉備之後的劉表。

六年前，劉備投奔劉表時，劉表親自到郊外迎接，待之以上賓，並讓劉備屯兵新野，以抗曹操。劉備到了新野後，使用他最擅長的拉攏人心手段，荊州豪傑紛紛前來歸附，引起劉表猜忌，於是不重用劉備，僅是表面客套。

其實劉備這時很苦悶，想北上抗曹，但自己這點兵力還不夠給曹操塞牙縫；想勸劉表趁曹操攻打烏桓時偷襲許昌，劉表又不聽。他在新野一待就是五、六年，想想年紀也大了（四十多歲），久不騎馬，連大腿上的肉都長出來了，事業上卻是一事無成，於是哀嘆不已。

正當劉備在新野長吁短嘆，感慨中年危機時，上天又給了他一道曙光——諸葛亮。

諸葛亮給劉備一張規劃圖：先取荊州，再圖巴蜀，然後從荊州北上圖中原，同時從巴蜀出兵關中，包抄曹魏，光復漢室。

劉備眼前頓時一亮，這正是困惑他多年的問題：打了二十年的仗，至今連個地盤都沒有，原來是缺乏總設計師，於是請諸葛亮出山。

為什麼說諸葛亮給了劉備一道曙光？我們先來看看劉備這二十年的失誤。

劉備從中平元年（西元一八四年）參加鎮壓黃巾起義開始，到遇到諸葛亮這一年（西元二〇七年），二十三年戎馬生涯，大大小小的戰鬥不知打了多少回，當過縣令，做過郡守，也領過州牧，但到頭來卻連個落腳的地盤都沒有，只能依附在劉表帳下，為什麼？再來看看劉備經營過的地方：安喜、平原、徐州、小沛、汝南，都有一個共同的特點，就是地處平原，是個四戰之地，極其難守。劉備做過最大的官就是徐州牧，據有一州，可以稱得上是一方諸侯，那時也是他實力最強的時刻，但最終還是丟了，為什麼？因為徐州是個四戰之地，不但呂布惦記，曹操惦記，就連袁術也惦記。劉備身處四戰之地的徐州，別說要同時對付這三股勢力，就是其中任何一方，他都難以抵擋。

總結下來，劉備前二十年創業無成的最大原因，就是沒有好好利用地形替自己打下一塊地盤，以至於四處奔波，不斷改換門庭。諸葛亮給劉備的建議是先拿下荊州，再取四川，這兩個地方和劉備以前戰

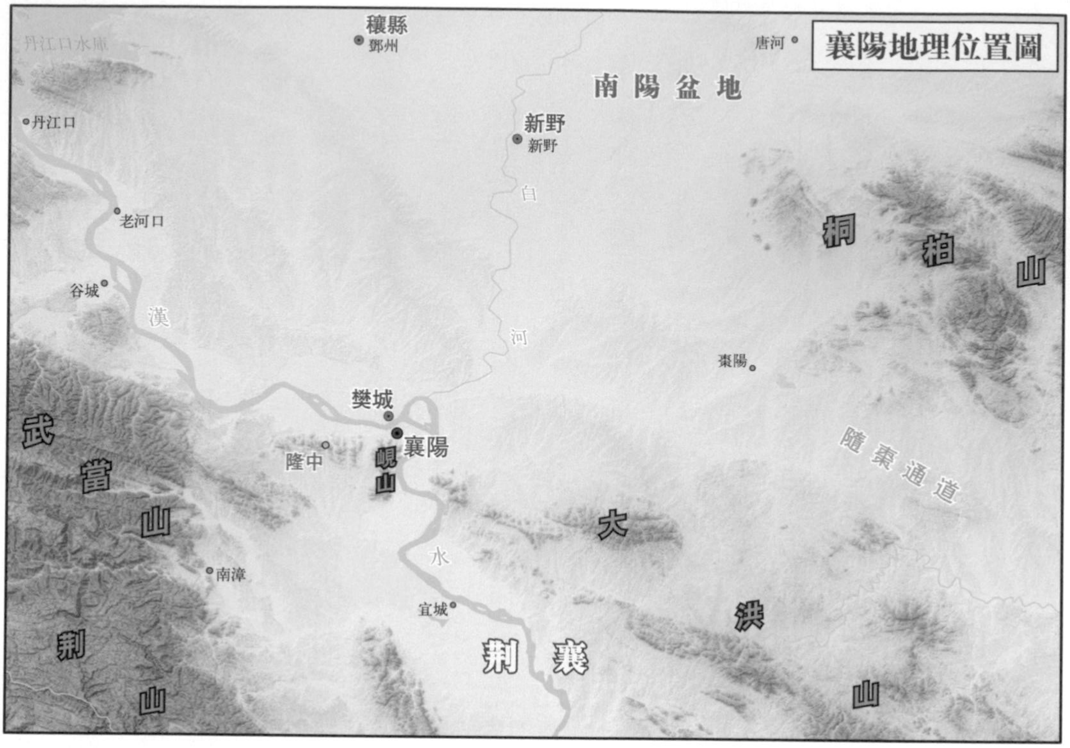

襄陽地理位置圖

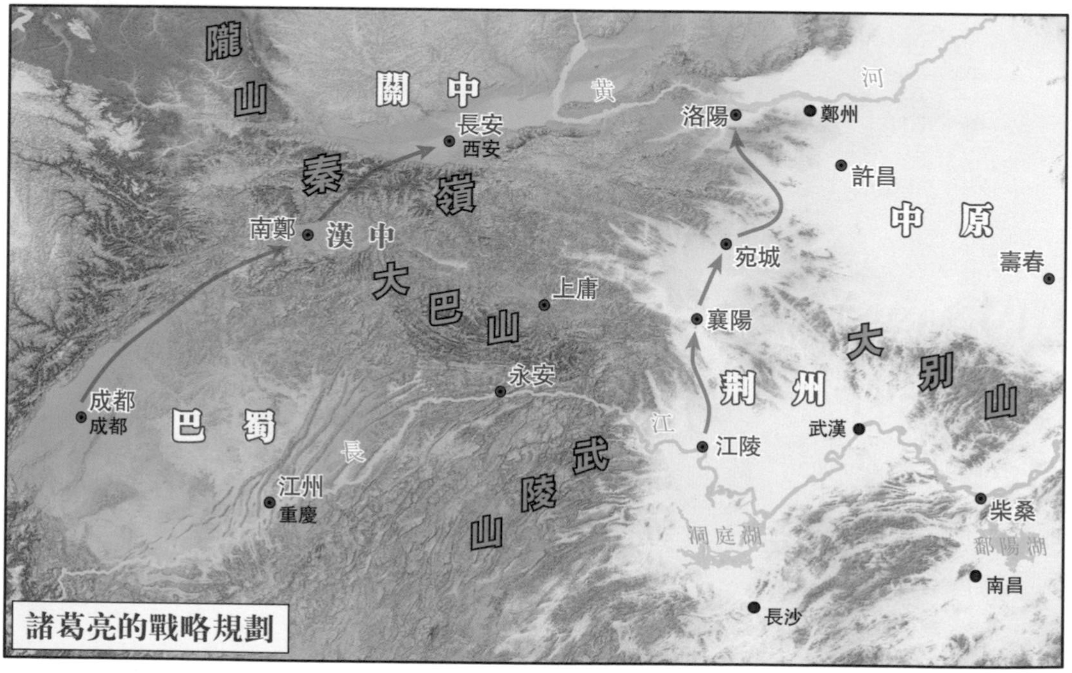

諸葛亮的戰略規劃

鬥過的大平原不同。

先說荊州，雖說是個用武之地，但和中原的四戰之地不同。荊州經常面臨戰亂，但有山川險阻：北方有桐柏山、大別山與中原相隔；西邊有大巴山、武陵山與巴蜀相望；南面是五嶺，而五嶺以南沒有強敵；東面有幕阜山與東吳接壤。也就是說，荊州其實被一群大山包裹著，只有三個出口：北有襄陽與中原相接，西有長江三峽與巴蜀相通，東邊有長江與東吳相連——就是諸葛所說的「荊州北據漢沔，利盡南海，東連吳會，西通巴蜀」。荊州地盤之大，人口之多，不是不好防守，是劉表這樣的人守不住；如果是劉備來守，問題不大。歷史上的楚國正是以荊州為基業，稱霸中原，國祚八百年。

另一個是巴蜀。想防守好荊州畢竟要花一些力氣，而巴蜀就太好守了，幾乎是個完全封閉的地區。而且，四川天府之國，不受戰亂影響，是個產糧大戶，有糧就可以養兵。當年的劉邦正是靠著巴、蜀、漢中這三郡成就帝王之業。用諸葛亮的原話就是：「益州險塞，沃野千里，天府之土，高祖因之以成帝業。」

有了荊州，還要巴蜀，既是搶占一個大後方，也為荊州加一道保護鎖。從地理上講，順著長江沿線，荊州在東吳上游，而巴蜀又在荊州上游。《孫子兵法》說：「居高臨下，勢如破竹。」一旦打起仗來，上游對下游具有居高臨下的優勢。當年楚國能輕鬆滅掉吳越，但最後又被秦國滅了，就是這個道理：吳越在楚國下游，而秦國在搶先一步占據巴蜀後，對楚國就具有地理上的優勢了。

一旦有了荊州和巴蜀兩塊地方，將來就可以從兩個方向包抄曹魏：一路出襄陽北上中原，一路出漢中攻擊關中。那個時候，天下不就還是姓劉的嗎？

這都是前人的經驗，劉備不怎麼讀書，當然不知道，所以聽了諸葛亮一席話之後說：「茅塞頓開。」

照理說劉備手下有兵有將，也有謀士，沒有人想到這些嗎？還真沒有。諸葛亮是個戰略家，是站在總體戰略上替劉備謀劃未來的大業，告訴他什麼該做，什麼不該做，比如西邊的羌人，南邊的夷越，還有東吳的孫權，這些人都不能打，而且要搞好關係，主要的敵人是曹操，所以曹操的敵人都可以拉攏做盟友，至於劉表和劉璋，那是創業路上的敵人，該出手時就出手。

其實這裡面「什麼事情不該做」更關鍵，劉備手下的文臣武將都知道往前衝，劉備也是一路打打殺殺過來的，卻從沒想過什麼事情不該做。就像不久後的赤壁之戰，如果不是和孫權結盟，可能又是一事無成。例如現在有些公司，什麼事都想做，什麼錢都想賺，年輕人的創業激情和個人成就感的衝動，很容易把一個公司的元氣耗盡。總之一句話：大丈夫有所不為！

諸葛亮和劉備的這一次談話被陳壽寫進歷史，稱為〈隆中對〉。「對」就是「對話」、「對策」的意思。

從建安十二年（西元二〇七年）冬至建安十三年（西元二〇八年）春，劉備帶著關羽和張飛，三顧茅廬，終於請得諸葛亮出山。

諸葛亮生於西元一八一年，當時才二十六歲，而劉備生於西元一六一年，比諸葛亮大了整整二十歲。一個八〇後的小夥子，讓一個六〇後的長輩大老遠地（新野離隆中六、七十公里，快馬加鞭也要半天）跑了三次，諸葛亮這是擺架子還是故意的？

應該說是故意的。諸葛亮是個聰明人，深知劉備聽了自己一席話後會動心，請自己出山也是誠心誠意，可真要執行起來困難重重。劉備手下已經有了一幫元老，有自己的一套想法，而他做為一個新人，又年輕，說的話未必有人會聽，也未必有人能懂，到那個時候，他的一切計畫都會大打折扣，所以他多次回避劉備，替劉備製造點難度，這樣劉備對他的重視程度就不一樣，將來他完全可以按照這個規劃執行。就像兩個人談戀愛一樣，付出愈多愈珍惜，付出太少就容易放棄。所以杜甫說「三顧頻煩天下計」，是為了天下，才讓劉備多跑幾趟。三顧茅廬實際上成就了兩個人：劉備的大賢和諸葛亮的大才。

但諸葛亮替劉備規劃的第一步，就讓劉備冒險。某種程度上說，劉表是劉備的恩人，雖然沒有受到重用，但好歹被收留了，並且厚待他，如果這時去搶劉表的荊州，顯然不厚道，而為人厚道是劉備的招牌。

這時，劉表已經病重，臨死前曾對劉備說：「我的兒子不成器，將來荊州就歸你管吧！」這一刻，劉備彷彿看到陶謙再世，又擔心劉表是試探自己，就說：「你兒子很好啊！」可惜的是，劉表畢竟不是陶謙，沒再堅持。劉備有些後悔沒有一口答應。否則的話，就不會有劉表的兩個兒子奪位之爭的事。

劉表其實有三個兒子，除了長子劉琦、次子劉琮外，還有一個小兒子劉修。劉修後來在魏國做官，是個典型的白目，自己的文章寫得不怎麼樣，卻喜歡去挑別人文章的毛病，害得曹植都向楊修寫信吐槽這件事。

當時劉修的年齡太小，沒有參與這場爭鬥，奪位之爭主要發生在劉琦和劉琮身上。劉表本來覺得劉琦很像自己，有意傳位給他，但蔡夫人不同意。蔡夫人是劉表的繼室，劉琦、劉琮都不是她親生的，只不過劉琮娶了蔡夫人的侄女，蔡夫人愛屋及烏，就偏愛劉琮，在劉表面前說盡劉琮的好話，劉表就偏向劉琮了。

劉琦感覺性命不保，向諸葛亮求救。諸葛亮建議他去守江夏郡，並且說：「申生在內而亡，重耳在外而安。」意思是如果留在襄陽捲入內鬥，難免禍及自身，去江夏守邊防，至少能保全性命。恰好這個時候，原江夏太守黃祖死了。

黃祖怎麼死的？被孫權殺死的。曹操統一北方六年內，劉表在荊州按兵不動，劉備在新野長吁短嘆，而孫權在做什麼呢？在打黃祖。六年的時間裡，孫權不停攻打江夏，終於在建安十三年（西元二〇八年）擊殺黃祖，報了殺父之仇，同時吞併了江夏郡的大部。

諸葛亮建議劉琦去守江夏，算是了結了劉表的一件心病，他生怕孫權再接再厲攻入荊州的腹地。劉琦去了江夏，蔡氏開始奪權。等劉表一死，劉琮順理成章成為荊州的主人。

但很快，曹操的大軍也到了。

第十二章 赤壁之戰

曹操親自領大軍從江陵出發沿江東下，最後與孫、劉聯軍在赤壁相遇，雙方交戰……

這時的曹操可以說正是一生當中最得意的時刻，袁氏被徹底清除，烏桓也平定。不但如此，回軍的途中，代郡和上郡的兩位烏桓首領也前來投誠。唯一的損失就是郭嘉在這次出征途中病逝，曹操痛心不已，也是在這一年（西元二〇七年），曹操花重金把蔡文姬從匈奴人手中贖回來。

曹操贖回蔡文姬，不是因為她長得漂亮，而是因為她是個才女。

蔡文姬是東漢文學家、書法家蔡邕的女兒，曹操向來喜愛文學、書法，和蔡邕經常有文學和書法上的交流。後來董卓上臺，強召蔡邕為祭酒。董卓被殺時，蔡邕有點感嘆，結果被王允殺了。再後來，李傕、郭汜上臺，王允也被殺。當時長安一片混亂，居於河套的南匈奴趁機南下打劫，還順手搶走蔡文姬。蔡文姬在那裡生活了十二年，生了兩個孩子。平定烏桓時，曹操想到蔡邕沒有子嗣，就花重金把蔡文姬從匈奴人那裡贖了回來。

蔡文姬有兩部作品流傳於世：〈悲憤詩〉二首和〈胡笳十八拍〉，其他都已失傳。〈悲憤詩〉裡一篇五言長篇敘事詩，連曹植和杜甫的五言敘事詩都受到它的影響；〈胡笳十八拍〉就很有名了，能讓人聽得肝腸寸斷。

小時候看蔡文姬的故事，以為她和蘇武牧羊一樣被帶到了北海（貝加爾湖）那種荒無人煙的地方，覺得好慘。後來才知道，她去的是南匈奴。蘇武牧羊的時候，匈奴的王庭在漠北，勢力範圍主要在漠北。南匈奴原本就在漠南，臣服漢朝後，被安置在河套一帶。以現在的眼光來看，蔡文姬不過是從陝西到了內蒙古，跨了一個省而已。但蔡文姬是被搶去的，做為貴族千金，同時也是一代才女，被文化水準不高的匈奴左賢王搶去做老婆，還生了兩個孩子，不僅心靈受到創傷，人格上也倍感屈辱，由此創作了流傳千古的文章。別忘了，在漢代，擁有先進文明的漢人是看不起這些胡人的。

曹操不僅救了蔡文姬的性命，還避免中國文學的重大損失。

建安十三年（西元二〇八年），曹操在鄴城開闢玄武池訓練水軍。六月，曹操廢除三公制度，恢復丞相制度，並自任漢朝丞相。

訓練水軍的目的很明顯，是為打江東做準備。而恢復丞相制度，意味著曹操在法統上成為真正的一人之下、萬人之上。

不要小看丞相制度的恢復，中國歷史上，丞相制度的興廢直接體現了皇帝如何把權力一步步集於一身的演變。戰國以前，分封制還占據著主導，不管是天子還是諸侯，沒有那麼多的政務可處理，也就沒有必要設置丞相一職。到戰國時期，各諸侯國開始走集權化道路，國君的政務日益增多，一個人忙不過來就需要幫手，於是丞相這一職位應運而生。到秦始皇統一中國時，丞相制度已經非常成熟。漢承秦制，設三公九卿制，三公就是丞相、御史大夫和太尉。丞相總理百官，掌管行政，權力極大，幾乎和皇帝平起平坐；御史大夫是丞相的助手，負責掌管群臣奏章，監察百官；太尉管理全國軍事事務，沒有實權。後來漢武帝改革，設內外朝，分丞相的權。到漢末，三公形同虛設，只有議事權。後來的唐朝實行三省六部制，原本屬於宰相的權力被大卸八塊。一直到明朝，徹底廢除了丞相制度，所有權力集於皇帝一身。

曹操自任丞相，而漢獻帝又是個傀儡，實際上就是把朝廷所有權力集於一身。

七月，曹操率軍望荊州而來。八月，劉表病死，劉琮接任荊州牧。九月，曹操大軍進至新野，劉琮遣使向曹操投降。

之前劉表安排劉備在新野，目的就是為了抵抗北方的曹操。曹操經營北方時，劉備過了幾年安生日子。但他很清楚，僅憑自己的這點兵力（一萬多人），難以抵抗曹操的大軍。所以當劉備得知曹操親領大軍南下時，連忙棄守新野，退往樊城。

到了樊城，劉備才知道劉琮已投降曹操，樊城比新野強不了多少，如

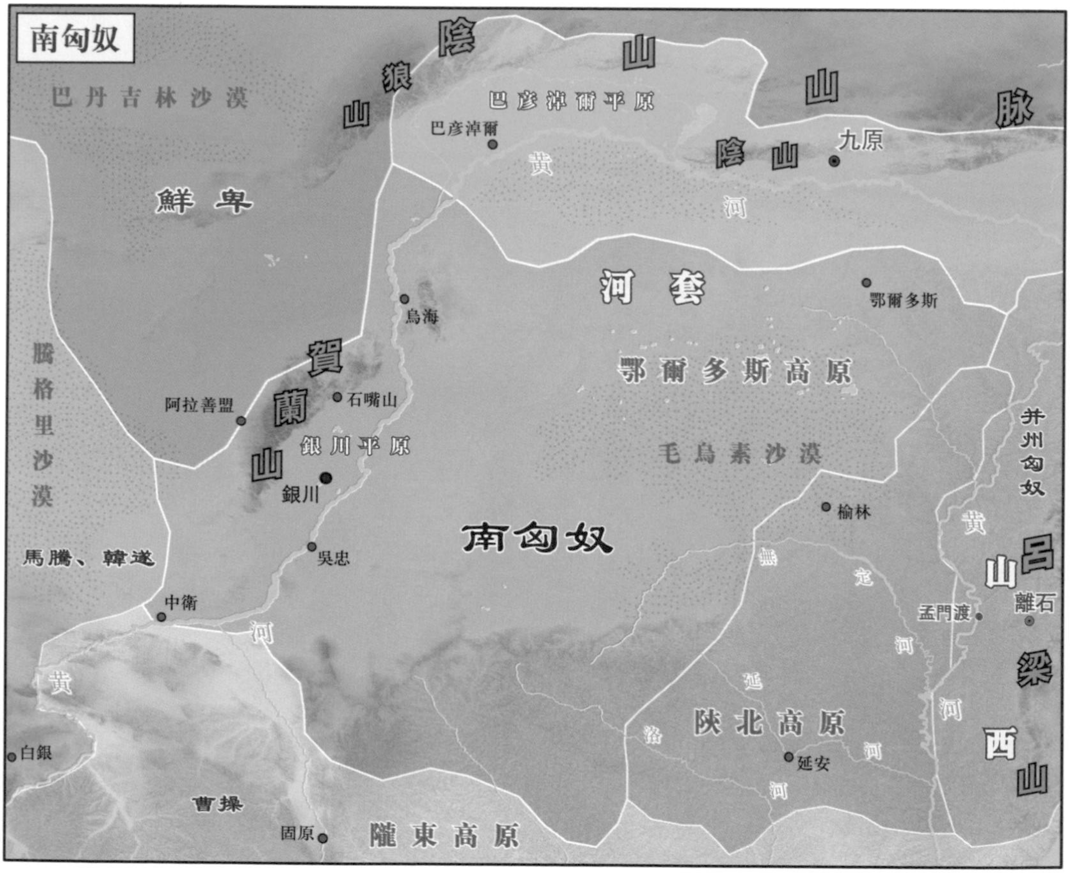

果失去襄陽的庇護，樊城扛不了幾天。況且，劉琮既然已經投降曹操，劉備如果繼續待在樊城，只有腹背受敵的分。劉備尋思江陵錢糧多，城防又堅固，不如退往江陵防守，於是南渡漢水，準備逃往江陵，同時派關羽走水路在江陵會合。路過襄陽時，諸葛亮建議趁機奪襄陽，劉備不忍心，在城下喊話，想斥責劉琮為什麼要投降曹操，劉琮卻不敢出來。

劉備為什麼要訓斥劉琮？是為劉琮的不戰而降感到痛心。襄陽是荊州的門戶，曹操無論是想打荊州還是江東，襄陽都是繞不過去的一道坎。我們從後來的歷史知道，就連強悍的蒙古人要打南宋，也在襄陽耗費了六年的時間。劉備無從知道後來宋蒙之戰的歷史，但身邊已經有諸葛亮，大概也知道當年楚國的事情，劉琮一投降，等於整個荊州門戶大開，江東也有脣亡齒寒之危。假如劉琮不投降，請劉備來幫忙守襄陽，憑著荊州的人口和錢糧，曹操想進荊州還真不容易。當然，劉備還是不忍心從劉琮手中奪取襄陽，否則也懶得和他廢話了。

另外一個，襄陽城的獨特性在全國也是獨一無二。比如護城河，像明朝時北京這種首都級別的城市，護城河不過五十公尺寬，而襄陽城的護城河寬達二百公尺。更重要的是，襄陽城的北面直接以漢水為護城河，而漢水的寬度在五百公尺以上。這麼寬的護城河，敵人想要進攻，普通的攻城戰術行不通，必須調動水軍。

漢水的水面不像人工護城河那麼平靜，有風浪。這麼寬的護城河，再加上風浪，北方的騎兵南下，到達漢水時，必須下馬渡船，而北方的士兵不習水戰，過河沒那麼容易。這時襄陽的守軍可以一邊從城頭向敵人放箭，一邊派水兵圍剿，結果可想而知。

這還不算完，襄陽城的北面，隔漢水相望的是樊城，樊城和襄陽互為犄角。也就是說，當北方騎兵南渡漢水攻打襄陽時，樊城可以出兵截斷敵人的後路；同樣的道理，當敵人出兵圍攻樊城時，襄陽可以派兵攻擊敵人的後方。總之，因為中間隔著漢水，敵人想要一口氣包圍兩座城池非常困難。

如果我們仔細觀察就會發現，其實襄陽城的北邊和東邊都被漢水包圍，南面有峴山阻隔，是個天然屏障。而西邊呢？今天看到這裡好像是一片平地，其實這裡在漢朝時有條檀溪（躍馬檀溪的故事就發生於此），檀溪原本連接著漢水和襄水，襄水從西邊的山上流下，沿著山腳從襄陽城南流過，最後注入漢水。襄水也叫南渠，襄陽正是因為處於襄水之北而得名。

從整體上看，襄陽有三道防線，一道是漢水、峴山、檀溪組成的天然屏障，一道是襄陽的護城河，最後一道是襄陽的城牆，所以才有「鐵打的襄陽」一說。以當年孫堅的勇猛，連董卓都怕他三分，結果卻折戟襄陽，可見襄陽城防的天然優勢，而劉琮就這麼輕易放棄，確實讓人痛心。

劉琮不敢露面，但他的部下有很多荊州士人紛紛出城投奔劉備。到當陽時，一路跟來的官員加上百姓竟有十萬多人，光輜重車就有數千輛。只是這樣一來，行軍速度很慢，日行不過十餘里。劉備不忍心丟下這些百姓，結果很快就被曹操的騎兵追上了。曹操知道江陵是荊州的心臟，擔心劉備搶占江陵，就派曹純帶了五千騎兵沒日沒夜地追趕，最後在當陽縣的長坂坡追上，大破劉備，隨後南下，江陵不戰而降。

平時我們看演義，只知道「張飛喝斷長坂橋」、「趙子龍單騎救主」，非常精彩！卻不知這背後，曹純不但抓獲劉備的兩個女兒，而且還獲得大量的百姓和輜重，收編了劉備被擊潰的部隊，同時擄獲徐庶的母親，徐庶不得已，只能放棄和劉備逃亡，轉投曹操。

江陵去不了，劉備想去江夏找劉琦，跑到漢水邊上的漢津渡口（今沙洋縣），正好碰上關羽。關羽原計畫走水路到江陵與劉備會合，按道理走水路快，但曹操進駐襄陽後，收服了劉表的部將文聘，知道關羽走水路，便派文聘率水軍沿漢江追擊，關羽一路上邊戰邊退，耽誤了時間。不過也許是天意，關羽在這裡正好接上劉備，於是一同前往江夏。這一次，劉備損失慘重，但好在憑著趙雲、張飛和關羽的努力，核心成員都還在。

劉琦鎮守江夏，本來在江北抗拒東吳，聽說曹操大軍南下後就避走江南，就是夏口（今武漢）。和劉備一同到夏口的還有魯肅。

魯肅本來是到荊州替劉表弔喪，當然，弔喪只是個藉口，他是個戰略家，目的是來打探荊州的情況：如果劉表的兩個兒子和劉備和睦，東吳就和他們聯手共敵曹操，如果不和就再想別的辦法。他知道劉備是個人物，只是苦於時運不濟，而劉表的兩個兒子又不和，這樣很容易被曹操鑽漏洞，一旦荊州被曹操得手，東吳就危險了。

魯肅剛到夏口時就聽說曹操進兵荊州，憑直覺，魯肅覺得劉備會去江陵，於是仍沿長江水路西行。到了江陵，魯肅知道劉琮已經投降曹操，劉備正在南逃，於是當機立斷，從江陵北上去找劉備。在當陽長坂，魯肅碰到了正在逃亡的劉備，這時劉備剛被曹操打敗，正是人生當中最灰暗的時刻，於是魯肅問他下一步有什麼打算，劉備說：「與蒼梧太守吳巨有舊，欲往投之。」

很多人認為這是劉備的藉口，是在試探魯肅的口氣，要看東吳是不是真心想和他結盟。但我覺得試探是一方面，劉備心裡還有另一層想法，實在不行，也只有這一條路了，畢竟他不是荊州之主，又剛打了敗仗，孫權未必會看上他這個盟友，這只不過是魯肅的個人意願而已。

藉口可以很多，劉備為什麼會想到吳巨？我們先來了解一下蒼梧在哪，吳巨又是誰，如果孫權不肯結盟，劉備是

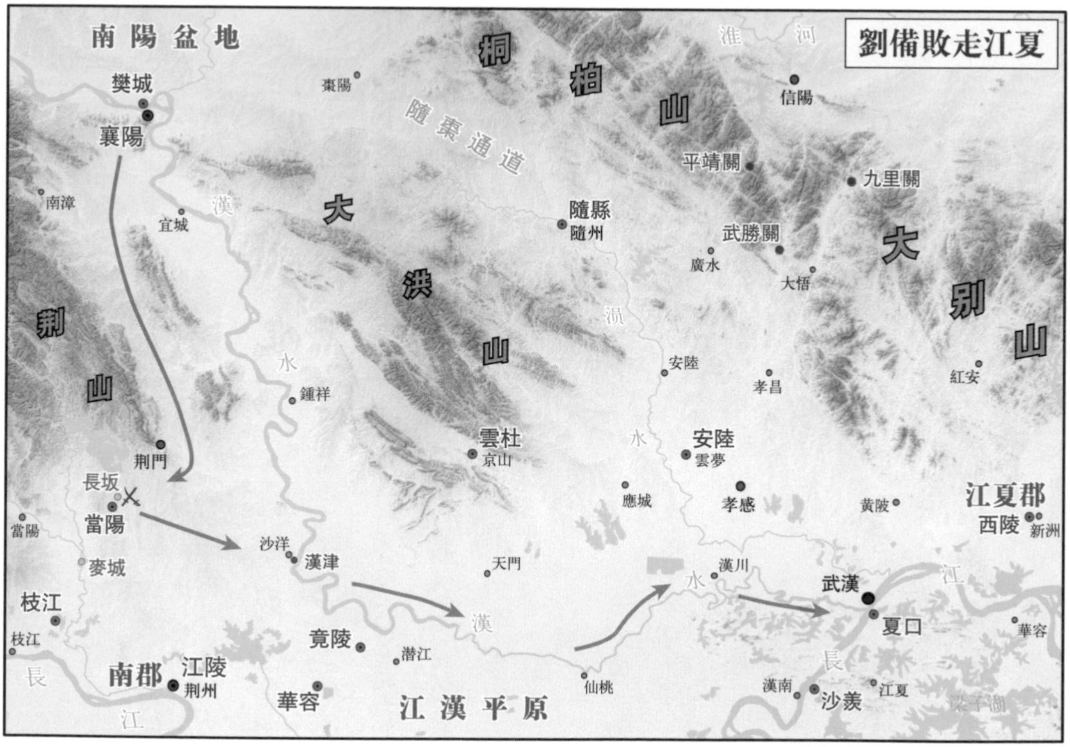

不是只有這條路可走了？

蒼梧郡在五嶺以南，治所是廣信，就是今天的梧州。我們說秦始皇征服百越，最關鍵的一環是開鑿靈渠，打通了湘江和灕江，而灕江與珠江（西江段）的交匯點正是在廣信。今天的廣東、廣西在三國時屬於交州，後來之所以有廣東、廣西這個名稱正是因為廣信：廣信以東的稱為廣東，廣信以西的稱為廣西。近代以前，兩廣屬於落後不開發的地區，因為隔著南嶺，本身又是綿延無盡的山區，中央王朝對這裡的統治一直很薄弱，這樣一來，廣信的地位就非常重要，不僅扼守著兩廣，還可以透過水路直達荊楚，可以說，廣信是中原王朝控制嶺南地區的核心所在。

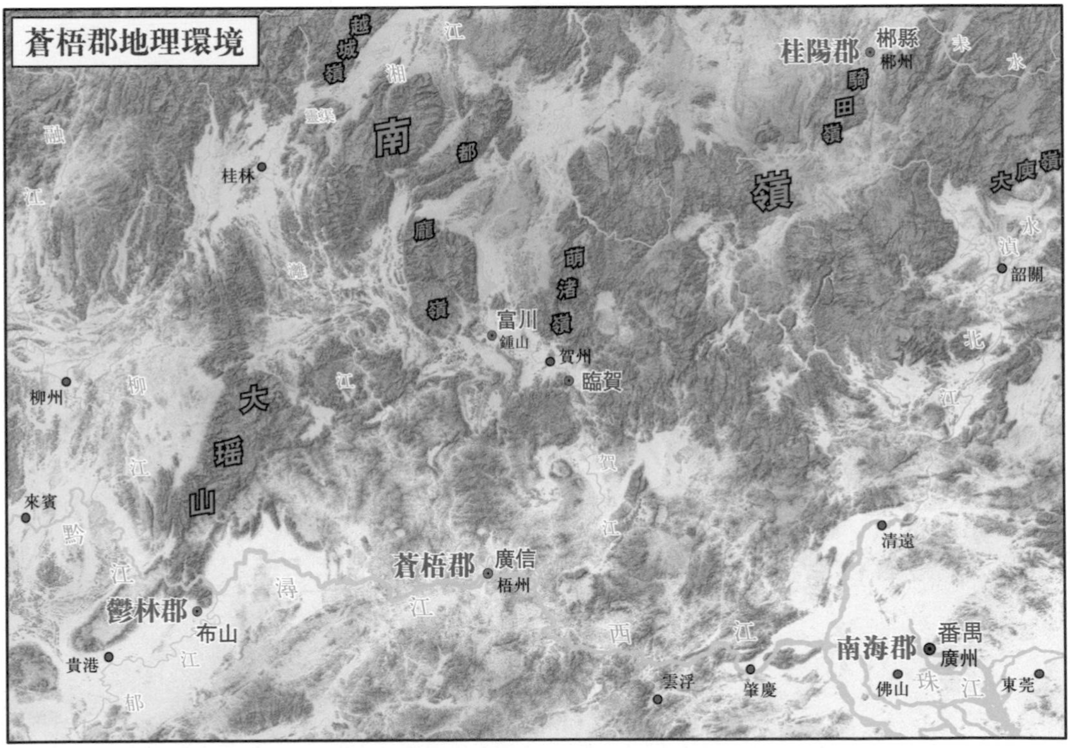

劉備說他和吳巨有交情，應該是在新野的事。吳巨（一說吳巨是吳臣的誤記）原是劉表的部下，後被劉表任命為蒼梧太守。劉備在新野待了五、六年，主要的事就是結交荊州名士，認識一些荊州官員並不奇怪。

話說如果孫權不願意和劉備結盟，或者孫權直接投降曹操，劉備同樣無處容身，那麼他還能逃亡到哪裡呢？北方已經被曹操一統不可能，西邊巴蜀是個不錯的選擇，也在諸葛亮的計畫之內，但這個時候劉璋還沒有主動請劉備過去幫忙，如果強入，以劉備現有兵力，三峽肯定打不過去。各種退路都堵死後，劉備只能再往南逃，蒼梧將會是唯一的選擇。劉備到了蒼梧，可以憑藉吳巨的力量站穩腳跟，而以吳巨的野心和勢力，又不足以吞併劉備，曹操一時也不會越過南嶺，那麼天長日久，劉備以自己的能力和手下的謀臣武將，完全可以在嶺南打下一片江山。說不定，到那時候又會出現一個南越國（按劉備的意思應該是南漢），繼續和曹操抗衡。

魯肅聽了劉備的話後，說吳巨是個庸人，於是把江東的情況講述了一番，勸劉備和孫權聯盟，共敵曹操。其實這也是之前在隆中時，諸葛亮對劉備說過的話：「外結好孫權，內修政理。」在戰略方面，魯肅的觀點和諸葛亮不謀而合。另外，諸葛亮的哥哥諸葛瑾正效力於東吳，和魯肅是好朋友，這樣一來，兩人的關係更近了一層。

曹操占據江陵後，準備順江東下，諸葛亮就說：「事急矣，請奉命求救於孫將軍！」於是同魯肅一起到柴桑見孫權。

孫權移兵柴桑，一方面在觀望荊州的動向，另一方面也是防守，萬一曹操在荊州得手，必順江而下圖謀江東，這裡是從荊州進入江東的必經之地。

但到底要不要和曹操抗爭，孫權心裡其實非常猶豫。

孫權從沒想過和曹操正面衝突，曹操平定北方時，孫權打的是江夏，而對江東北岸的江淮地區毫無染指。現在曹操大軍南下，不費吹灰之力就得到荊州，還寫了一封信給他：「近者奉辭伐罪，旌麾南指，劉琮束手。今治水軍八十萬眾，方與將軍會獵於吳。」

意思很明顯，曹操的下一個目標是東吳。孫權靠著父兄兩代人打下的基業，當然不肯輕易讓人，但要打又擔心打不過。這正是魯肅和諸葛亮所擔心的，他們的目的就是要讓孫權下定決心，雙方聯合起來和曹操打一仗。

諸葛亮到柴桑後，用的是激將法，意思是：你要是能打就趕緊打，要是不能打，就趕緊投降。

孫權反問：劉備為什麼不投降？

諸葛亮：田橫聽說過吧，不過是齊國的一個舊貴族，因不肯降漢而自殺，劉豫州是皇族後裔，不成功只是天意，怎麼人屈居人下！

孫權：劉備那麼點人都不肯投降，我東吳這麼大片地方，兵甲上十萬，更不能投降！

但是，孫權又問了一個問題，就是劉備剛被打敗，還能打嗎？意思是還有能打的本錢嗎？

諸葛亮能列出來的就是關羽手下還倖存的一萬兵馬，再加上劉琦手下的一萬多人，總共也才二萬多人。這——孫權聽了，心裡忐忑不安。

東吳的陣營也分化出兩派：主戰派以魯肅、周瑜為代表，主和派以張昭為代表。

張昭分析得很清楚：東吳原本是靠長江天險才能和曹操對峙，但現在曹操奪了荊州，天險不存在，反而占據上游的優勢；另外，曹操不但得了荊州的地，還得到原來劉表手下的幾萬水軍和數以千計的船隻，如果順著長江水陸俱下，東吳難以抵擋。

其實最關鍵的還是實力，曹操打了那麼多勝仗，占了那麼多地方，就算沒有八十萬大軍，實際數量也不會少，和他比起來，孫權和劉備的這點兵力簡直微不足道。

最關鍵的還是魯肅的話，他對孫權說，我們誰都可以投降，只有你不能投降，我們投降了，還可以幹原來的差事，該幹嘛就幹嘛，說不定還能升官，但是主公你呢？猜猜曹操會怎麼安置你？

孫權猛然醒悟：這些人分明是在坑我啊！

最後是周瑜替孫權分析曹操的兵力，說曹操從中原帶下來的兵力不過十五、六萬，收復原劉表的兵力不過七、八萬，加起來就二十多萬人吧！中原來的兵不習水戰，原劉表手下的兵還心懷猶疑，所以人數雖多也不足為患，他用五萬精兵就可以破曹。

孫權的心結這才解開，二十萬和八十萬，差別太大了，曹操也太能吹了，差點把人給嚇死，於是下定決心和曹操決一死戰。

孫權一時給不了周瑜五萬精兵，只給了三萬，說後續補上。周瑜就帶著這三萬兵馬沿長江西進，中途與劉備會合，然後繼續逆長江而上，迎擊曹軍。

曹操親自領大軍從江陵出發沿江東下，最後與孫、劉聯軍在赤壁相遇，雙方交戰，曹操首戰不利，於是屯兵江北烏林一帶，孫、劉屯兵於南岸，兩軍對峙。

這就是赤壁之戰的開始。

赤壁之戰的過程其實大家都耳熟能詳，就是黃蓋以詐降之計，藉著東南風放了一把大火，把曹操的幾十萬大軍燒得丟盔卸甲。

要說曹操在赤壁之戰失敗的原因，其實諸葛亮和周瑜在事前都分析過了：一是曹操連年用兵，勞師遠征，中原的士兵到了南方水土不服，

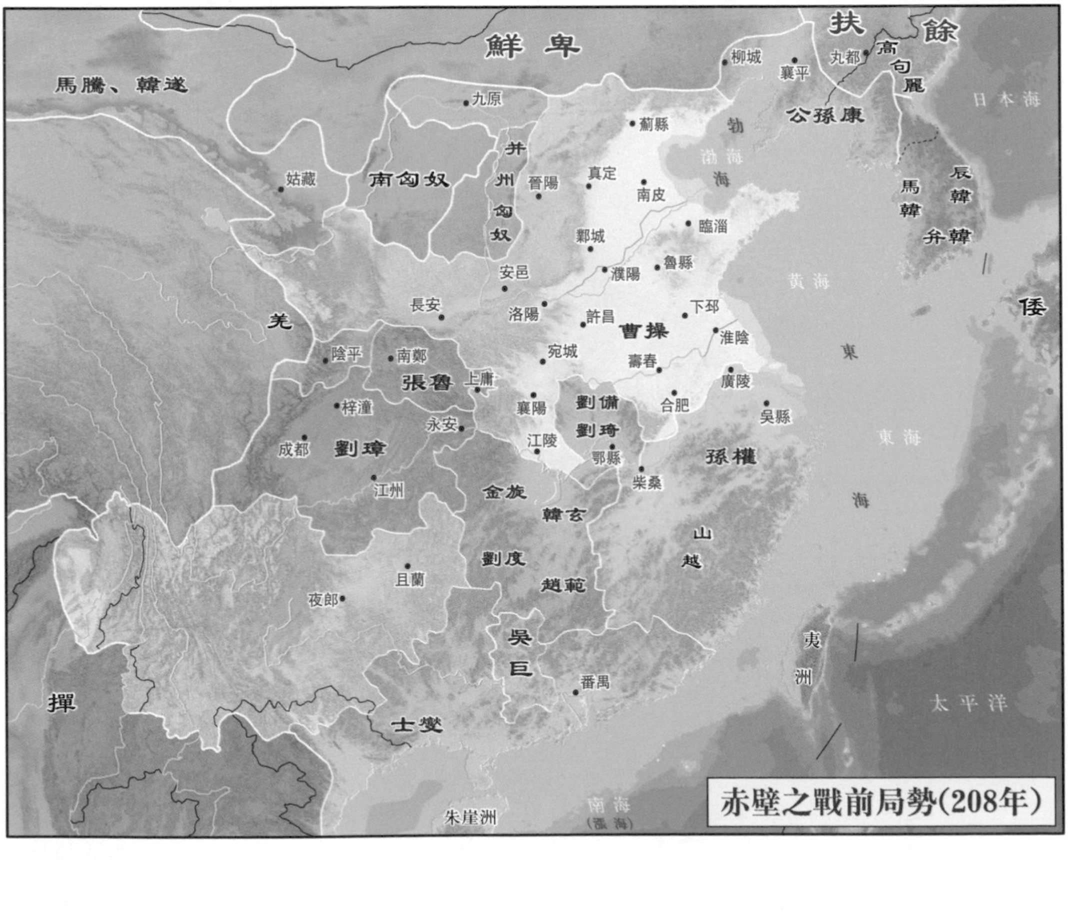

赤壁之戰前局勢(208年)

多生疾病；二是荊州新近歸附的將士還存在觀望心態，人心不齊，雖然號稱百萬之眾，實際戰鬥力沒有那麼強。

但最關鍵的還是那場東南風幫了大忙，所以杜牧說：「東風不與周郎便，銅雀春深鎖二喬。」

我們看火燒赤壁的過程，無論是演義還是史書的記載，二者沒有本質的差別，但無論看了多少個版本，心中始終有個疑惑：

東風到底是從哪裡來的？

第十三章 東風從哪來？

孫、劉聯軍用火燒赤壁的方法大破曹軍，不是一時興起，而是精心準備……

首先可以肯定不是諸葛亮借來的。老子說：「天地不仁，以萬物為芻狗。」天地自有運行規律，不會為了人間的一場戰爭而偏袒誰。

但歷史記載確實有這場風，只是是如何產生的，翻遍各種資料，沒一種說得清楚，大多數只是「可能」、「正常」、「不奇怪」這種模稜兩可的答案，沒有一個能給出明確的說法。有些還扯上「地球偏轉」、「壓強梯度力」等一大堆專業名詞，簡直不知所云。

我們試著從地理的角度解釋。

要知道東風從哪裡來，就必須先了解風是怎麼產生的。

權威的解釋是：風是由空氣流動引起的一種自然現象，是由太陽輻射差異所引起。

通俗點說就是太陽照在不同的地方造成溫差，因為有溫差，空氣就要流動，於是風產生了。地球上，因太陽輻射差異而造成地球表面溫度不均，從而引起的大氣運動叫大氣環流。大氣環流有固定規律，產生的風叫信風。顧名思義，信風就是很講信用，一年到頭都來自同一個方向。但中國的地理位置非常特殊，地處歐亞大陸的東端，不但有世界屋脊青藏高原阻隔信風長驅直入，身邊還有世界最大的一片水域——太平洋，所以影響中國的風主要是季風。

季風就是因季節不同而變化的風，給我們的直覺是，一到春天就「吹面不寒楊柳風」，而冬天一旦來臨就是「北風卷地百草折」。簡單說，中國這片土地，冬天颳西北風，夏天颳東南風，春、秋正是兩種風交替的時候。因為我們喜歡簡稱，所以常把西北風稱西風或北風，東南風稱東風或南風。

這裡先不管信風的問題，只說和中國有關的季風，到底是如何產生的呢？

物理學上有個詞叫比熱，就是相同品質的物質升高或下降單位溫度所吸收或放出的熱量。有點繞口，打個比方，同樣的一鍋水和油，水的比熱大，燒開一鍋水比較慢，而燒開一鍋油就快得多，這是因為二者比熱不同造成的。拿我們生活中的感受舉例，夏天時，如果湖邊有塊大石頭，會晒得燙屁股，而湖裡水還很清涼，這是因為水的比熱大，在吸收相同熱量的情況下，水升溫慢，石頭升溫快。同樣的道理，到了隆冬季節，你再摸一摸湖邊的那塊石頭，會感到非常冰涼，而湖裡的水還有溫度，魚兒在裡面游泳也不會凍死。我們日常所見的物質中，水的比熱最大，所以在接受同樣太陽光照的情況下，水的溫度上升最慢。反過來，在散失熱量的情況下，水下降的溫度也最慢。為什麼感冒時要多喝水，就是這個道理，水能保持體溫相對均衡。

我們可以把歐亞大陸比作那塊石頭，那個湖就是太平

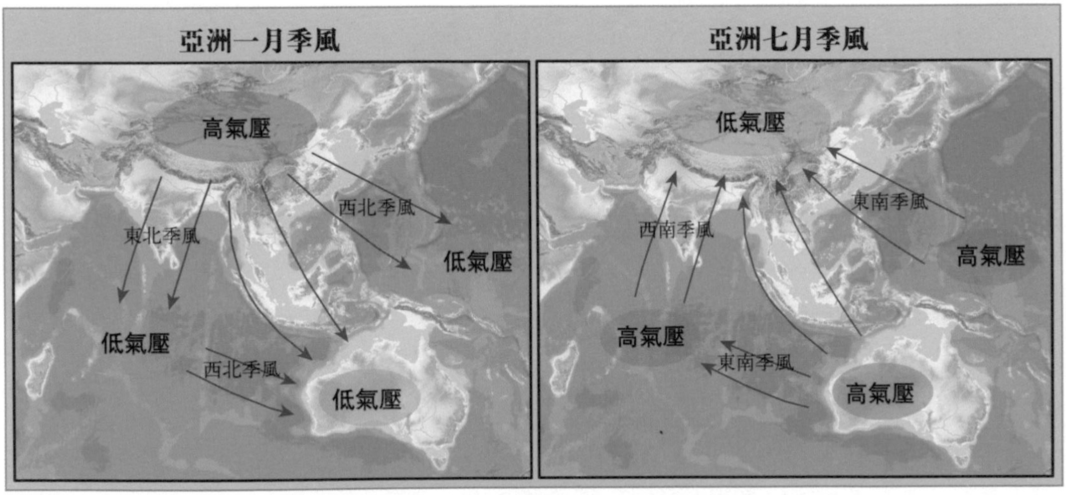

洋。夏季來臨時，北半球吸收的熱量大於散發的熱量，整個北半球開始升溫，歐亞大陸因為是砂石土壤結構，比熱小，升溫快，而太平洋全是水，比熱大，升溫慢。升溫快的地方，表面的空氣被加熱，熱空氣因密度小而上升，形成低壓（可以想像一下，頭頂上的空氣往上跑，是不是壓力小了？所以叫低壓）；而太平洋地區的情況恰好相反，貼近水面的空氣溫度低於附近空氣的溫度，冷空氣因密度大而下沉，形成高壓。高壓區的空氣一定會往低壓區跑，於是太平洋的暖溼氣流向歐亞大陸移動，東南風就產生了。

同理，冬季時，太陽去照顧南半球了，北半球散失的熱量大於吸收的熱量，氣溫一天比一天低。還是因為水的比熱大，在散失相同熱量的情況下，太平洋的溫度降得慢，而歐亞大陸降溫比較快。也就是說，太平洋上的空氣溫度比較高，熱空氣上升，形成低壓；而歐亞大陸地表空氣的溫度比較低，冷空氣下沉，形成高壓。高壓區的空氣向低壓區流動，於是乾冷的西北風就產生了。

整個中國大環境，季風的改變是因為地球公轉而產生，不會受任何其他條件影響。赤壁之戰發生在建安十三年（西元二〇八年）的冬天，二千年前的地球和今天的地球一樣圍繞著太陽轉，沒有任何改變，所以戰爭時，中國大部分地區颳的是西北風，赤壁之戰發生的地方即今天的湖北省，屬於季風區，毫無疑問颳的也是西北風。

會不會有特殊情況呢？

季風的產生其實可以用另一句話概括：它是由海陸熱力性質差異所引起。但我們為什麼不用？因為這句話是用來描述海陸風的。

海陸風產生的原理其實和季風一樣，只不過它不隨季節變化，而是隨日夜變化，而且發生在局部地區，主要是沿海。

海邊的白天日照強，陸地升溫快，海水升溫慢，於是在陸地形成低壓，海面形成高壓，高壓區的空氣向低壓區移動，形成海風。

晚上，情況反過來，海洋和陸地開始向大氣散熱，陸地降溫快，海面降溫慢，於是在陸地形成高壓，海面形成低壓，高壓區的空氣向低壓區移動，形成陸風。

這就是海陸風形成的原理，它可以在大環境盛行季風的情況下，在局部地區形成自己的風向。當然，這時的季風不能太強勁，否則海陸風發揮不了作用。

內陸沒有海，如果把海換成湖，在相同條件下也會產生這種風，為了區別，我們稱它為湖陸風。

赤壁附近是否有產生湖陸風的條件呢？

首先要有水，才有這種可能。

如果打開赤壁附近的地圖，會發現這附近只有長江，長江的水域面積小，而且呈帶狀，不足以對局部氣候產生影響，所以我們還得再找找，看看是不是還有別的水域，或者類似水域的東西。

如果把時光倒流，還真能發現這裡曾有一大片水域，就是雲夢澤。

先釐清一個概念：古雲夢澤和雲夢澤。

遠古時，從湖南到湖北都是一片汪洋，這就是古雲夢澤。後來由於長江泥沙堆積，長江以北形成雲夢澤，長江以南形成洞庭湖及附近的平原。之所以南北有差別，是因為北邊還有一條漢水，漢水攜帶的泥沙同樣堆積在這裡，所以北邊沒有遺留下像洞

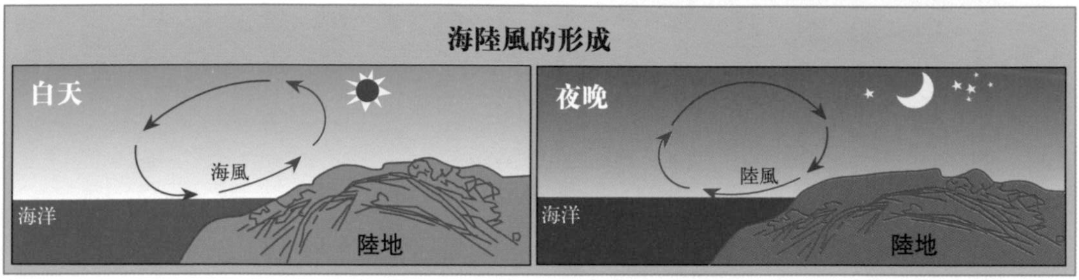

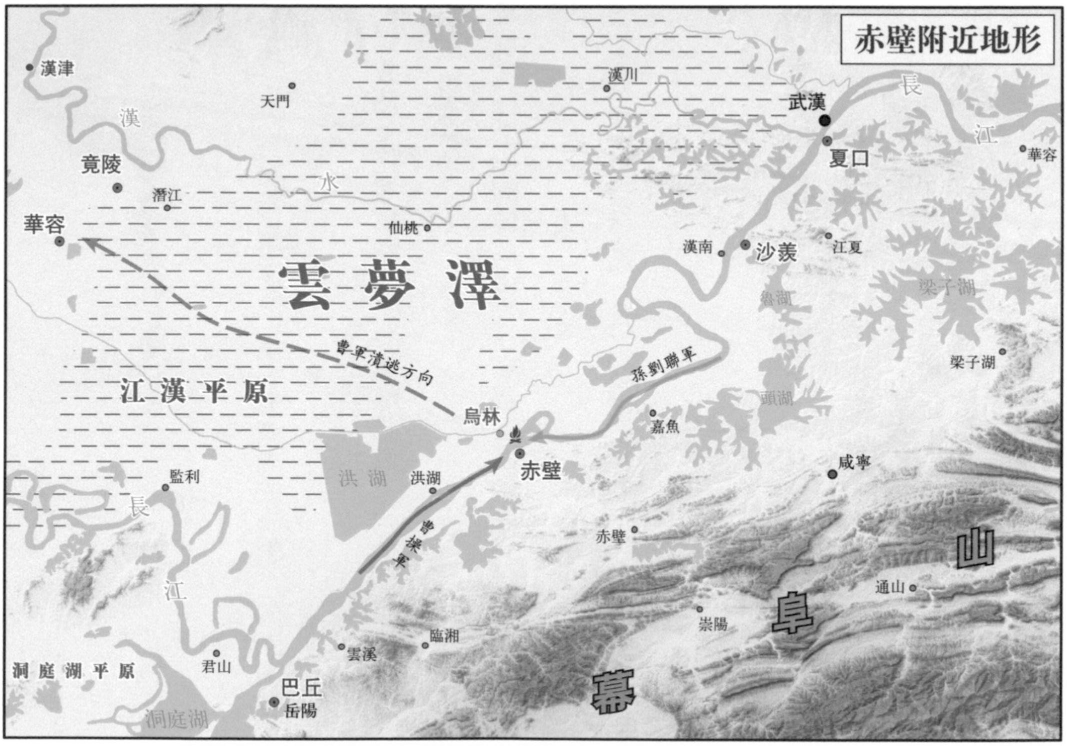

庭湖那樣的大片水域（洪湖是明、清時期才形成，規模不能與洞庭湖相比），而是一群小湖泊，像珍珠一樣散落其間。

雲夢澤是對長江以北這一帶湖泊的總稱，也就是說，雲夢澤是一片大大小小的湖泊，其中也包含沼澤，還有勉強可供人行走的小路，這樣的地理條件雖然不能和海洋相比，但因為含水量很大，和一個大湖已經沒有什麼區別。

東漢時期，雲夢澤還在。到三國時期，雲夢澤剛沉積下來，但不穩定，水域面積依然很大。實際上我們看三國時期的地圖就會發現，當時的城市主要建造在沿雲夢澤的邊緣地帶，原因就是這裡依然是湖泊縱橫、沼澤遍地，不適合人類居住，後來的江漢平原正是雲夢澤沉積後形成的。即使是今天，江漢平原依然星羅棋羅布著數不清的湖泊，所以我們可以想像在三國時期，雲夢澤的水依然很多，完全可以把這裡看成是一大片水域。

解決了水的問題，再來找山，赤壁附近有沒有山呢？好在不管人類歷史如何變遷，山脈的變化極小，赤壁的東南方向的確有座大山，就是幕阜山。幕阜山是今天湖北和江西的界山，規模夠大，足以改變這一帶的局部氣候。

好了，我們以赤壁為中心，西北方有雲夢澤，東南方有幕阜山，一山一水，只要條件達到，就可以產生前面所說的湖陸風。

假設在某個冬日，赤壁一帶風和日麗，幕阜山因為是岩山結構，比熱小，受日光照射後升溫快，形成低壓；雲夢澤含水量大，比熱大，升溫慢，形成高壓——高壓區的氣流向低壓區移動，產生西北風，和當時的季風風向一致。

到了晚上，幕阜山因為比熱小，溫度很快就降下來了，冷空氣下沉，形成高壓；而雲夢澤的水在白天接受太陽照射後溫度已經很高，此時下降得也慢，熱空氣上升，形成低壓——這時高壓區的氣流向低壓區移動，也就是幕阜山的氣流向雲夢澤移動，於是東南風就產生了。

可以得出結論，季風活動不強時，只要這裡白天陽光充足，到了晚上就會產生東南風。

按《江表傳》記載：「時東南風急。」可見當天確實颳了東南風，風還挺大的。這裡的「江表」是指江東，我們知道一個成語叫「表裡山河」，表和裡對應，就是外的意思，今天常用一個詞「外表」，外和表其實同義，江表就是江外，從中原政權的視角來看，長江以外就是江南，一般特指長江下游的江東，三國時就經常稱江東為江表。從緯度上講，建業比江陵更靠北，與襄陽相當，但我們很少稱荊州的南部為江南，是因為荊州的核心地帶都在江北。

言歸正傳，為什麼要強調白天是個大晴天？為什麼要強調幕阜山？

因為只有白天日照強，雲夢澤的水溫才會高，到了晚上，和陸地上的氣壓反差才會大，就意味著風大。同樣的道理，如果沒有幕阜山，只要有陸地，和雲夢澤之間也會形成湖陸風，但一般的陸地組成成分是土壤，土壤含有一定水分，這樣和湖水的比熱差別小，而幕阜山是岩石結構，石頭不含水分，比熱更小，溫度下降得更快，和雲夢澤之間的氣壓差也就更大，產生的風就愈強勁。

歷史上沒有記載赤壁之戰到底是發生在晚上還是白天，但按照以上分析，白天產生的仍是西北風，只有晚上才會產生東南風。這一點，《三國演義》說得很清楚：傍晚時沒有起風，周瑜急了，怪諸葛亮說大話，一直等到三更時分東南風才起。三更即是半夜，就是夜裡十二點。這非常符合我們的推測，太陽剛下山時，幕阜山上的溫度還沒有降下來，必須等到深夜，幕阜山上的氣溫足夠低，才能產生湖陸風。

事實上，正是由於雲夢澤的存在，曹操敗走華容道時才會狼狽不堪。曹操從烏林撤往華容，正是穿過雲夢澤，雲夢澤固然有路，但沼澤泥濘遍地，非常不好走，很多老弱士兵就是在逃跑中填入泥坑。

還有一個問題，孫、劉聯軍用火燒赤壁的方法大破曹軍，不是一時興起，而是精心準備。他們怎麼知道會有東南風呢？

其實不難理解，諸葛亮說為將者要懂天文地理，但中國古人的地理氣象知識有限，今天靠著衛星雲圖預測天氣還經常有判斷失準的時候，何況當時！但別忘了中國是個農耕民族，靠天吃飯，所以對氣象的記錄是一件非常重要的事情，這裡的官吏一定會對當地氣候做詳細記錄，久而久之，他們也發現這裡在冬天時，偶爾會颳東南風。孫、劉聯軍正是有這個先決條件，才決定用火攻。但東南風到底會在哪一天颳，歷史記錄得再詳細，也無法預測將來要發生的事，所以他們一邊準備，一邊等待，到了「萬事俱備，只欠東風」時，等半夜裡東南風一起，火借風勢，風助火威，燒得曹軍丟盔卸甲，落荒而逃，歷史也因這場大火而改變。

赤壁之戰後，曹操損失慘重，倉皇退往江陵，孫、劉聯軍水陸並進，一路追擊。曹操擔心後方不穩，留曹仁、徐晃繼續留守南郡（治所江陵），文聘守江夏（江北部分），樂進守襄陽，自己則退往北方休整。

曹操大概也沒想到，這一去，終其一生都沒有機會再來荊州。

第十四章 劉備借荊州

荊州總共有七郡，荊北三郡：南陽、江夏、南郡；荊南四郡：武陵、長沙、桂陽、零陵。劉備借完南郡後，荊州地區就出現三足鼎立之勢……

曹操退往北方後，留下曹仁守南郡。孫、劉聯軍追到江陵，曹仁龜縮在江陵城不出來。江陵是荊州傳統的政治中心，原本是荊州的治所，劉表到任後，為防止中原各路諸侯覬覦荊州，才把治所遷到襄陽，但大部分的錢糧和武器都放在江陵，再加上城防十分堅固，劉備和周瑜一時難以攻克。正是在這次攻打江陵的過程中，周瑜脅下（腋下至腰部稱為脅，即肋骨兩側）中了一箭，但仍堅持戰鬥。至於這一箭和周瑜的死有沒有關係，的確很難說，畢竟以當時的醫療條件，又是在戰場，當地有流行疾病，說不定留下了什麼後遺症。

劉備見江陵一時難以攻克，調轉馬頭向南，目標是荊南四郡：長沙、武陵、桂陽、零陵。

當然，劉備是打著劉琦的旗號出發，荊州原來就是劉表的，既然劉表死了，他的兒子不管是劉琦還是劉琮，在法理上都有權繼承荊南四郡。所以，劉備一來，武陵太守金旋、長沙太守韓玄、桂陽太守趙範、零陵太守劉度一路望風而降。

等劉備回來時，周瑜也拿下了江陵，曹仁棄城而走。

到這時（西元二〇九年），荊州就被一分為三了。

我們常說荊襄九郡，那是後來的叫法，像曹、孫兩家，後來都在原有的行政區劃上新設了一些郡，比如曹操曾把南郡的北部改為襄陽郡。畢竟戰亂時期郡縣的劃分經常改變，我們還是以劉表統治時期的行政區劃為基準，荊州總共有七郡，荊北三郡：南陽、江夏、南郡；荊南四郡：武陵、長沙、桂陽、零陵。對比現在的行政區劃，荊北大致相當於湖北省，荊南大致相當於湖南省。

我們可以大致分析這幾個郡的戰略地位。

南陽郡

主要包括南陽盆地，治所宛城。南陽盆地本身就是產糧區，可以養兵。同時，南陽也是歷來兵家必爭之地，因為這裡控制著三個關鍵通道：北邊是通往中原的方城夏道，西邊是通往關中的武關，南邊是荊州的軍事重鎮襄陽，還控制著通往漢水以東的隨棗通道。方城山是連接伏牛山和桐柏山的一條斷續山脈，有多個通道通往中原，控制這些通道，就控制住荊州通往中原的必經之路，這些山不高，依山築城或因山設伏是兵家常用的方式。武關雖不屬於荊州，但出武關後的析縣（西峽）和南鄉都在荊州手上。至於襄陽，之前說過多次，重要性不言而喻，再說說之前很少提到的隨棗通道。棗是棗陽，隨是隨州（隨縣），隨棗通道上的咽喉正是隨縣，這裡是曾出土過大名鼎鼎的曾侯乙墓編鐘的地方。早在周朝時，就是個戰略要地，當時有個隨國，隨縣正是因此而來，隨縣控制著通往江夏郡的通道。

南陽郡還有一個地方值得注意，就是諸葛亮躬耕隴畝之地——隆中。襄陽屬於南郡，南陽郡和南郡的分界線本來在漢水上，但在襄陽的西邊卻拐了個彎，劃到漢水南岸去了，於是隆中就歸南陽郡。今天的南陽市和襄陽市為了諸葛亮躬耕故居的身分爭得不可開交，原因正在這裡。南陽市認為在南陽，理由是諸葛亮在〈出師表〉說：「臣本布衣，躬耕於南陽。」諸葛亮不會說瞎話，但這個南陽是指南陽郡，不是現在的南陽市，現在的南陽市在當時叫宛城或宛縣。襄陽市的理由很簡單，因為隆中就在身

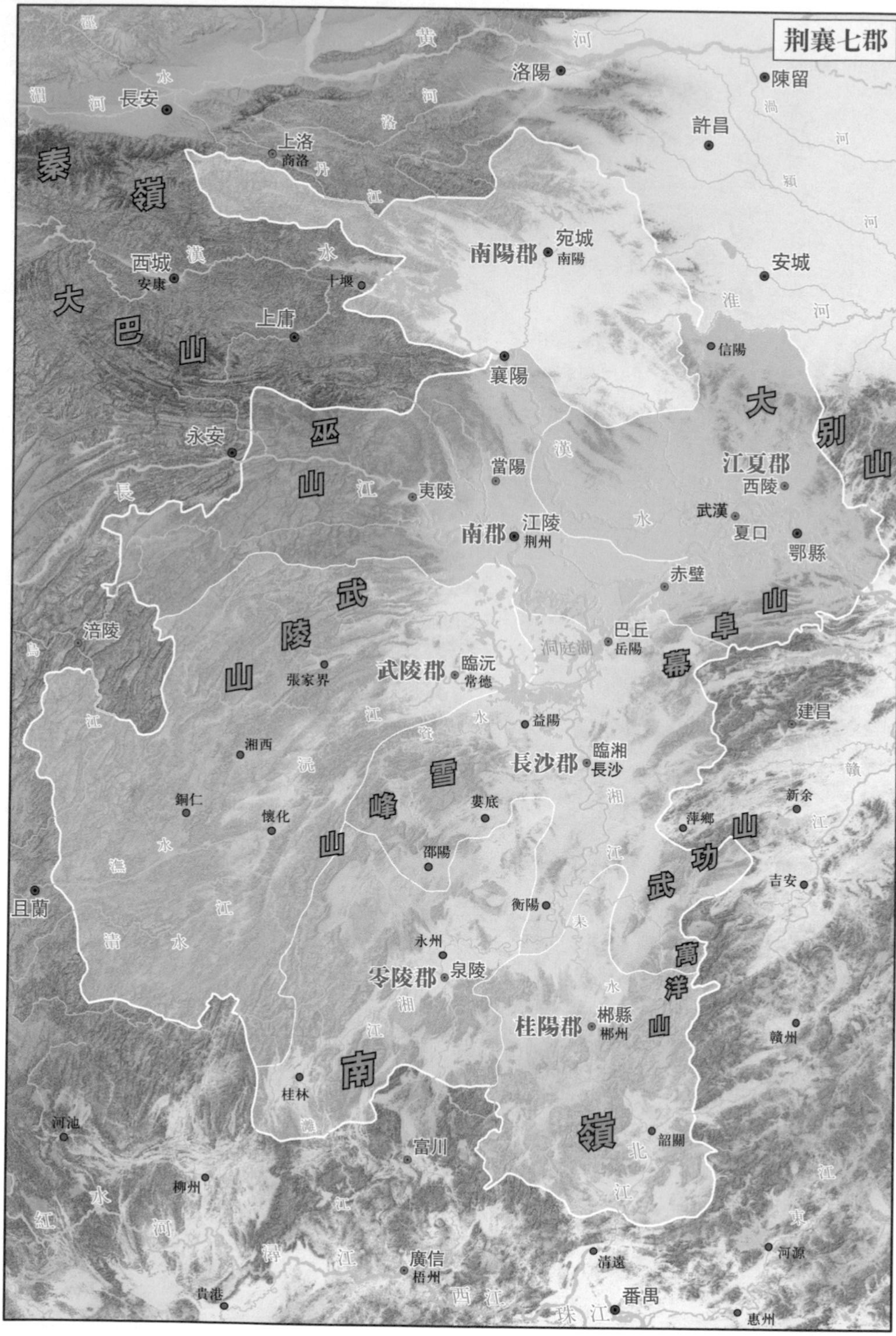
荊襄七郡
洛陽
陳留
長安
上洛
商洛
許昌
秦
嶺
南陽郡
宛城
南陽
西城
安康
十堰
安城
大
巴
山
上庸
信陽
襄陽
大
別
山
巫
山
永安
當陽
江夏郡
西陵
夷陵
武漢
夏口
鄂縣
南郡
江陵
荊州
赤壁
武
陵
山
巴丘
岳陽
涪陵
幕
阜
山
洞庭湖
武陵郡
臨沅
常德
張家界
益陽
建昌
湘西
長沙郡
臨湘
長沙
雪
峰
山
銅仁
婁底
懷化
萍鄉
新余
邵陽
武
功
山
吉安
且蘭
衡陽
永州
零陵郡
泉陵
萬
洋
山
桂陽郡
郴縣
郴州
贛州
南
桂林
嶺
河池
富川
韶關
柳州
清遠
河源
廣信
梧州
貴港
番禺
惠州
涇
渭
河
黃
河
水
洛
河
丹
江
漢
水
淮
河
渦
河
潁
河
長
江
烏
江
資
水
沅
江
湘
江
耒
水
澧
清
水
贛
江
灕
北
江
東
江
紅
水
河
潯
江
西
江
珠
江

邊，現在歸襄陽市。其實《漢晉春秋》記載得很清楚：「亮家於南陽之鄧縣，在襄陽城西二十里，號曰隆中。」鄧縣正是春秋時的鄧國，楚國滅掉鄧國後設縣，漢朝延續下來，位置就在樊城以北約五公里的地方，屬於南陽郡的下轄縣，樊城和隆中都在鄧縣轄區內。不管怎麼說，諸葛亮的家就在隆中確鑿無疑，只不過隆中在東漢時屬於南陽郡，在今天屬於襄陽市，以至於這兩個市為了搶奪諸葛亮的故居各執一詞，要怪只能怪漢朝的行政劃分太奇葩，好好沿漢水劃界不行，非要在隆中拐彎。

江夏郡

治所在西陵（今武漢黃陂），劉表派黃祖任江夏太守，就是為了防止東吳進犯。東吳從孫策開始到孫權都不停攻打江夏郡，一方面是

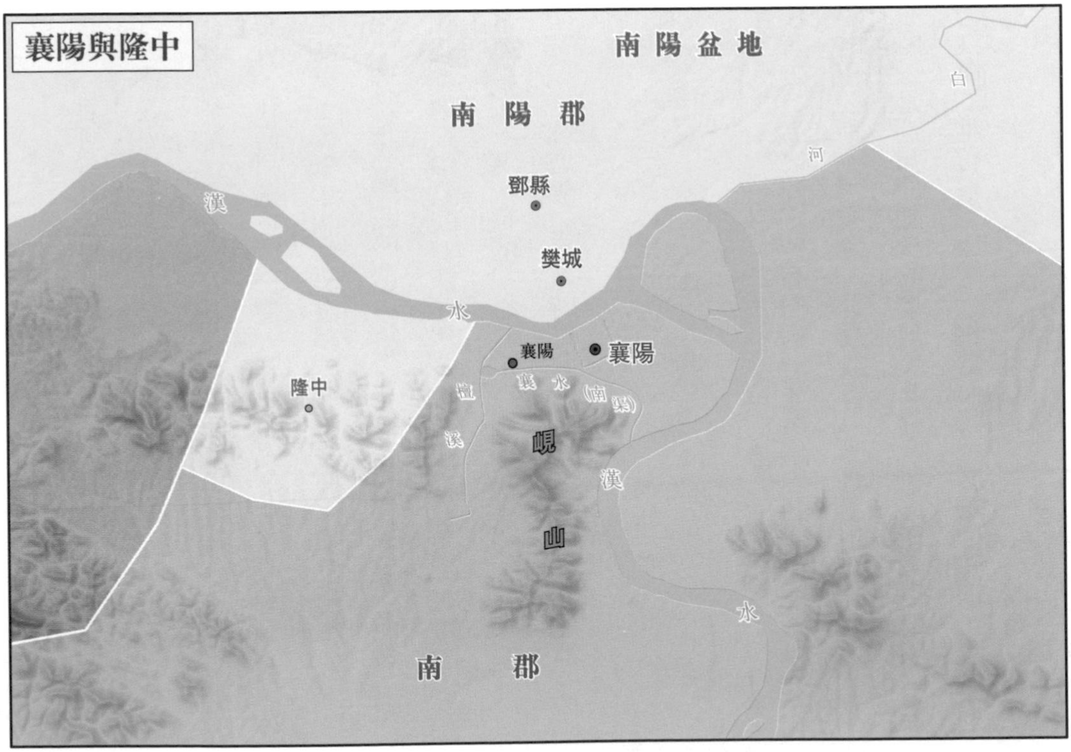

為了報黃祖的殺父之仇，另一方面是想從這裡攻占荊州。荊州在東吳的上游，如果占據荊州，不但東吳安全了，還可以從荊州攻入巴蜀，這樣就可以與北方的曹魏平分天下。實際上東吳一直有兩種思潮，一種是聯劉抗曹，比如魯肅；一種是與曹操平分天下，比如周瑜，孫權一直在這兩種思潮中搖擺。劉琦接管江夏郡後，實際上長江以南大部分地區已被東吳吞併，江南只剩夏口一帶，等曹操一來，劉琦南下，江夏實際上已被曹、孫兩家瓜分。正是因為東吳有了江夏，後來才能偷襲南郡，進而占據大半個荊州。

江夏郡的東部，連接東吳的柴桑（今九江），而北面正是義陽三關（平靖關、九里關、武勝關）。義陽三關不僅是桐柏山和大別山的連接點，也是從荊州腹地通往中原的一條非常險要的通道。在漢朝的地圖上，我們可以看到荊州的行政區劃越過大別山往北延伸了一塊，目的正是為了控制義陽三關。

江夏郡還有一個很重要的地方，就是鄂縣，也叫鄂城。鄂城曾是春秋時鄂國所在地，東吳占領這裡後，經營日久，後來還把首都遷到這裡，改名武昌。

南郡

南郡是整個荊州的精華所在，北有襄陽，南有江陵。二者之間正好有個荊山，荊州的名稱正是來源於此。應該說，這一帶正是荊楚文化的發源地。襄陽的重要性不用多說，江陵自古以來是荊州的政治中心，當年楚國的都城就設在這裡。江陵靠近雲夢澤，附近是荊州最肥沃的地方，產糧，所以江陵也是荊州的經濟中心。即便劉表到任後把治所遷到襄陽，但江陵的地位沒有改變。相較而言，襄陽是前線，而江陵就是大後方。曹操占據襄陽後馬上南下攻取江陵，赤壁之戰時也以江陵為基地，正是這個原因。外來的勢力一旦占據襄陽和江陵，基本上就把控了整個荊州的命脈。另外一個，南郡管控著三峽通道，如果從荊州進入巴蜀，必然經過南郡的地界，所以南郡的戰略地位非常重要。

長沙郡

治所臨湘（今長沙），相比於荊北三郡，荊南四郡的條件差很多。不過在荊南四郡裡，長沙和武陵兩郡條件最好，特別是長沙，幾乎匯集了荊南的精華。長沙郡有湘水流過，靠近洞庭湖平原，所以產糧。長沙在古代的戰略地位不明顯，主要作用就是荊州通往嶺南的必經之路，它的戰略地位要到近代抗日戰爭時期才體現出來。

武陵郡

即戰國時期的黔中郡，劉邦時期取「止戈為武，高平為陵」之意，改為武陵郡，是荊州通往西南的通道。武陵郡的治所在臨沅（今常德），臨沅的意思就是在沅水邊上，沿沅水而上，可以進入潕水，沿潕水而上就可以到達且蘭，進入雲貴高原，從雲貴可以沿赤水河而下進入巴蜀；或者再往西，從普渡河和金沙江進入巴蜀。所以武陵郡是西南的門戶，也是從荊州通往巴蜀的另一條通道。

桂陽郡

治所郴縣（今郴州），已經到了荊州的最南端。從地理的角度上講，桂陽郡所轄的範圍已經深入到五嶺以南，實際對南方的南海郡（廣東）有威懾之意。不過這裡的路非常難走，真要去往嶺南，還是要取道零陵。

零陵郡

治所泉陵（今永州市零陵區），本身是山區，兵糧都不足，但零陵郡管轄著湘江和灕江的源頭，自然也包括靈渠，是中國腹地通往嶺南的主要通道，戰略價值不一般。劉備提到的老朋友吳巨，占據的蒼梧郡就在零陵郡南方。當年劉表能輕易把勢力滲透到交州，也是得力於零陵郡的地理優勢。

荊州七郡，其中荊南四郡歸劉備，北邊的南陽郡歸曹操。東部的江夏郡一分為二：長江以北歸曹操，長江以南歸孫權。西部的南郡也一分為二：北部歸曹操，南部歸孫權。

表面上看，劉備得到的地盤最多，荊州七個郡有四個郡在他手上，但現實是，荊南四郡都是靠近山區，地廣人稀，錢糧有限，劉備拿下荊南四郡，只不過是為荊州鞏固了一個穩定的後方，實際上不能為他帶來多少資源。

所以，劉備把辦公地點設在油江口（屬武陵郡），還在這裡築了一座城，取名公安。

公安是個小縣城，處於長江南岸，如果劉備從這裡去西川，就必須路過江陵，而江陵在孫權的手上，兩家再友好，在非戰狀態下，不能在對方的地盤上駐軍，擅自路過也不行，於是劉備親自趕到京口請求孫權把南郡借給他。京口是長江邊上的渡口，今鎮江境內，赤壁之戰後，孫權就從柴桑回到東吳的首府吳郡（今蘇州），恰好周瑜也回來彙報工作。

周瑜兼任南郡太守，拚命打下來的城池，他當然不肯借。周瑜還向孫權建議，劉備是個人物，應該將他軟禁，直接管理他的軍隊。

但魯肅認為，以現在的形式，東吳實際上是單獨對抗曹操的壓力，劉備躲在東吳身後，和曹操根本不接壤，無法承擔抗曹的重任。如果把南郡借給劉備，那麼他在南郡、東吳在江夏，雙方仍然可以共同抵抗曹操。更重要的是，曹操回到北方後，似乎醒悟了過來，開始在江淮一帶布局，如果不把南郡借給劉備，東吳就會陷入和曹操兩線作戰的境地。

魯肅的著眼點是三足鼎立，周瑜想的卻是南北兩朝。他向孫權建議西取巴蜀，一旦成功，就可以和曹操南北對峙，到時候，劉備就不重要了。

孫權沒有軟禁劉備，倒是同意了周瑜西征巴蜀的方案。結果周瑜辭別孫權返回江陵，路過巴丘（今岳陽）時病死了。

劉備命好，周瑜死後，魯肅替代了周瑜的職位，孫權採納魯肅的建議，把南郡借給了他。

所以你看，我們常說劉備借荊州，實際上借的是半個南郡，連荊州的十分之一都不到，不明白的還以為孫權把整個荊州都借給劉備，之所以會有這種以訛傳訛的說法，大概是因為明朝時在江陵設置了荊州府的原因。明朝的荊州府相當於今天的荊州市，而漢朝的荊州比今天的湖南、湖北兩個省加起來還大，管轄的範圍差了十萬八千里，《三國演義》成書於明朝，有這種誤解就不足為奇了。

不過，我們似乎忘了一個人——劉琦。他是正經八百的江夏太守，按道理，劉琮投降曹操後，他完全可以拉張大旗把荊州的殘餘勢力都拉攏在自己名下，但很可惜，這一點他做得還不如劉備。拉攏人心是劉備的看家本領，荊州的人士除了投降曹操外，基本上都投靠了劉備。劉備在荊州的聲望連東吳都不得不重視，這也是他們肯借南郡的理由之一。

劉琦是個孝子，可惜和他父親一樣胸無大志，能力更是不及父親。劉備到了江夏後，劉琦基本上過著聲色犬馬的生活，一切事務全靠劉備打理；劉備打下荊南後，劉琦就病死了。劉琦死後，他的兵馬歸了劉備，地盤自然也歸劉備。不過劉琦剩下的地盤不多，名義上江夏郡是他的，但東吳早在打黃祖時就把大部分江南吃掉了，再加上江北被曹操一占，實際上劉琦僅剩夏口附近的一小塊地。這塊地成為劉備在東吳地盤上的一塊飛地，非常不好管理，所以也在這次借南郡的交易中劃分給東吳。

劉備借完南郡後，荊州地區就出現三足鼎立之勢：曹操占據北部的南陽郡，孫權占據東南部的江夏郡，劉備占據西南部的南郡。兩家一東一西同時牽制曹操，曹操在荊州就很難有所作為。後來的三國鼎立，其實就是荊州的放大版。

第十五章　馬超起兵

馬超，字孟起。生母是羌人，羌人善戰，馬超的英勇善戰正是來自這一半的羌人血統。

赤壁之戰讓劉備徹底打了個翻身仗，從一路流亡到割據一方。五十歲了，我們今天大部分人在這個年紀都開始盤算著退休後的生活，而劉備的事業才剛開始，計畫如何西取巴蜀，以實現諸葛亮三分天下的謀劃。孫權也沒閒著，但還是以固守自己的一畝三分地為主，一邊征討不時造反的山越，一邊向南進軍交州。

自漢末以來，交州因地處偏遠而難以管制，前交州刺史朱符、張津都因為難以有效控制局勢而被迫逃亡和被殺，劉表治理荊州時派賴恭擔任交州刺史，吳巨擔任蒼梧太守，後來二人相怨，吳巨將賴恭驅逐到零陵郡，賴恭遂向孫權求援，孫權隨即命步騭任交州刺史，南行接管交州。

東吳和劉表有世仇，蒼梧太守吳巨是劉表的人，所以步騭到任後，蒼梧太守吳巨不服，步騭便設局將他殺害，一時威聲大震，交趾太守士燮及其兄弟率眾前來歸附，於是交州就歸到了孫權名下。得到交州主要是為江東增加一個穩定的後方，對中原的政治格局沒有太大影響。

孫權把政治中心遷到秣陵（今南京），第二年開始修築石頭城。之所以叫石頭城，是因為這裡有座石頭山。石頭山位於長江和秦淮河的交匯處（今天的石頭城遺址因附近長江西移，離秦淮河的入江口較遠），是個天然屏障，在這裡築一座小城能更有效地保衛秣陵。建完石頭城，孫權就把秣陵改名為建業。因為石頭城對建業太重要，相距不遠，幾乎是一體，所以後來石頭城也成為建業的別稱。

再說曹操回到北方後，反思了三年。他大概清楚這次失敗的原因，拋開戰術的失誤不說，單說戰略上的就有兩點：第一，沒有陳兵江淮牽制孫權的兵力，以至於孫權可以專心致志地在荊州和他對抗，還

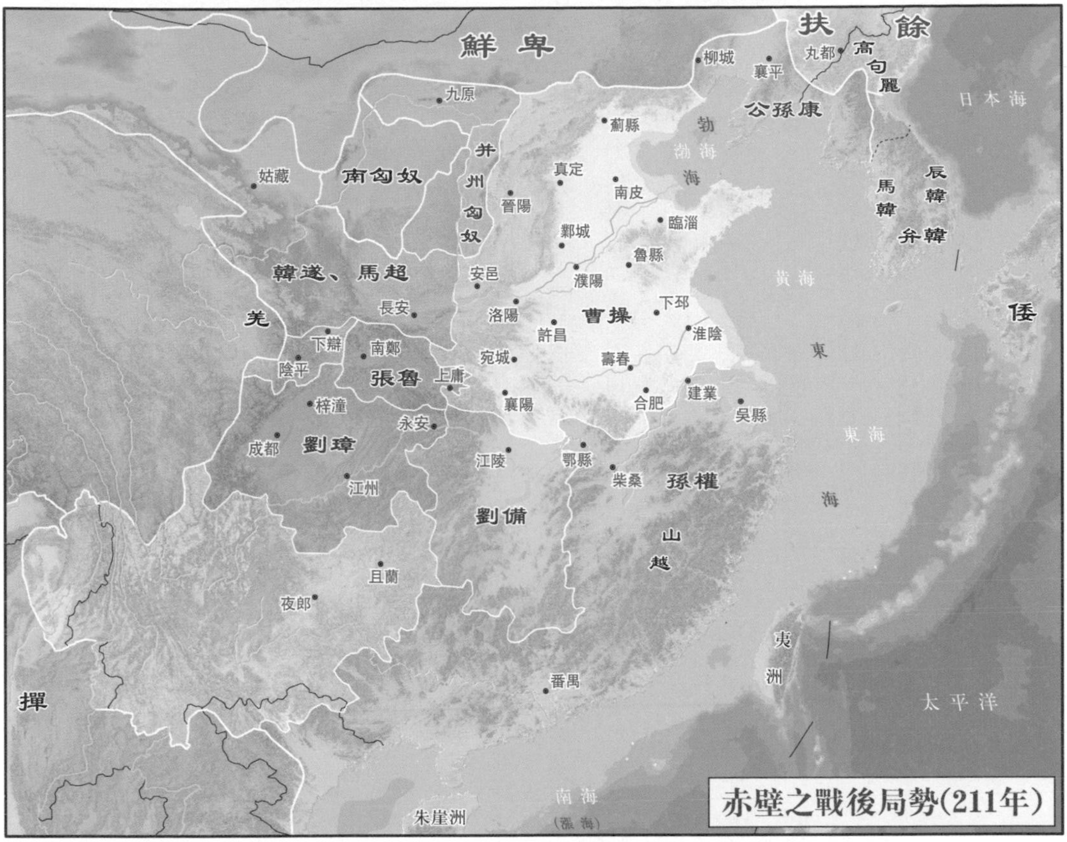

赤壁之戰後局勢(211年)

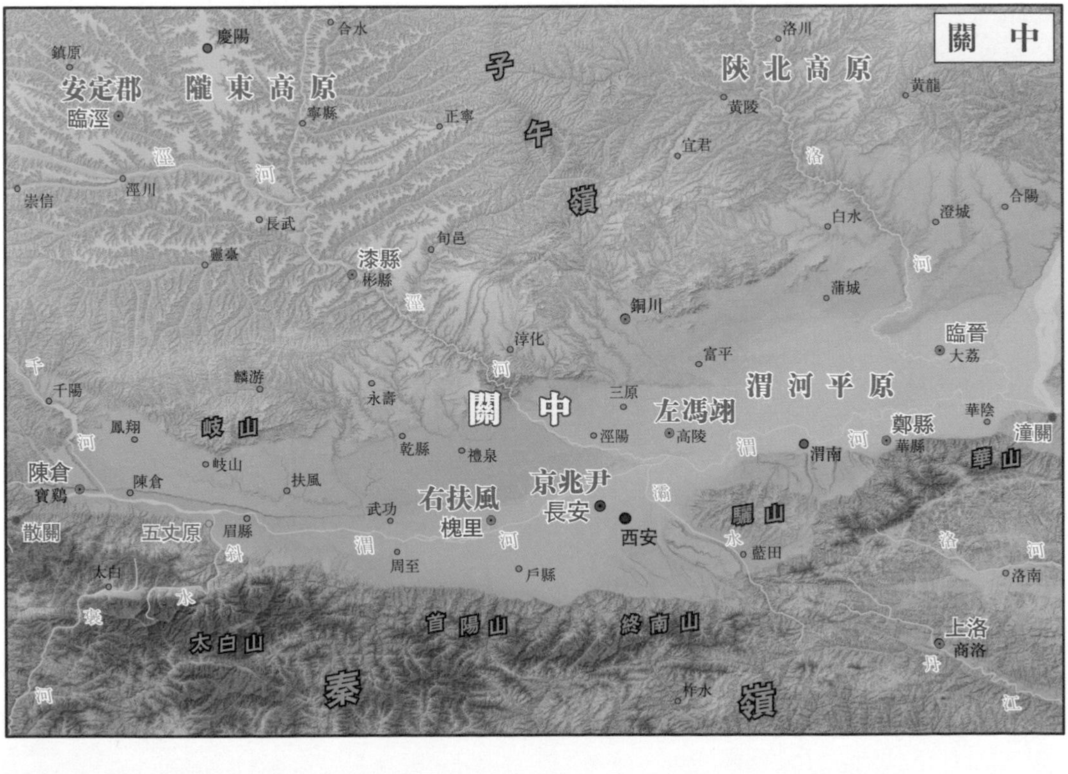

關中

拉了劉備做幫手；第二，沒有平定西涼的馬騰、韓遂，以至於在南下時掣肘，總擔心西涼兵抄襲後路，不能全力以赴。所以，三年後（西元二一一年），曹操第一個目標就是關中。先解決這個後顧之憂，再全力下江南。關中雖名義上歸附，實際上卻是山頭林立，完全不聽號令。

之前一直在講關東的事，現在把視線轉移到關西，看看這裡到底發生了哪些事。

所謂關東、關西，這個關本來是指函谷關。建安元年（西元一九六年），曹操為了預防關西兵亂，開始設潼關，同時廢棄函谷關。所以，這個關也可以指潼關。潼關是關中的東大門，從潼關往東是一狹長的崤函古道，也是從關中直接進入中原的唯一通道。當然，曹操還可以從山西渡黃河進入關中，但他的大本營在河北鄴城，山西和河北之間隔著太行山，本身又是盆地、山脈相連，要穿越山西入關中，等於是勞師遠征，歷來都是兵家大忌。所以，曹操要圖謀關中，首選就是潼關。

和關東情況完全不同的是，關中沒有一個有政治遠見的帶頭大哥，所以情況十分混亂。

讓我們稍稍回顧一下李傕、郭汜的事。

王允聯合呂布殺死董卓後，其部下西涼兵鳥獸散，其中就包括李傕、郭汜。他們在董卓手下時只是校尉，算中級軍官。李傕本來要逃回涼州，後來聽從賈詡的建議，聯合郭汜糾合十萬之眾，攻陷長安，呂布力戰不敵逃往南陽，王允被殺，漢獻帝被挾持。

賈詡是個人物，當時和李傕同軍，後來看不慣李傕、郭汜的所作所為，輾轉投奔到張繡帳下，兩次獻計打敗曹操，最後又勸說張繡投降。

李傕、郭汜和董卓一樣殘暴不仁，占領長安後大開殺戒，長安城一時血流成河，民不聊生。做為西涼兵的代表，李傕、郭汜勇猛善戰，不僅呂布不是他們的對手，之前提過曾打敗曹操和孫堅的徐榮，也在這次長安保衛戰中死在二人手下，其戰鬥力可見一斑。

不僅如此，同是西涼兵團的馬騰、韓遂，也是李傕、郭汜的手下敗將。

與關中諸侯不同，馬騰、韓遂一開始就是造反的人物。西北羌人造反，韓遂被俘，於是乾脆入夥，後來成為羌人頭子，割據一方。馬騰本來是去平叛，一看叛軍勢大，乾脆也造反，還拉著韓遂一起，經常作亂三輔。

三輔又稱「三秦」，本指漢武帝至漢末期間，治理長安京畿地區的三位官員：京兆尹、左馮翊、右扶風。他們專門輔助皇帝管理京畿地區，後來三輔常指這三位官員管理的地區，實際上，三輔相當於關中。曹操後來把三輔都改為郡：京兆郡、馮翊郡、扶風郡。

董卓在西涼時，馬騰、韓遂很常和他打仗。但說實話，馬騰、韓遂的戰鬥力實在有限，在董卓身上沒討到什麼便宜。直到董卓進京，西涼空虛，兩人才趁勢坐大。

董卓從洛陽退守長安時，面對關東諸侯咄咄逼人的氣勢，擔心腹背受敵，於是開始拉攏馬騰、韓遂，約定互為應援。但董卓軍隊的名聲實在太臭，到哪裡都是淫人妻女、奪人財物，所以馬騰、韓遂沒把董卓的話放在心上。在臭名昭著的西涼兵團中，馬騰和韓遂簡直就是一股清流。

不過終歸機會難得，兩人趁機領兵進入關中。只是等他們慢吞吞抵達長安時，董卓已經死了，長安的主人換成李傕、郭汜。

李傕、郭汜面臨和董卓一樣的問題，於是拜韓遂為鎮西將軍，遣還涼州金城郡（治所允吾縣，今甘肅永靖縣鹽鍋峽鎮），馬騰為征西將軍，屯於郿縣（今眉縣東）。後來，馬騰因為私事和李傕、郭汜打了起來，韓遂從金城趕來幫忙，結果還是大敗，退回涼州。但不久之後，李傕、郭汜又主動與馬騰、韓遂講和，改任馬騰為安狄將軍，韓遂為安降將軍，於是他們又可以堂而皇之地進駐關中。

李傕、郭汜為亂長安，天長日久，兩人開始反目成仇，天天混戰不止。幸虧賈詡出面調停，兩人講和，漢獻帝趁機逃出長安。李、郭二人賊心不死，追到洛陽，結果被曹操的精銳迎頭痛擊，大傷元氣，逃往深山，落草為寇。

不久，郭汜被部將所殺。緊接著，曹操假天子下詔，號召關中諸將討伐李傕，夷三族，首級送往許都，這兩個心狠手辣、作惡多端的人總算玩完。那是建安三年（西元一九八年）的事，當時官渡之戰還沒開打。

等曹操在赤壁之戰大敗，原先歸順曹操的勢力開始蠢蠢欲動，尤其是關中的各路勢力，自從李傕、郭汜死後，這裡更是山頭林立，各自為政。關中大大小小的將領，一會兒互相攻伐，一會兒把酒言歡，關中的百姓自是苦不堪言。

曹操入關中的理由是要打漢中，從中原打漢中只有一條路，就是借道關中。馬超一看，這是典型的假途滅虢之計，於是拉著關中大大小小的將領造反。

馬超是馬騰的兒子，其實曹操在打關中之前早有計畫：一是挑撥馬騰和韓遂的關係，讓二人不和，經常互相攻伐，藉此削弱二人的勢力，他們是關中最大的兩股勢力，一旦弱化，其他人便不在話下；二是把馬騰騙到朝中當官，實際是做人質，兵權交給兒子馬超，以此壓制關中的反叛之心。

馬超，字孟起。從名字就可以看出，馬超是馬騰的長子，但是庶出。這個不奇怪，馬超的生母是羌人，羌人善戰，馬超的英勇善戰正是來自這一半的羌人血統。正是因為這個關係，馬超在西涼的羌人心目中是神威天將。

馬超起兵後，迅速占領潼關，以拒曹操。

我們知道之所以稱為關中，是因為進出關中必經四關：東潼關、西散關、北蕭關、南武關。這四關都易守難攻，曹操要想從潼關進入關中，沒那麼容易。但關中有個最薄弱的環節，就是東面黃河一帶，這裡就像一個大裂縫，防守起來不容易，因為相比高山和險關，渡河容易許多。所以，曹操打算從黃河一帶突破。

但曹操不是一般人，如果他把大軍駐紮在河東，做出強行渡河的架勢，關中兵馬會分兵把守河西各個渡口，這樣一來，曹操想渡河就難了。

建安十六年（西元二一一年）八月，曹操親率大軍，過洛陽，經函谷，溯黃河西進，到達潼關。潼關不像其他關口建在狹谷之中，而是建在一片黃土原上。黃土地貌分三種：黃土塬（或原）、黃土墚、黃土峁。其中黃土塬是指大而平整的臺地，這種地形不利於防守。反觀戰國時期的函谷關，是在兩原之間的縫隙之中，守關將士只需面對一個方向的敵人，真正具有一夫當關、萬夫莫敵的優勢。而潼關不是，潼關東西兩面雖然有深溝做為輔助防禦系統，但畢竟是在平地上，所以守潼關不是守一個點，而是沿潼關、從黃河到秦嶺的一條戰線，需要大量兵力，否則敵人很容易繞到潼關背後。

順便說一下，漢武帝在位時，為了擴大關中的領地，把函谷關東移三百里，就是在新安縣新建一個關口，命名為函谷關，原函谷關設弘農郡（治所弘農縣）接管其職能。之前提過，董卓為了防止孫堅進兵關中，在函谷關設兵阻擊，指的就是新函谷關。但新函谷關的形勝遠不如故關，它的南面還有一條路可以直通洛陽，因此戰略意義大大降低，就不再是兵家必爭之地。而故關形勝雖在，但因為天長日久，黃河河床下切，水位下降，這一帶的黃河南岸最終露出一片河灘地，敵人完全可以從河灘上繞過故關，於是故關也不再是連通關、洛的唯一通道。曹操後來乾脆命人在故關以北約十里處的河灘上築了一關，史稱魏函谷關。由於這三個函谷關各有各的問題，潼關最終才取代了函谷關的戰略地位。

但潼關也有自己的問題，就是防守起來需要大量兵力。曹操正是了解潼關的這個特點，故意把大軍聚集在潼關以東的黃河南岸，做出非從這裡打入關中不可的架勢，吸引關中諸將不斷往潼關增兵。

當關中的兵力幾乎全都被吸引到潼關防線時，曹操派徐晃、朱靈帶著四千精銳，在潼關以北、黃河以東的蒲阪津待命。

曹操眼看時機一到，就從潼關撤兵，從風陵渡北渡黃河，自己親自斷後，吸引馬超來追。與此同時，按事先約定，徐晃、朱靈從蒲阪津夜渡黃河，搶占渡口，在河西安營紮寨。

馬超一看曹操北渡黃河，料到曹操想從蒲阪津過河，於是一邊派梁興領著五千人馬去河西搶占渡口，自己則親自從潼關下來追擊曹操。馬超沒有想到的是，徐晃已經占了蒲阪津的西岸，以逸待勞，梁興一到就被徐晃擊敗。曹操有驚無險地渡過黃河，北上到達蒲阪津，在徐晃的掩護下，全部安全渡河，進入河西。

馬超得到梁興戰敗的消息後，知道為時已晚，只好全軍退守渭河南岸。曹操一面派人設疑兵，吸引馬超的注意力，一面偷偷把船隻從黃河駛入渭河，用船隻在渭河上搭起浮橋，渡過渭河，在南岸建立營寨。這樣一來，到九月分，曹操的大軍已全部渡過渭河，和關中聯軍之間就沒有任何山川險阻，可以隨時向關中諸軍發起總攻。

關中聯軍本來就是一盤散沙，再加上各個軍閥連年征戰，關中民生凋敝，這次為了抵抗曹操，大老遠跑來守潼關，最終糧食不夠吃了，於是向曹操求和。曹操假裝答應，趁機使計離間馬超和韓遂的關係，等到二人勢如水火時，曹操覺得時機已到，於是大舉進攻。聯軍一敗塗地，韓遂、馬超敗走涼州，楊秋逃往安定。曹操兵圍安定，楊秋投降。至此，關中平定。

恰好這時河間出事了，曹操只好兵回鄴城，留下夏侯淵鎮守長安，並繼續追擊馬超、韓遂。曹操到鄴城後，殺了馬騰全家，當然還有韓遂在鄴城的子孫。

馬超到隴右後，圍攻涼州治所冀城（也是漢陽郡的治所，涼州治所原來在武威郡的姑臧，後遷到這裡），夏侯淵援軍未到，涼州刺史韋康投降。但馬超占據冀城後，殺了韋康。後來韋康的舊部密謀起

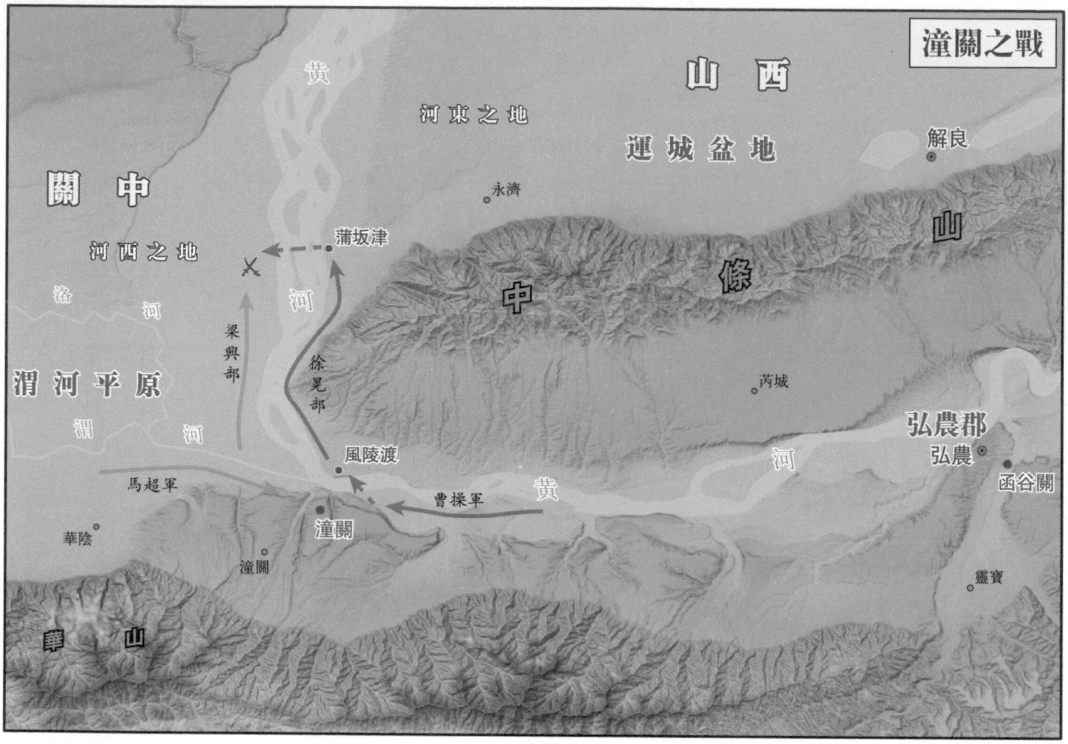
山西
河東之地
運城盆地
解良
關中
永濟
黃河
蒲坂津
河西之地
中條山
洛河
渭河平原
梁興部
徐晃部
芮城
弘農郡
弘農
渭河
風陵渡
函谷關
馬超軍
曹操軍
潼關
華陰
潼關
靈寶
華山

潼關之戰

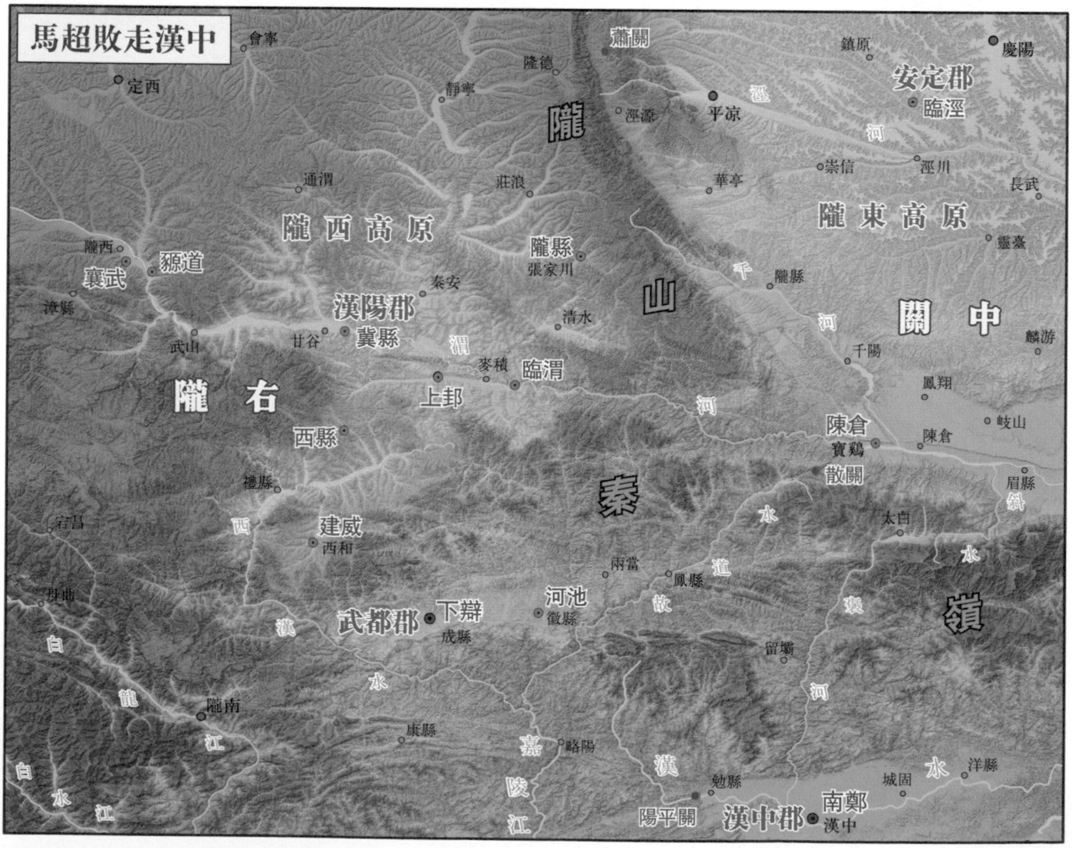
會寧
蕭關
鎮原
慶陽
定西
隆德
安定郡
靜寧
涇源
平凉
臨涇
隴
涇河
崇信
涇川
通渭
莊浪
華亭
長武
隴西高原
隴東高原
隴西
豲道
襄武
隴縣
張家川
靈臺
秦安
千河
隴縣
漳縣
漢陽郡
冀縣
清水
山
關中
麟游
武山
甘谷
渭河
千陽
麥積
臨渭
隴右
上邽
鳳翔
陳倉
岐山
西縣
寶鷄
陳倉
散關
禮縣
秦
眉縣
斜水
宕昌
水
太白
西漢水
建威
西和
兩當
道
舟曲
鳳縣
故
褒水
嶺
武都郡
下辯
河池
成縣
徽縣
白龍江
留壩
河
隴南
康縣
嘉陵江
略陽
漢水
洋縣
白水江
勉縣
城固
陽平關
漢中郡
南鄭
漢中

馬超敗走漢中

兵，把馬超騙出去後關閉城門，馬超攻城未果，失去了根據地，走投無路，只好投奔漢中的張魯。

馬超雖武力過人，在羌、氐等西北少數民族心目中威望很高，隨時能拉起一票人馬跟著自己，但他缺少智謀，過於崇尚武力，而且在以孝治國的大環境下，不顧父親馬騰的生死，率眾造反，總給人一種不可靠的感覺，這也是後來劉備不敢重用他的原因。

至於韓遂，後來一直被夏侯淵追殺，最後病死軍中，部下割了他的人頭送給曹操，涼州就平定了。

看到這裡，我們不免有個疑問，既然曹操這麼輕鬆就平定雍涼（雍州和涼州，雍州是曹操後來從司隸校尉部和涼州中劃分出來的，即關中和隴右），為什麼不早點平定西北再南下荊州？如

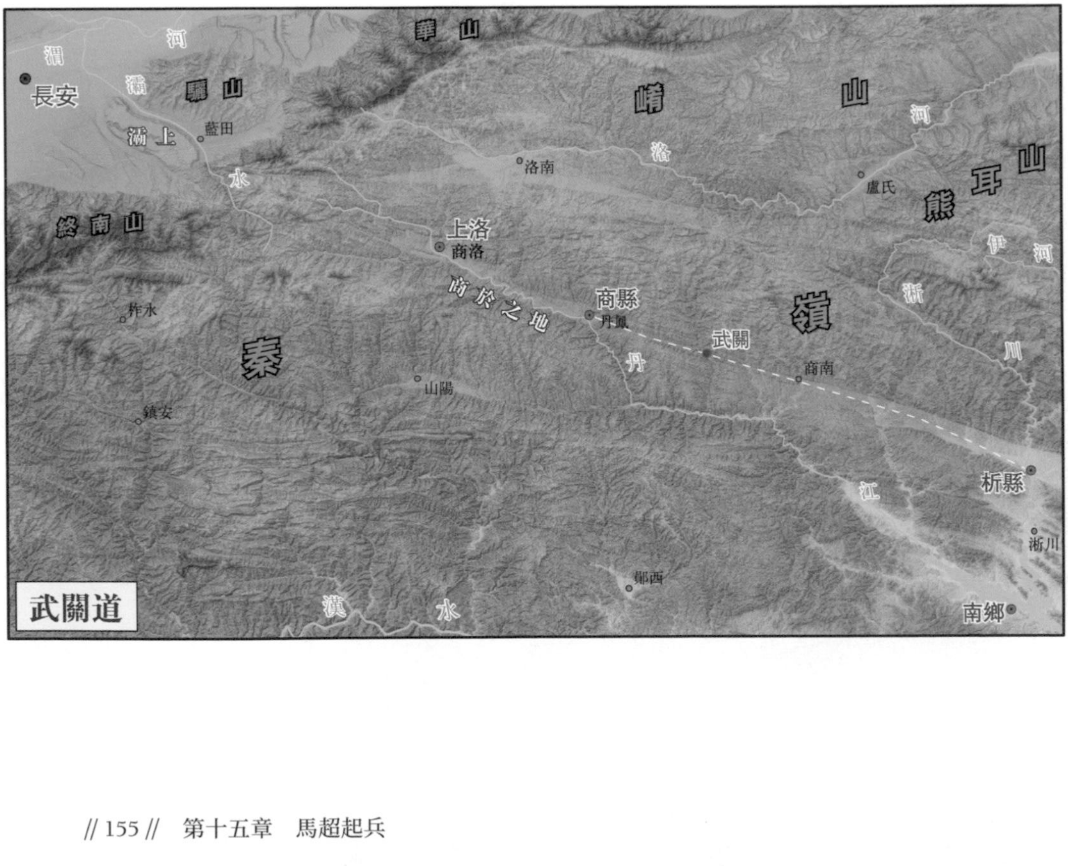

果是這樣，赤壁之戰時沒了後顧之憂，說不定就不會失敗了？

第一，曹操平定雍涼的確很順利，但並不輕鬆。曹操在掩護大軍從風陵渡北渡黃河時，差點死在馬超手中，這一段故事被小說演繹成「割鬚棄袍」，確實很驚險。

第二，曹操不是不想先平定雍涼，只是忌憚西涼騎兵的威力，更重要的是關中易守難攻的地形，否則不會休整三年後才麾兵西進。如果說荊州的地形是個大口袋，這個口袋還有兩個窟窿：東邊吳頭楚尾的柴桑和北部重鎮襄陽。這兩個地方都不是一夫當關、萬夫莫敵的狹地，特別是兩地面對的都是強敵：東面的江東和北面的中原。江東的水軍自古以來就獨樹一幟，所以孫策搶先占據了柴桑這個咽喉；北面的中原歷來都是天下的中心，曹操挾天子以令諸侯，更是勢不可擋。而關中是一個完整的四塞之地，防守比荊州容易多了，馬超、韓遂屯兵於關中，身後的涼州是他們起家的地方，不用擔心有人攻擊後方，況且還有蕭關和隴山阻隔；南面是秦嶺，漢中的張魯根本不會動這個心思；重點在於東邊的黃河沿線。只是西涼兵戰鬥力雖強，卻缺少一個有政治遠見的人統領群雄，勉強出了一個賈詡，也沒人把他當一回事，最後還是投奔曹操帳下。假如占據關中的是劉備或孫權，曹操還真不敢輕舉妄動。

第三，荊州的劉表剛死，內部開始爭權，這個機會真是千載難逢，曹操深深懂得「趁火打劫」這個道理，最終也沒禁得住誘惑。

其實除了潼關之外，曹操還有一條線路進入關中，就是武關道。之所以沒從這裡進兵，是因為武關道太難走。之前提過，呂布和張濟從長安出逃時都選擇武關道，也是因為武關道的特點。

如果從長安出發，沿灞水而上，左邊是驪山（烽火戲諸侯的地方），右邊是白鹿原（漢時稱灞上，就是劉邦入關中時屯駐的地方），翻過一座不太高的山嶺，就能到達丹江（丹水）的源頭。順丹江而下，到了上洛（今商洛）時，你會發現河谷變寬，有良田無數，這就是六百里商於之地，當年秦、楚兩國為此打得頭破血流的地方。過了商縣（今丹鳳）後，河道變窄，山勢陡峭，難以通行。這時再往前行，就需要翻過漫漫山路了，「一山未了一山迎，百里都無半里平」，武關就在漫漫山路上，一直到淅縣，才算進入南陽盆地。我們看賈平凹有關商州（即商洛）的小說，會發現裡面的人物大多質樸而剽悍、粗礪而堅韌，正是由這裡的地理環境所造成，風輕水柔的江南不會造就這樣的人物性格。

呂布從長安逃走時只帶了百來人，後有追兵，如果去潼關，要經過漫長的平原地帶，很容易被包圍，但如果從長安往南，只要一頭紮入秦嶺狹窄的山路，憑呂布的武力，一個人就可以斷後，再多追兵也無濟於事。至於張濟則是因為長安缺糧，而南陽離長安近，又是個產糧區；如果去洛陽，照樣沒吃的，洛陽被董卓禍害後，也是一片蕭條。

曹操沒走武關道，是因為太繞遠路，而且山路不好走，運糧不便。相反的，潼關挨著黃河，有水路，運輸糧草輜重最為方便。當然，如果曹操在潼關久戰不利，也會分兵取道武關，抄馬超的後路。

平定了雍涼，整個秦嶺–淮河以北就都是曹操的了。沒有了後顧之憂，曹操的下一步就是再度南下，找孫權算帳。

第十六章 劉備入川

諸葛亮在隆中時曾對劉備說：「益州險塞，沃野千里，天府之土，高祖因之以成帝業。」東漢時的益州，不僅包括四川盆地、漢中郡，還包含西南雲貴地區。

曹操南下的事暫且不說，先說說劉備入川的事。

曹操向西往關中推進時，劉備也往西擴張地盤。

不過劉備入川之前，我們先了解一下巴蜀的情況。

如果說關中還是個有點缺憾的四塞之地，那麼巴蜀堪稱完美。關中往洛陽的通道還算便捷，只要沒有敵軍阻擋，行路也不難。而巴蜀無論往哪個方向，都極其艱難。西邊不用說了，是青藏高原的東端，雪域高原不僅人煙稀少（當時是羌人），行路極其困難；南面是雲貴高原，比青藏高原的情況好一點，但這裡主要是一些少數民族的部落居住，生產力落後，對農耕文明不構成威脅；東面是三峽，巴蜀處於上游，防守相當容易；北方是秦嶺，又有漢中做為緩衝，再加上漢中與巴蜀之間還有米倉山阻隔，外人想打進來非常困難。

巴蜀不僅好防守，內部的盆地還非常適合農耕。在人類的農業時代，糧食的產量是一個國家國力的保障。有糧才會有更多人口，人口多才能獲得更多兵源，而專事打仗的士兵需要吃糧食。所以在古代，糧食的產量就是一個國家或政權軍事實力的反映。做為一個四塞之地，巴蜀可以安心發展農業，不會被外界的戰爭打擾。

諸葛亮在隆中時曾對劉備說：「益州險塞，沃野千里，天府之土，高祖因之以成帝業。」東漢時的益州，不僅包括四川盆地、漢中郡，還包含西南雲貴地區。但這裡真正能稱為天府之土的主要原因是成都平原（或川西平原），可以說是一塊天作之合的風水寶地。

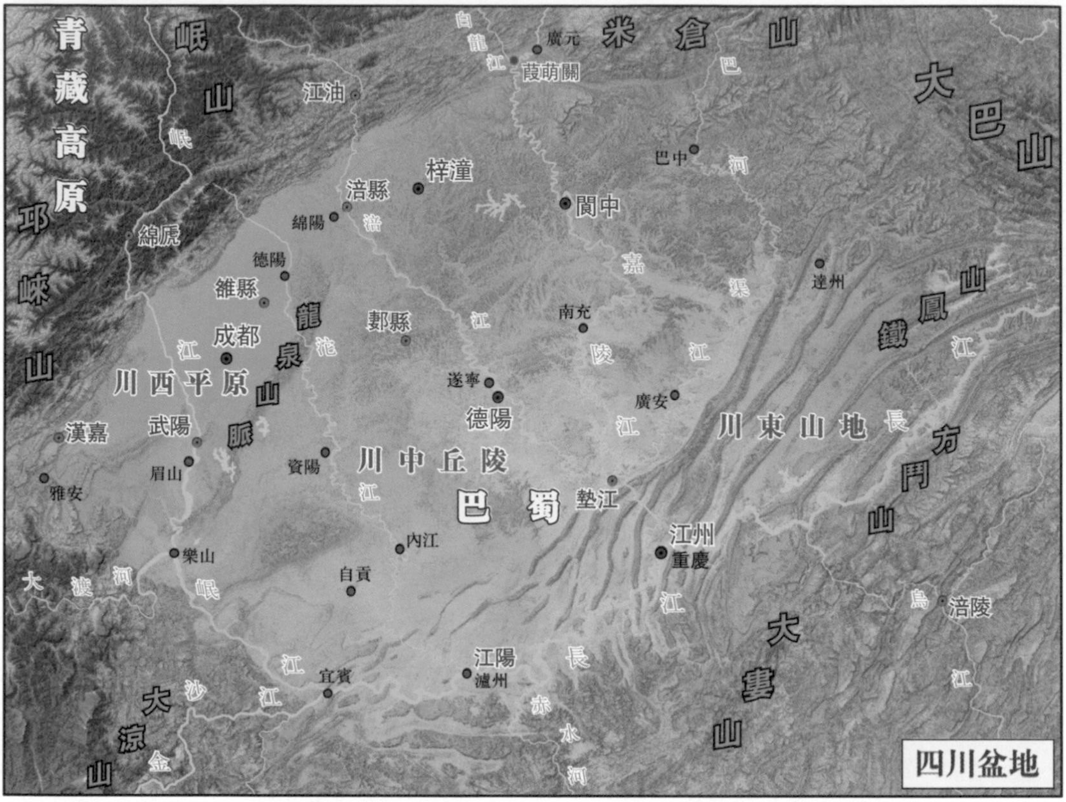
四川盆地
青藏高原
岷山
邛崍山
米倉山
大巴山
鐵鳳山
方円山
大婁山
大涼山
龍泉山脈
川西平原
川中丘陵
川東山地
巴蜀
廣元
葭萌關
江油
巴中
梓潼
涪縣
綿陽
閬中
綿虒
德陽
雒縣
成都
郪縣
南充
達州
遂寧
德陽
廣安
漢嘉
武陽
眉山
資陽
雅安
墊江
江州
重慶
內江
樂山
自貢
涪陵
江陽
瀘州
宜賓
白龍江
巴河
嘉陵江
渠江
涪江
沱江
岷江
大渡河
沙江
金江
長江
烏江
赤水河
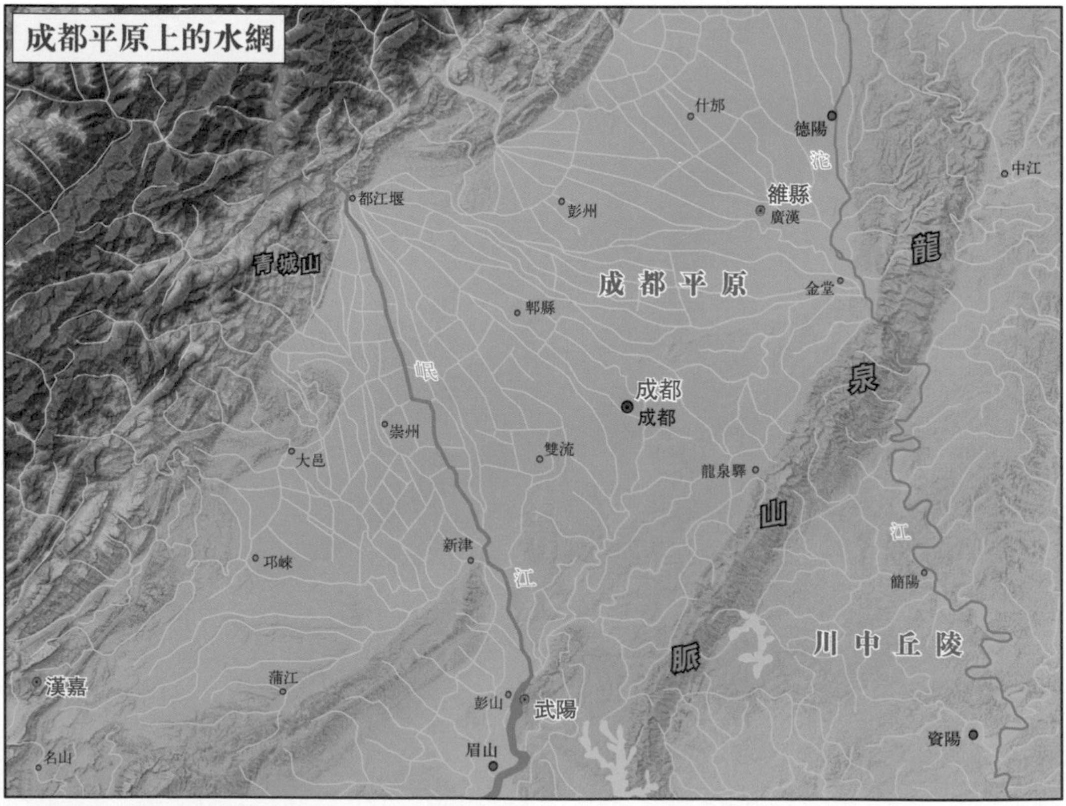
成都平原上的水網
什邡
德陽
中江
都江堰
彭州
雒縣
廣漢
青城山
成都平原
金堂
郫縣
成都
成都
崇州
雙流
大邑
龍泉驛
新津
邛崍
簡陽
漢嘉
蒲江
彭山
武陽
名山
眉山
資陽
岷江
沱江
龍泉山脈
川中丘陵

如果看一看成都平原的水系分布，會發現都江堰對它的意義，也明白為什麼秦國當年在這裡修築都江堰後，巴蜀就把「天府之國」的帽子從關中頭上搶了過來。都江堰的主要功能是分流，把原來為患成都平原的岷江水一分為二，多餘的水繼續順河道排走，剩下的部分經縱橫交錯、或人工、或天然的大大小小河渠流入平原上的農田。這些河渠之間都修築水閘，根據農作物的需要隨時調節，拔苗時灌水，抽穗時放水，得心應手，進退自如，莊稼長不好都沒天理。

更奇妙的是，成都平原東部有一條長達二百多公里的山脈——龍泉山脈，把順著河水流向成都平原的肥沃泥土都攔住了。我們常說「肥水不流外人田」，龍泉山脈恰好發揮了這個作用。如果沒有龍泉山脈，成都平原的泥土經過長時間流水的沖刷，很容易變得貧瘠。比如熱帶地區，雨熱都不缺，但因為雨水量太大，常年沖刷土地，於是產生淋溶作用，導致土壤的礦物質大量流失，肥力下降，不適合農作物生長。但龍泉山脈在這裡一攔，所有的礦物鹽和有機質都留在成都平原，即使歷經千百年的風雨變幻，成都平原仍是沃土一片。同時，龍泉山脈不高，不會阻礙成都平原的交通，也不會對這一地區的氣候產生影響。

岷江發源於青藏高原，源頭靠近松潘溼地，流域面積廣，水量大，如果沒有都江堰，一旦到了雨季，河水暴漲，原來的河道無法承載那麼大的流量，河水就會沖出河道，大水漫灌，成都平原就會變成一片澤國。所以我們可以看到，修築都江堰之前，這裡經常發生水災。

成都平原上還有一條較大的河流經過，就是沱江。相比岷江，沱江的流量小上許多，它的源頭在附近的茂縣，離成都平原不遠。沱江為成都平原上的水利工程貢獻了一部分水源，主要滋潤的是川中的丘陵地帶。但沱江在成都平原上的功能不可小覷，它把龍泉山脈攔腰切開了一個裂縫，試想一下，如果成都平原下起暴雨，原有的河網承載力有限，平原可能一夜之間變成澤國，這個裂縫正好是個排水口。

諸葛亮心裡老想要劉備取巴蜀，正是因為巴蜀有這塊寶地。但顯然看上巴蜀的人不只一個，而且這些人在當地已經形成氣候。

早在漢靈帝時期，第一個提出改刺史為州牧的人是劉焉，正是這項建議拉開了漢末亂世的序幕。劉焉提出這個建議表面上是替朝廷分憂，實際上是為了躲避戰亂，也想趁機找個地方當土皇帝。劉焉一開始本來想去交州（交州遠，好避禍），後來聽說益州有帝王之氣，就自請當益州牧。

劉焉到了益州後，一面派張魯攻占漢中，一面打擊巴蜀地方豪強。張魯到了漢中，截斷交通，斬殺漢史，從此益州與中央斷了聯繫，益州處於半獨立狀態。

張魯是五斗米道的傳人，本來和劉焉沒什麼關係，但他的母親懂得養生，頗有姿色，與劉焉有私情，靠著母親的關係，張魯得到了劉焉的信任。

五斗米道是早期道教的一支，東漢順帝（西元一二五年～一四四年）時，由張道陵在四川鶴鳴山（今四川大邑境內）創立，主要在農民中傳播。因入道者須出五斗米，故名；又因道徒尊張道陵為天師，所以又稱「天師道」。傳說張道陵晚年顯道於青城山，並在此羽化，此後，青城山成為天師道的祖山。

張魯正是張道陵的孫子，也是第三代天師。張魯在漢中以五斗米道教化人民，建立了一個政教合一的地方政權。

宗教的傳播力量，我們從黃巾起義就可見一斑。不管是張角的太平道，還是張魯的五斗米道，在戰亂的年代，對普通民眾都有很大的吸引力。我們今天看歷史，看風起雲湧，看滄海桑田，看英雄運籌帷幄、決勝千里，看古今帝王將相翻手為雲、覆手為雨，卻很少關注平民的生活，在戰亂年代，更沒有人關心他們的生死，沒有人在意他們的聲音，我們的歷史從來不記載這些。做為一名普通老百姓，不能揮刀上馬、臨陣殺敵，平日只會種田耕地，想的無非是過個安穩日子，沒有什麼建功立業的野心，結果又身處亂世，朝不保夕，惶惶不可終日，只有宗教才會傾聽他們的聲音（不管是真是假），才能提供精神上的安慰。所以我們看到，宗教最能吸引的往往是貧苦大眾，真正的富貴之人自有別的出路，而窮人沒有，只能在這裡尋求寄託。

所以張魯很容易就招到一大批信徒跟隨，盤踞漢中，據險自守。

劉焉在世時，張魯不敢公然反叛，等劉焉一死，劉璋繼位，張魯不服，立即與劉璋翻臉。

本來劉焉有四個兒子，劉璋是最小的，性格懦弱，無論如何都輪不到他繼位。劉焉剛到益州時，只有三兒子在身邊，長子、次子和幼子劉璋都在朝中。有一次朝廷派劉璋出使益州，劉焉就把劉璋留下了。長子、次子都在京城當官。與馬騰聯合進攻董卓時，不料行事不密，走漏了風聲，董卓先發制人，馬騰退回涼州，劉焉的兩個兒子慘遭處死；三兒子身體一直不好，最終死於疾病——於是劉焉就只有一個選擇了。也是在得知兩個兒子的死訊後，劉焉受到的打擊太大，背瘡發作，突然就死了，劉璋就陰錯陽差地接管了益州。

張魯為人驕縱，不聽劉璋號令，於是劉璋殺了張魯的母弟，兩人從此結仇。劉璋多次派人攻打漢中，但都沒有成功。

建安十六年（西元二一一年），劉璋聽說曹操要攻打漢中的張魯，心中恐懼，因為一旦曹操拿下漢中，巴蜀就難保了。在張松的勸說下，劉璋準備請劉備幫忙。因為兩年前，劉備和孫權聯合在赤壁打敗過曹操。當時手下有很多人勸阻，說這是引狼入室，劉備不是一般人，只怕來了就不會走，但劉璋沒聽。他有自己的如意算盤：如果曹操真的打張魯，就請劉備一起抗曹；如果不打，就讓劉備打張魯，據漢中以抗曹。

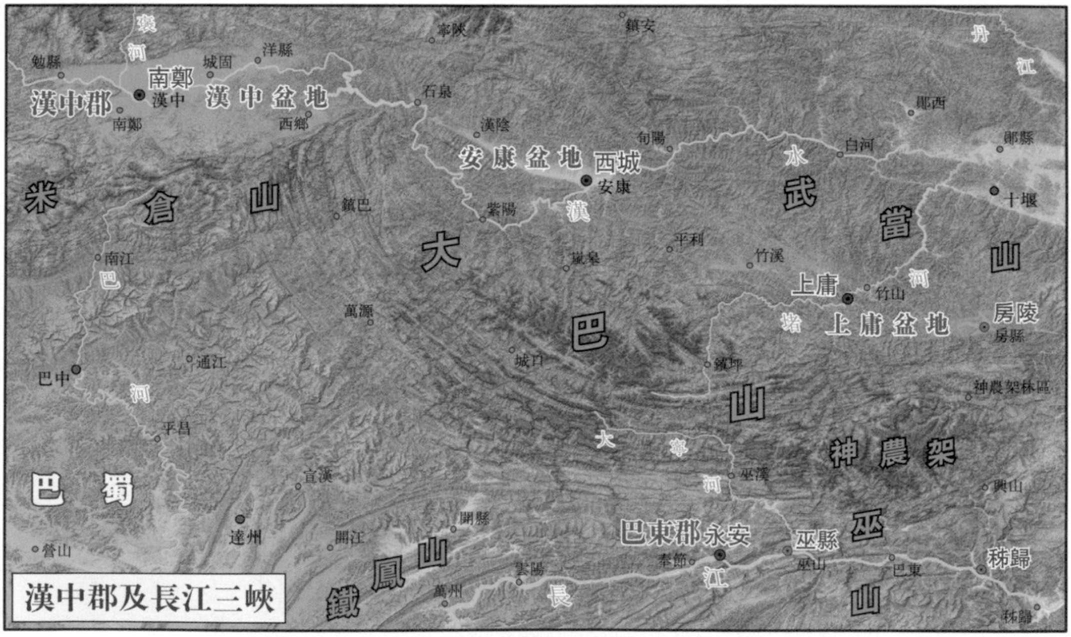

漢中郡及長江三峽

漢中是個盆地，四面環山，但比巴蜀小很多。曹操要進攻巴蜀，必然經過漢中。可以說，漢中是巴蜀北部的第一道防線，曹操從關中打漢中要過秦嶺，難度比較大，但要從漢中攻擊巴蜀就容易多了。

我們常說的漢中是指現在的漢中市一帶，漢朝時的漢中郡面積很大，主要包括漢中盆地、安康盆地、上庸盆地三個小的地理單位。這三個盆地中，漢中盆地最大，所以當時的郡治設在南鄭（今漢中）。漢中和安康兩個盆地都夾在秦嶺和大巴山脈（含米倉山、大巴山、神農架）之間，因漢水沖積而形成的高山盆地，上庸盆地比較特殊，也是處於秦嶺和大巴山脈的交界地帶，但漢水卻從這裡繞開了，這裡有另外一條河流——堵河。堵河一直延伸到大巴山的腹地，與大寧河接上後，可以到達三峽，早期這裡的山民——巴人和庸人，正是沿著這兩條河谷產生了交集。安康盆地和上庸盆地設了兩座城——西城和上庸，這兩座城池的主要作用是防止敵人從荊州方向滲透。

由此可見，漢中郡，特別是西部的南鄭，才是劉璋最關心的，如果被敵人拿走，米倉山的西部不高，巴蜀就很被動，一旦米倉山被突破，整個四川盆地無險可守。

劉備正在江陵琢磨怎麼入川，劉璋就派法正來聯絡他，真是天上掉下來的禮物，劉備當然一口答應，而且劉璋派來的法正也勸劉備乾脆趁機奪取西川。

畢竟同是皇室宗親，吃相不能太難看，劉備還是要打著幫助劉璋對付張魯的旗子入川。

劉備與劉璋約定在涪城（涪縣，今綿陽）相會，從江陵到涪縣，先走長江水道，進入巴蜀後，從江州（今重慶）進入嘉陵江，到達墊江（今合川，釣魚城所在地，宋朝時蒙古大汗蒙哥死在這裡）後，再沿涪江橫貫整個四川盆地，就可以到達涪城。

劉備留諸葛亮、關羽、張飛、趙雲守荊州，自己和龐統帶著萬餘人進入巴蜀。抵達涪城，劉璋帶著三萬多人前來會合。期間，張松、法正、龐統都勸劉備襲殺劉璋，他覺得自己剛到蜀地，人心未附，不宜輕舉妄動。

雙方在涪城宴飲了一百多天，劉璋給劉備很多兵馬和錢糧，然後讓劉備進攻漢中的張魯。只能說劉璋太天真了，劉備這種人怎麼可能做他的馬前卒？劉備到達葭萌關就不走了，施展他的拿手好戲——廣施恩德，收買人心。

建安十七年（西元二一二年），龐統勸劉備趁早行動，並且獻計上中下三策。

上策：組織精銳，選捷徑，偷襲成都，劉璋不懂軍事，又無防備，益州唾手可得；

中策：劉璋讓劉備督白水軍，白水軍的主將楊懷、高沛都是名將，依靠兵強馬壯據守白水關，曾多次勸劉璋讓劉備回荊州，劉備可以假稱班師，趁他們送行時抓住兩人，收服其部眾，然後攻取成都；

下策：回白帝城，依託荊州，慢慢向益州推進。

劉備考慮再三，決定採用中策。恰好這時曹操南下攻打孫權，孫權向劉備求救。劉備便以此為藉口向劉璋要一萬士兵，以及與之相匹配的糧草輜重，好讓他去幫孫權。劉璋當然很不高興，但還是給了四千兵和一半的糧草輜重。於是劉備藉機煽動士兵說，我們在這裡為益州打擊敵人，大家都很辛苦，但劉璋這麼小器，讓將士們還怎麼為他賣命呢？

張松這個時候在成都，以為劉備真要回荊州，就寫信勸阻劉備，結果被他哥哥張肅發現。張肅是廣漢太守，怕連累自己，就告發弟弟了。劉璋這才明白劉備不是來幫他的，於是捕殺張松，下令封鎖各處關隘。

劉備見狀就徹底和劉璋翻臉，把楊懷、高沛騙來殺掉後，吞併了白水軍，開始南下攻打劉璋。

這場戰爭持續了將近三年，分三步：第一步，涪城；第二步，雒城；第三步，成都。

劉備先派黃忠、卓膺南下攻占涪城。劉璋得到消息後，立即派劉璝、泠苞、張任、鄧賢、吳懿等在涪水阻擊劉備，結果都被打敗，吳懿投降。劉備渡過涪水，劉璋又派李嚴、費觀統率綿竹諸軍阻擊劉備，結果李嚴率眾投降。劉備一時軍威大震，很快攻下綿竹，又兵圍雒城。沒想到雒城久攻不下，龐統在攻城時被流矢所中，不幸身亡，劉備忙向荊州的諸葛亮求救。

諸葛亮留關羽守荊州，自己和張飛、趙雲率兵逆長江而上。

諸葛亮這次入川，不像劉備上回是去做客，由於劉璋已下命令，沿途關隘都是敵人，所以速度快不了。諸葛亮進入三峽後，先占領巴東郡。劉璋治理益州時，原來的巴郡面積太大，占了整個四川盆地的一半，於是從中分出巴東、巴西兩郡。巴東郡的治所在永安（今奉節東），也叫白帝城；巴西郡的治所在閬中，實際在巴郡的北部。

諸葛亮占領巴東，實際是控制了巴蜀的三峽通道，保證了和荊州的聯繫。下一步，自然是巴蜀東部最大的城市江州（今重慶）。

江州是巴郡的治所，張飛在江州生擒巴郡太守嚴顏。到這個時候，諸葛亮實際上已經控制了巴蜀東部。然後，諸葛亮兵分三路：趙雲往南，走長江，攻占江陽（今瀘州），再沿岷江而上，占領成都南部的犍為郡（治所武陽，今眉山北）；張飛沿嘉陵江北上，攻占巴西郡，控制巴蜀的北部；自領大軍攻克德陽（今遂寧東南，不是今天的德陽），沿涪江西進與劉備會合。

劉備將雒城圍了將近一年，諸葛亮趕到時，雒城已經攻克，於是合兵一處，圍攻成

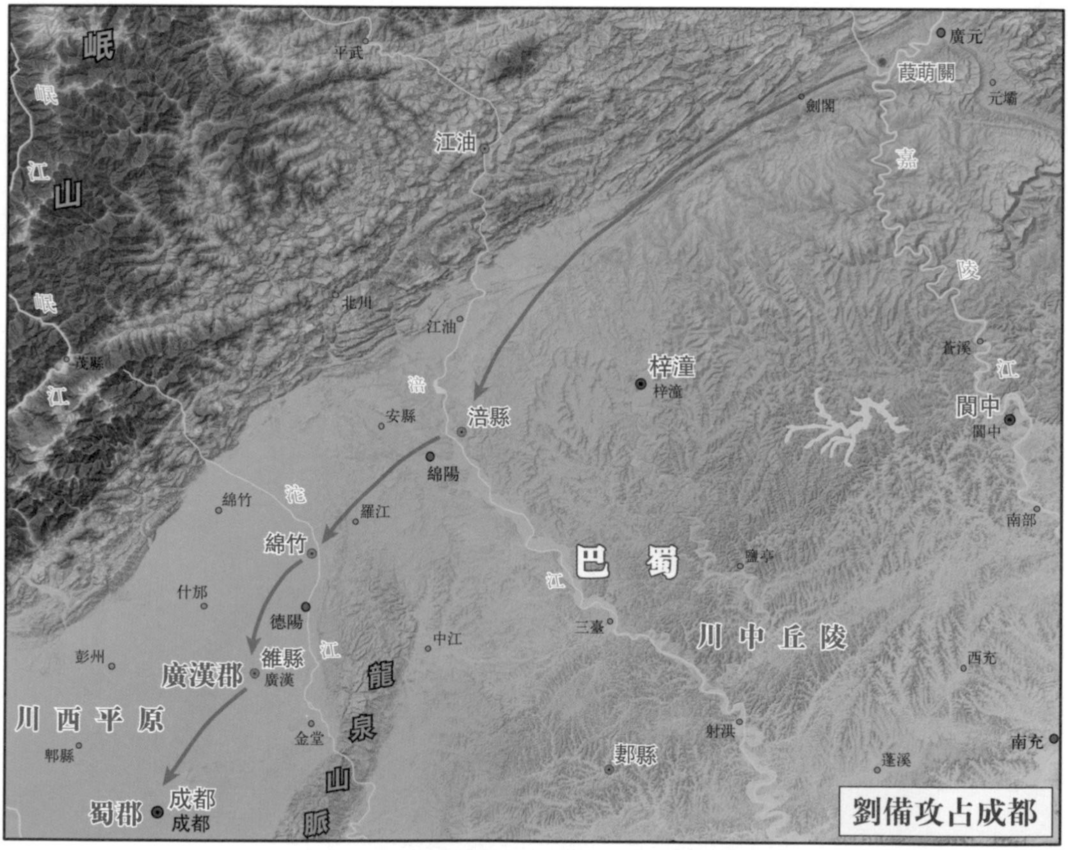

都。這時的成都實際上成為一座孤城，巴蜀各地都已歸了劉備。

成都做為蜀中最大的城市，城防比雒城還要堅固，錢糧充足，如果沒有意外，恐怕又是一場曠日持久的攻城戰。《孫子兵法》說：「上兵伐謀，其次伐交，其次伐兵，其下攻城。攻城之法，為不得已。」但好在劉備這時又收穫一員猛將，這人就是馬超。

馬超在張魯那裡一直混得不如意，張魯手下的人又嫉妒他的能力，想要加害他，馬超只好再跑到氐人部落混日子。恰好這時劉備入川，馬超就寫信給劉備，表示願意歸附。劉備見信後說：「益州可以拿下了！」連忙派人迎接馬超。劉備見馬超幾乎就是個光桿司令，沒什麼部屬，便偷偷把自己的一支軍隊送給他，讓馬超率兵合圍成都。馬超率領兵馬徑往成都，屯兵於城北，城中所有人都因為馬超的威名而驚恐萬分，以為西涼兵到了，不到十天的時間，成都軍民人心崩潰，劉璋開城投降。

劉備把劉璋安排在公安，並把財物歸還給他，再佩振威將軍印信。緊接著，荊州被東吳奪走，劉璋又歸了東吳，被孫權任命為益州牧，移居秭歸，不過是給個空銜，讓他在那裡終老，最後葬於公安。綜觀劉璋的一生，只能用「無能」二字形容：先是治理益州時處事不周，人心不服，以致後來屬下紛紛倒戈；二是集全州之力，居然打不下一個漢中，最終引狼入室，請劉備入川；三是毫無軍事才能，在川東沒有部署防線，讓諸葛亮的援軍輕鬆趕到。不過以劉璋的性格，平平淡淡地做個富翁，也許是最好的歸宿，不管如何，最後也算善終。

劉備占領巴蜀，三分天下的局面已經形成，實現了諸葛亮「跨有荊、益」的計畫。下一步，為了保證巴蜀安全，劉備應當盡快占領漢中。只是，曹操不會讓劉備這麼容易得逞，何況還有孫權這個三心二意的盟友，說不定什麼時候就來扯後腿。

第十七章　濡須口

曹操平定關中後，重整旗鼓，於建安十八年（西元二一三年），親領四十萬大軍，南征孫權。

這一次，曹操沒有再走荊州，因為吸取了上次赤壁之戰的教訓。如果他仍選擇從荊州進攻，就會面臨兩面受敵的窘境：打孫權，劉備攻擊後方；打劉備，孫權攻擊後方。當然，這個時候劉備去了巴蜀，諸葛亮不久後也帶著張飛、趙雲救援，但關羽還在荊州。為了不致兩面受敵，曹操這次選擇從江淮進攻。這樣，他只需面對孫權一方的兵力。江淮地區看似一馬平川，實際上有很多低矮的山丘，其中還有一條分水嶺。正是這條分水嶺，隔開了淮河水系和長江水系。

從今天的地圖上看，從六安到合肥有一條人工河，它的西段稱為淠河總幹渠，東段稱為滁河幹渠，滁河幹渠最終接上滁河，流入長江。這兩條人工河的位置正是江、淮兩大水系的分水嶺：北面有東淝河經壽春流入淮河，而淮河連著渦河，渦河直達譙縣，譙縣是曹操的老家；南面有南淝河經合肥流入巢湖，巢湖經濡須水（今裕溪河）流入長江。先說曹操這邊。

渦河不僅連著譙縣，還經過浚儀（開封），浚儀有鴻溝與黃河相連。也就是說，淮河完全掌控在曹操手上，河南、河北的兵力可以透過華北平原上的河流在淮河集結，壽春就是這個集結點。曹操需要的就是把淮河的大船開到巢湖，再透過濡須水進入長江，威懾江東。當時東部的邗溝淤塞不通，且路途遙遠，濡須水成為曹操進攻江東的最佳選擇。從壽春到合肥的水路，最近的就是兩條淝河，可問題是，從東淝河到南淝河，中間有條分水嶺，河水不通，船開不過去，怎麼辦？於是曹操挖了一條人工河，把東淝河和南淝河連了起來，這樣兵船就可以直接從壽春開到合肥。這條人工河就叫曹操河，位置和今天的人工河相當。曹操連通了兩條淝水，大船可以直接開到巢湖，又有合肥城做為前方重鎮，剩下的就看孫

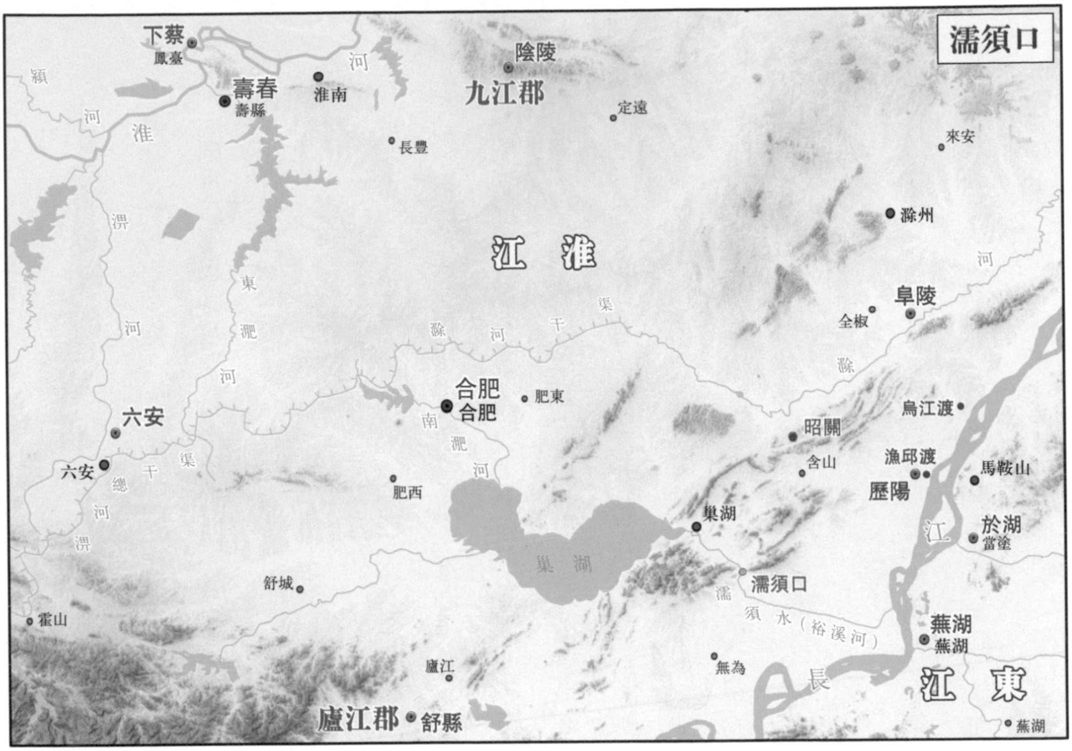
濡須口
下蔡
鳳臺
壽春
壽縣
淮南
陰陵
九江郡
定遠
長豐
來安
潁
河
淮
淠
河
東
淝
河
江 淮
滁州
滁
河
干
渠
阜陵
全椒
合肥
合肥
肥東
南
淝
河
六安
六安
干
渠
總
河
淠
昭關
烏江渡
含山
漁邱渡
歷陽
馬鞍山
肥西
巢湖
巢湖
於湖
當塗
舒城
濡須口
濡
須
水（裕溪河）
霍山
蕪湖
蕪湖
無為
廬江
長
江 東
廬江郡
舒縣
蕪湖

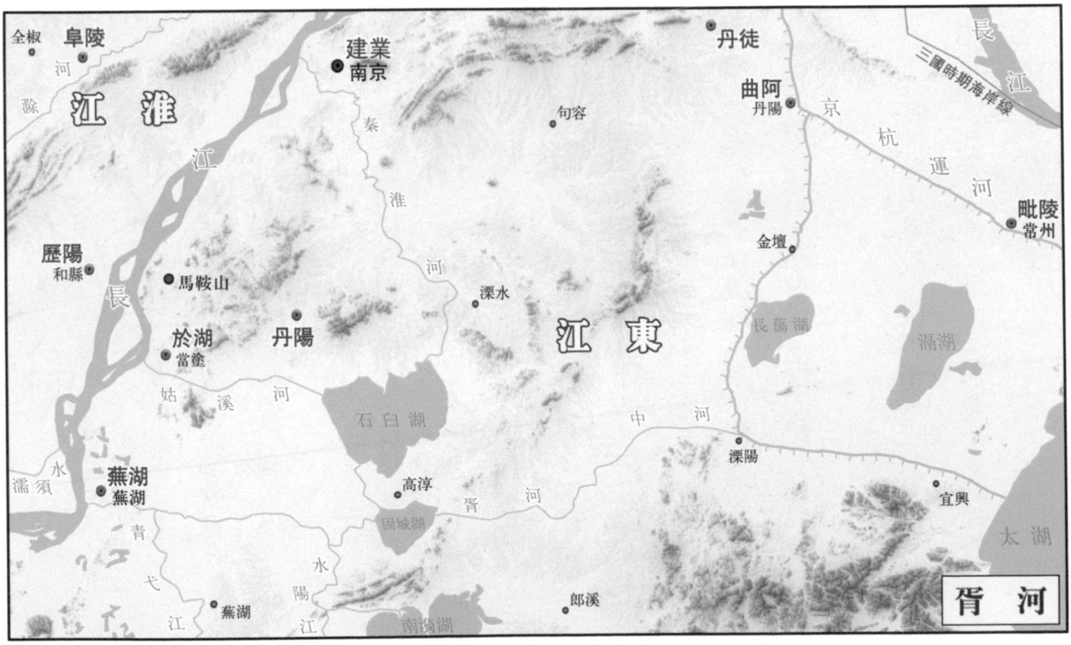
全椒
阜陵
河
滁
建業
南京
丹徒
長
江
三國時期海岸線
江 淮
曲阿
丹陽
句容
京
杭
運
河
江
秦
淮
河
毗陵
常州
金壇
歷陽
和縣
馬鞍山
溧水
長
長蕩湖
滆湖
於湖
當塗
丹陽
江 東
姑
溪
河
石臼湖
中
河
溧陽
濡須
水
蕪湖
蕪湖
高淳
胥
河
宜興
固城湖
太湖
青
弋
江
水
陽
江
蕪湖
郎溪
南漪湖
胥 河

權怎麼應對了。

孫權當然也有準備，早在兩年前，孫權就在濡須口修建濡須塢，目的就是防止曹操從這裡進攻江東。濡須水流出巢湖時，經過一片山地，這片山地的盡頭有一個狹窄的出口，孫權修建的濡須塢就選在這裡，正好是在兩山夾一水的出口處。曹操要從這裡過去，走中間的水路，除了中間有濡須塢攔截外，兩旁的山上都有關城駐兵防守。

濡須水這一帶，其實是江東的門戶。江東的經濟重心在太湖平原，政治中心也在吳郡（蘇州）。從太湖到蕪湖，有運河相連，無論是運兵還是運糧都很便捷。這裡是最早去往江東的渡口所在地，比如伍子胥的漁邱渡、項羽的烏江渡，都在這一帶。而建業（南京）一帶還沒怎麼開發，孫權只是剛把首都遷到這裡。事實上，孫權遷都的目的更多是從軍事出發，就是為了更好地防守長江沿線，不是出於經濟考量。建業一帶多山丘，即使開發好了也不如太湖一帶。太湖產魚，附近的平原產米，是真正的魚米之鄉。早在春秋時，伍子胥就修了一條運河，把太湖和蕪湖的長江連接起來，這條河就叫胥河。胥河是中國歷史上最早的運河（比邗溝還早），它打通了太湖水系和蕪湖一帶湖泊水網構成的水系，使太湖的船隻可以一直向西開到長江。當年伍子胥用它對付楚國，現在孫權用它對付荊州和曹操。很顯然，如果曹操的戰船突破了濡須口，江東就危險了。

建安十九年（西元二一四年）正月，曹軍抵達濡須口，孫權親率七萬人禦敵。兩軍相持月餘，曹軍的水師差強人意，被俘三千多，又有數千人溺亡，再加上春雨瓢潑，江水上漲，北方人看到水就心裡發忧，曹操感覺一時難以取勝就退兵了。正是這一仗，曹操親眼目睹孫權的英勇果敢，不由感嘆：「生子當如孫仲謀，劉景升兒子若豚犬耳！」劉表的兒子劉琮主動投降，曹操看不起，說是豬狗（不如），孫權執意抗曹，反而得到他的讚賞。

第二年，孫權趁機攻占皖縣，在江北多了一個據點。只不過，東吳的江北防線就到此為止，後來再也沒能往前推進一步。

皖縣處於大別山南麓，是江東進入荊州的必經之路。孫權占據皖縣，等於把江東和荊州連成一片，二者之間再也沒有障礙了。孫權的陣營總有一種聲音，就是把荊州全部吃掉，然後西進巴蜀，與曹操平分天下。

當孫權聽說劉備已經取得益州，就派諸葛瑾向劉備討還荊州。劉備當然不肯給，當初說借，只不過是說得好聽點，大家面子上也好看，誰還真打算還呀?!於是找藉口說，等打下涼州，就把荊州還給你。

孫權一聽很生氣，命呂蒙為將，領兵攻入荊南，連下長沙、桂陽、零陵三郡。劉備也很生氣，起兵五萬赴公安，關羽帶著三萬人馬進駐益陽。兩軍對峙，劍拔弩張，大戰一觸即發。恰巧這時曹操進兵漢中，劉備一看不得了，如果曹操得到漢中，巴蜀就危險了，於是與孫權講和。最終，長沙、江夏、桂陽歸孫權，南郡、零陵、武陵仍歸劉備，就是歷史上的「湘水劃界」，湘水以東歸孫權，湘水以西歸劉備。之前劉備只是借個南郡，這回還了長沙和桂陽兩個郡，表面上很吃虧，實際上這兩郡的戰略地位無法和南郡相比，如果孫權就此甘休，倒也划算。關鍵是曹操要打漢中，如果不及時回軍巴蜀，後果不堪設想。孫權當然也想要南郡，但劉備如果沒有南郡，荊州和益州的聯繫就被攔腰切斷，所以萬萬不能給。孫權得到長沙和桂陽，和原有的地盤連成一片，而且有了湘水，可以南通交州，原本也是一件挺划算的事。

按理說，湘水劃界是雙方承認的盟約，算是把之前的過節兩清了，雙方應當遵守，可後來孫權又以討還荊州為名偷襲江陵，就是耍無賴了。歸根結柢，原因還是在赤壁之戰時，孫權覺得自己出力多，付出那麼大的代價，卻只得到江夏郡，而江夏郡早在大戰之前就被東吳吃得差不多了，反觀劉備沒出什麼力，卻在戰後得到五個郡，實在太冤！其實劉備當時帶的人不算少，有兩萬，而周瑜也才三萬，只是劉備趁周瑜打南郡、擋住了曹軍的時候，南下取了荊南四郡，滿載而歸，回來看周瑜還在打南郡，才加入幫忙，孫權心裡嚥不下這口氣。

總體來說，這回從劉備手裡拿下兩個郡，孫權暫時平復了一下心情，趁著這股喜悅，又因為曹操去打漢中，有劉備在那裡牽制，東邊合肥一帶防守空虛，機不可失，就領著十萬兵馬去打合肥。

駐守合肥的將領是張遼，他趁孫權的十萬大軍還沒有完成圍城之前，只帶著八百將士衝入敵陣，一路殺到孫權的主帥旗之下，吳軍一潰千里，孫權差點被活捉。張遼一戰成名，從此威震江東。

這一戰，史稱逍遙津之戰。逍遙津是南淝河在合肥城附近的渡口，孫權在這裡差點第二次被活捉。從此，江東的小孩如果哭鬧不止，父母只要一說「張遼來了」，小孩就不敢哭了。合肥城便成為孫權的夢魘，打了無數次，一輩子都沒打下來。也許正因這一戰，讓孫權對曹軍心生恐懼，以至於後來把矛頭對準了盟友。

雖然曹操之前讚嘆孫權「生子當如孫仲謀」，但這只是與劉表的兒子相比，如果和曹、劉二人相比，孫權不僅戰術不行，戰略也沒有長遠謀劃。本來曹操統一北方後，勢力太強，東吳要想生存，必須聯合盟友共同抵禦強敵，單憑東吳一方肯定抵擋不住。而這個時候，能成為他盟友的只有劉備。劉備在荊州，實際上是在幫助東吳牽制曹操，使曹操不敢再從荊州突破。但孫權不管這些，只想得到荊州，在北方強敵未除的情況下，就向劉備討要荊州，讓劉備手下的人很不滿，從此對這個盟友心存芥蒂。如果從戰略的眼光出發，荊州有孫、劉聯合防禦，曹操就不敢在荊州輕舉妄動，這是最穩固的方式。在曹操實力被削弱之前，孫、劉雙方應放下一切恩怨，共同對敵，只要這個盟友關係破了，曹操就可以各個擊破。孫權為了赤壁之戰的果實分配不公而心生怨氣，致使孫、劉聯盟出現罅隙，終致成仇。反觀之後的諸葛亮，在劉、關、張接連因東吳而死的情況下，依然從大局出發，結好東吳，不是不想報仇，只是在事關生死存亡的大勢下，個人恩怨只能先放一邊，這就是格局。

如果單從地理上講，孫權想的也沒錯，江東的安全感來自荊州，而荊州的安全感來自巴蜀，只有跨有江東、荊州、巴蜀，完全占領秦嶺－淮河以南，才能和曹操平分天下。但孫權只顧打自己的小算盤，沒有去想曹操不會坐視他擴張。曹操不但不會坐視孫權做大，也不會坐視劉備在蜀地迅速擴張，所以趁劉備順江而下向孫權挑戰時，立即發兵漢中。

第十八章 漢中之戰

劉備占領巴蜀時，曹操知道他下一步必定是取漢中，所以趁劉備不在成都時，搶先一步，發兵漢中……

曹操在濡須口無功而返，回鄴城，同年被漢獻帝封為魏公，都城在鄴城。這個鄴城正是戰國七雄中的魏國的都城之一，曹操爵位的中「魏」字正是源自於此，後來的國號魏也是這個原因。

劉備占領巴蜀時，曹操知道他下一步必定是取漢中，所以趁劉備不在成都時，搶先一步，發兵漢中。

曹操要進兵漢中，只能從關中出發穿過秦嶺。自古以來，這裡存在著四條古道，分別是：陳倉道、褒斜道、儻駱道、子午道。

陳倉道因位於陳倉縣附近而得名，具體路線是：從今寶雞往南，過了散關後不遠，翻過黃牛嶺，就可以順著故道水的河谷南下，過了今略陽再沿山谷往陽平關方向。故道水是嘉陵江的源頭，河谷相對開闊，所以這條路在四條古道裡算最好走的，也最常用，但正因為常用，所以漢中方面在今勉縣以西修築了陽平關，以防止關中的兵馬過來偷襲。

陳倉道又稱故道，因為後來褒斜道成為主要通道，這條老路就稱為故道，經過的河流就稱為故道水。

褒斜道的歷史最為久遠，由褒河和斜水兩條河流的河谷組成，兩條河流的源頭離得很近，中間需要翻過老爺嶺。

儻駱道是這幾道古道中最難走的，到曹爽時代才有記載，當時還沒有開通。

子午道，又稱子午谷，因離長安近，幾乎呈正南北方向而得名，當年劉邦被迫到漢中就任時走的就

秦嶺古道
渭河
陳倉
寶鷄
鳳翔
岐山
陳倉
乾縣
禮泉
涇河
涇陽
關中
扶風
咸陽
興平
武功
槐里
長安
散關
五丈原
眉縣
斜水
周至
戶縣
太白
褒河
太白山
首陽山
兩當
鳳縣
故道
河池
徽縣
陳倉道
秦嶺
褒斜道
儻駱道
留壩
佛坪
子午道
略陽
陽平關
寧陝
洋縣
嘉陵江
勉縣
城固
南鄭
漢中郡
漢中
漢水
金牛道
漢中盆地
西鄉
石泉
南鄭
米倉道
荔枝道
陽安關
漢陰
寧強

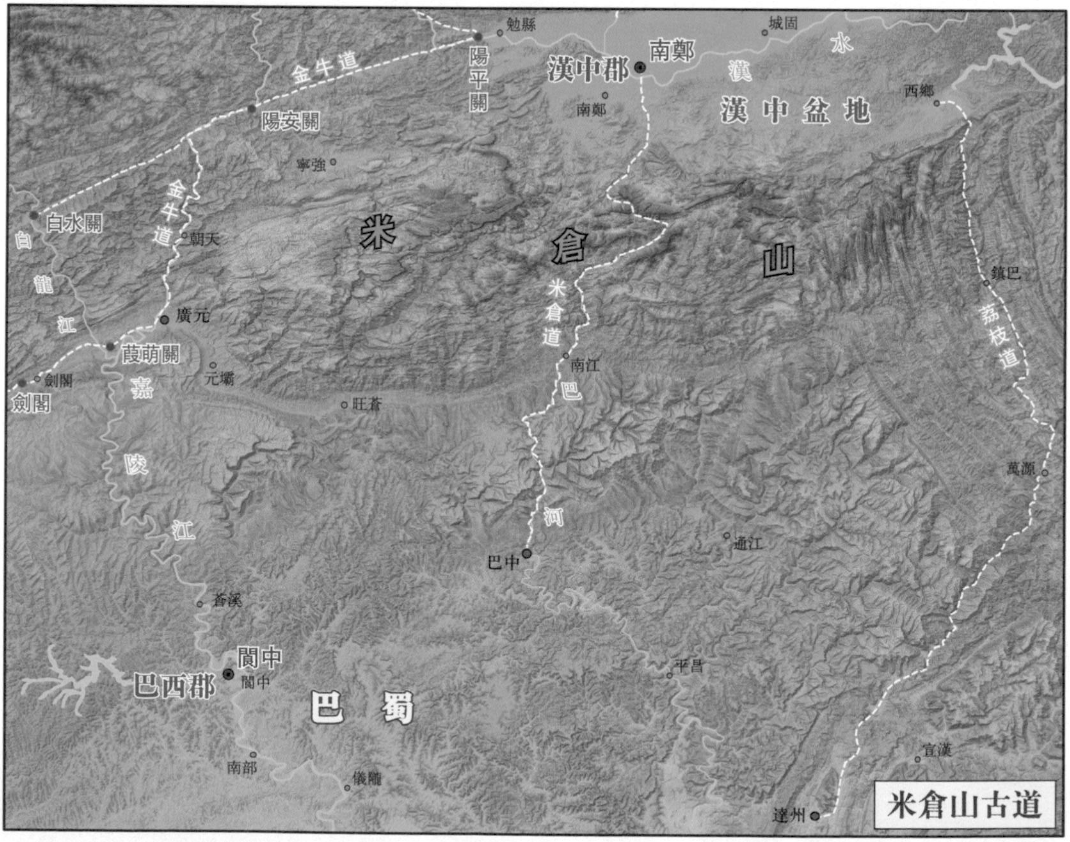
勉縣
城固
陽平關
南鄭
漢中郡
漢水
金牛道
西鄉
陽安關
南鄭
漢中盆地
寧強
白水關
金牛道
朝天
米倉山
白龍江
鎮巴
廣元
米倉道
荔枝道
葭萌關
南江
劍閣
劍閣
元壩
旺蒼
巴河
嘉陵江
萬源
通江
巴中
蒼溪
閬中
巴西郡
閬中
平昌
巴蜀
宣漢
南部
儀隴
達州
米倉山古道

是這條道。

因為要翻過秦嶺，山高谷深，四條路都不好走，多為棧道。

劉備如果要取漢中，同樣要翻過米倉山，穿過米倉山的古道有三條：金牛道、米倉道、荔枝道。

先從東邊說起。荔枝道因楊貴妃而得名，至於以前叫什麼，無人知曉。荔枝道對接的是子午谷，直達長安。唐朝時，楊貴妃愛吃荔枝，官方在這裡設驛道，把從嶺南運來的荔枝通過這條路轉運到長安。這條路主要的作用是從巴蜀的東部通往漢中，山路漫長，又不好走，對劉備來說肯定不是首選。

第二條，米倉道，因穿過米倉山中部而得名。這條路由今巴中出發，沿巴河河谷北上，到盡頭後，翻過兩道分水嶺，就到了漢中盆地。這條路因穿越米倉山的腹部，山高水險，難度可想而知，也不是劉備的首選。

劉備首選當然是離成都最近的金牛道，這也是我們要重點介紹的路徑。

金牛道的名稱來源有個小故事。

戰國時，秦惠王想伐蜀，苦於道路不通，於是鑿了五隻石牛，石牛的屁股後面放了很多金子，說是牛拉出來的，然後把這五隻石牛送給蜀君。蜀君一看，能拉金子的牛太寶貴了，為了把石牛運回國內，派了五個大力士來拉，一路開山填谷，把路修通了，秦軍就順著這條路把蜀國滅了。

這個故事包含兩個成語：石牛糞金和五丁開道。他們開通的這條道就是金牛道，也稱石牛道。

要了解金牛道，我們還是從上游說起比較好，假設敵人從北面來。

從陽平關開始，向西南，沿著山間谷道可以到達嘉陵江。所以陽平關不僅是陳倉道的終點，也是金牛道的起點，這裡兩山夾一關，一關守兩道，戰略位置十分重要。到了嘉陵江，你會發現這裡有個陽安關，也是一關守兩道，不僅能防止從陽平關過來的敵人，還能防止從嘉陵江順水而下的敵人。再往前，有兩條路可走：一是順著山谷往西到達白龍江，白龍江後有個白水關，同樣是一關守兩道，一是金牛道方向來的敵人，一是沿白龍江而下的敵人；另一條路，順著嘉陵江而下，在白龍江和嘉陵江的匯合處有個葭萌關，還是一關守兩道。這裡也是劉備剛到蜀中時駐紮的地方，葭萌關和白水關脣齒相依，所以劉璋讓他同時管著白水關。如果要從葭萌關前往成都，是一條長達百里的峽谷，不僅陡，還很險，所以後來諸葛亮在這裡修築劍閣（唐以後稱劍門關），成為成都最堅固的門戶。

之所以要從上游說起，是因為這些關口都是為了保護成都而設立，陽平關除外。正是因為這個原因，劉備要取漢中相對容易許多，因為這些關隘設計的防禦方向都是北方，唯一的難關是陽平關。

建安二十年（西元二一五年）三月，曹操親率十萬大軍，走陳倉道，往漢中進發，到達河池時，遇到激烈的抵抗，據守河池城的是氐王竇茂。

當初馬超起兵反曹時，有四大氐王回應：興國氐王阿貴、百傾氐王楊千萬、興和氐王竇茂、陰平氐王雷定。阿貴後來在夏侯淵討伐韓遂的過程中被滅，楊千萬在馬超投靠劉備後也投奔馬超，雷定在劉備攻打漢中時響應馬超出兵，而竇茂正是死於這次的曹操南征。

氐人是羌人與當地土著融合後產生的部族，與羌有淵源，但又不同，主要分布在隴西郡、武都郡、陰平郡一帶。馬超有羌人血統，在羌氐人心目中的威望很高，這也是後來諸葛亮要走祁山道的原因之一。

曹操沿著陳倉道，五月占領河池。正是這個時候，韓遂的部將拿著他的人頭來投降曹操。七月到達陽平關，張魯的弟弟張衛憑關固守，曹操久攻不下、傷亡慘重，再加上軍糧快吃完了，就想退兵。結果前軍因為夜間迷路，誤入張衛別營，張軍大驚，四散逃走。曹操趁機占領了南鄭（漢中治所），張魯走米倉道逃往巴西郡。

劉備這個時候還在荊州，聽說張魯跑到巴西，忙派人去接，但晚了一步，張魯已投降曹操。曹操占領漢中後，自回鄴城，留夏侯淵、張郃等人鎮守漢中。張郃經常侵入巴西，劉備派張飛於瓦口大戰張郃，張郃敗退南鄭，劉備也回去成都。

建安二十一年（西元二一六年）四月，漢獻帝冊封曹操為魏王，食邑三萬戶，位在諸侯王上，奏事不稱臣，受詔不拜，用天子的服飾禮儀祭拜天地，國都鄴城，已成為事實上的皇帝了。

建安二十二年（西元二一七年）春，曹操再次南征濡須口，孫權投降，與曹操修好。

劉備趁曹操主力東移之際，立即進兵漢中。一面派張飛、馬超、吳蘭、雷銅等人走祁山道取下辯（武都郡治所），卻被曹洪、徐晃等人擊敗，吳蘭、雷銅戰死；一面親率大軍進至陽平關，與夏侯淵夾關對峙，結果久攻不下。曹操見形勢緊急，親率大軍趕往關中，坐鎮長安。

到了建安二十四年（西元二一九年）正月，劉備一看陽平關久攻不下，如果繼續僵持下去，必然凶多吉少，於是南渡漢水，從米倉山中一條山谷穿行向東，翻過一道不太高的山嶺，到了定軍山，並在定軍山上安營紮寨——等於繞到了陽平關的後面，而且居高臨下。夏侯淵一看慌了神，來搶定軍山，結果被黃忠斬殺。曹軍一時惶恐不安，推舉張郃為主將來守陽平關。

曹操一看大事不妙，親率大軍從長安起程，過褒斜道，駐守陽平關。劉備憑險固守，拒不出戰，兩軍僵持不下。

打破這個僵局的是趙雲。

曹操剛來時，把糧食都囤積在今勉縣以北的北山上，與定軍山正好隔漢水相望。黃忠對趙雲說可以去劫糧，但曹操素來善於偷襲別人的糧草，自家糧草肯定有重兵把守。於是趙雲和黃忠商量，趙雲守

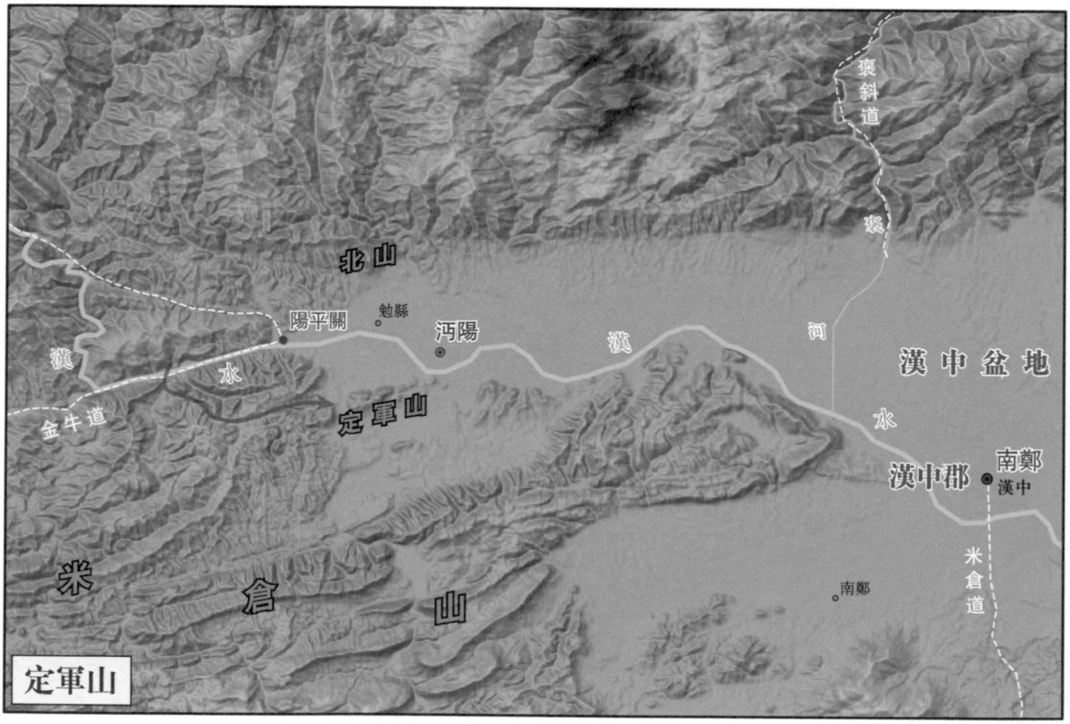

營，分一部分兵給黃忠劫糧。兩人事先約定，即使不成，也必須按時返回。

到了約定的時間，黃忠沒回，趙雲心想壞事了，擔心曹軍趁機劫營，又不能傾巢而出，於是只帶了幾十個人去救黃忠。誰知剛出門沒多久就遇上曹操大軍，趙雲幾進幾出，殺出重圍，救回黃忠。

趙雲回到營寨，曹操大軍隨後而至，部下見敵眾我寡，準備閉門拒守。趙雲卻下令大開營門，偃旗息鼓。曹軍以為有伏兵，引兵而退。趙雲趁機反攻，曹軍嚇壞了，以為趙雲營寨裡真埋伏著大軍，拚命逃跑，結果自相踐踏，踩死的、射死的、掉漢水淹死的不計其數。這是歷史上真實的空城計，當然，確切來說是空營計，趙雲不但嚇退了曹軍，還利用地形，趁曹軍渡漢水時速度慢的特點，用弓弩射殺曹軍，使曹軍損失慘重。第二天，劉備來到趙雲營寨，查看戰場後讚嘆道：「子龍一身都是膽也！」

兩個月後，曹操退兵。

這場戰爭從建安二十二年（西元二一七年）春一直打到建安二十四年（西元二一九年）五月，持續將近兩年之久，最終以曹操撤兵為止，劉備取得了勝利，占據漢中。

曹操之所以撤兵，主要還是地形的原因，持久戰打的就是糧草，誰的糧草不繼誰就輸。曹操剛到陽平關不久就被黃忠偷襲，糧草開始緊繃，後來費盡九牛二虎之力從長安運糧，因為要穿過高聳入雲的秦嶺，路不好走，效率又低，很快糧草就接濟不上。而劉備的糧道好走多了，金牛道已經是米倉山的末端，地勢相對平坦，再加上諸葛亮的後勤工作做得相當出色，從成都的糧食源源不斷地運送上來。曹操一看，耗不起，就撤兵了。再說了，這場戰爭對劉備來說是生死存亡之戰，漢中是巴蜀的咽喉，一旦落入曹操手上，巴蜀就沒有安生日子，所以傾舉國之力也要打贏這場戰爭。反過來，對曹操來說，漢中和關中之間隔著秦嶺，控制起來極不方便，如果不是為了掐住劉備的脖子，漢中形同雞肋，所以曹操的人打起仗來就不怎麼賣力了。

劉備占領漢中後，派劉封、孟達乘勝攻取西城和上庸。這樣一來，整個漢中郡都在劉備手上。同年，劉備晉位漢中王。意思相當明顯了，漢中王曾是當年高祖劉邦的封號，劉備稱漢中王，就是在告訴所有人：我要奪取天下，光復漢室了！

這是劉備一生中最風光的時刻，也是蜀漢歷史上地盤最大的時候，從無立錐之地到三分天下，前後不過十年的時間，而且手下兵強馬壯，人才濟濟。

要說孫權也真是機靈，本以為曹操不可戰勝，沒想到這回卻敗在劉備手下，於是趁火打劫，攻擊合肥。

曹操還真是頭疼，剛從漢中撤兵，又要從各處調兵奔赴江淮前線。

歷史上，中國南北對峙通常有三個交火點：西邊漢中、中間襄陽、東邊江淮。一東一西輪番上陣，打得熱鬧非凡，一直閒坐在中間的關羽卻按捺不住了。

第十九章

大意失荊州

關羽正是看準了曹操南下江淮，襄、樊一帶兵力空虛，於是率兵北上……

關羽北伐，實際上是一次衝動的冒險。從戰略上講，劉備剛在漢中打敗曹操，損耗巨大，急需休整，無法策應關羽的行動，他不該在這個時候孤軍深入。另一點，荊州已經形成三足鼎立之勢，任何一方的舉動，必然會引起連鎖反應。關羽早就對東吳有防備之心，可最終還是大意了。

當然，從地理的角度上說，關羽如果真的打下襄陽，就可以和上庸、南郡連成一片，孫權就會坐臥不安。

關羽出兵的動機在於心裡不服，從劉備入川開始，他就一直待在荊州。劉備奪取西川，張飛、趙雲、馬超都立了大功，特別是漢中之戰時，黃忠陣斬夏侯淵，立下奇功。而他在這段時間，一直沒有什麼戰功，讓自恃清高的關羽很不舒服，黃忠年紀那麼大，而且新加入的「新人」都立了大功，他這個元老怎能坐得住呢？

建安二十四年（西元二一九年）七月，關羽留南郡太守糜芳守衛江陵，將軍傅士仁駐守公安，自己率領大軍攻打襄陽的呂常和樊城的曹仁。襄陽和樊城夾漢江而建，一個在江北，一個在江南，互為犄角，一方有難，另一方施援，非常難打。但關羽的戰鬥力並非一般，呂常和曹仁都躲在城裡不出來。曹操緊急調令于禁領七軍（三萬人）救援樊城，這個時候樊城還沒有被關羽包圍，曹仁命令于禁和龐德駐紮在樊城北部的一片窪地，做為策應。到了八月，連綿大雨，漢水暴漲，關羽藉此水淹七軍，然後乘船追殺，逼降于禁，生擒龐德。龐德曾在交戰中射中過關羽的額頭，關羽念他有本事，想用他，龐德不肯聽令，關羽就殺了他。至此，曹操的援軍全軍覆沒，關羽趁機包圍樊城。

當時的樊城守軍只有幾千人，城牆崩塌，處處進水，有人勸曹仁棄城而逃，汝南太守滿寵說，山洪來得快，去得也快，應該堅守，於是曹仁決心堅守。關羽一面猛攻樊城，一面派人包圍襄陽。

同年十月，陸渾（今河南嵩縣東北）的農民孫狼等人苦於徭役，攻占了縣城，南附關羽。同時，從許昌往南的諸多山賊紛紛遙受關羽的印號，聽從關羽的指令。甚至連曹魏的荊州刺史胡修、南鄉太守傅方也投靠了關羽，關羽的聲勢一時「威震華夏」。這裡的華夏是指中原，因為中原是先秦的華夏地區。

關羽的勢力已接近許都，曹操打算遷都避其鋒芒，卻被司馬懿勸住了。司馬懿說孫權肯定不願意看到關羽得志，可以聯絡他從背後襲擊關羽。曹操就打消了遷都的念頭，一面派徐晃救援樊城。

徐晃覺得兵力太少，不足以與關羽抗衡。曹操又給徐晃增派了十二營兵馬，徐晃這才出擊，打破了關羽的包圍圈。於是關羽放棄對樊城的包圍，但仍據守漢水，圍攻襄陽。

孫權果然是個牆頭草，見關羽被耗在襄陽一時不能脫身，就不打合肥，把矛頭轉向關羽。他寫信給曹操說想為朝廷效力，從背後打關羽，還讓曹操不要把話傳出去。曹操滿口答應，一面卻偷偷把話放出去，想引起關羽的警惕而退兵。關羽得到消息後，只是猶豫了一下，他懷疑這是曹操的調虎離山之計，於是沒有撤兵。

得到曹老闆的首肯後，孫權命呂蒙為先鋒，親率大軍為後援，奔赴荊州。我們知道有個成語叫「刮目相看」，說的就是這個呂蒙。呂蒙武將出身，是個粗人，不愛讀書，後來在孫權的規勸下才讀書，過了很久，孫權再次見到他，感覺他談吐不凡，就說他：「非復吳下阿蒙。」，呂蒙說：「士別三日，即更刮目相待，大兄何見事之晚乎！」呂蒙一直惦記著荊州，得到孫權的命令後，帶著精銳，假扮成商人，從柴桑出發，日夜兼程，將關羽設置在江邊守望的據點逐個拔除，一直到江陵，然後寫信給江陵和公安的守將勸降。所以關羽對後方的事毫不知情，而江陵守將麋芳（劉備的小舅子）、公安守將傅士仁竟然不戰而降。

孫權得到江陵，立即派陸遜搶占夷陵和秭歸，關羽的退路被徹底切斷。

關羽得到南郡失守的消息後，立即南撤。與此同時，呂蒙在江陵大肆收買人心，厚待關羽及其手下軍士的家屬。這些軍士得到這個消息後，都想早點回家與家人團聚，無心再戰，於是紛紛逃散。關羽自知南下無益，便往西退守麥城。

這時孫權已進駐江陵，派人勸降，關羽假裝投降，趁機逃出麥城，手下只有十幾名騎兵，其餘都跑走了。

此時的關羽，唯一的生路就是去益州，可北邊襄陽是曹操，南邊江陵是孫權，南北兩條路都堵死了，剩下勉強算得上路的就是上庸方向。從麥城到上庸，最便捷的路就是沿沮水而上，先去房陵。沮水的源頭屬於益州，只要一進入益州，關羽就安全了，可在沮水的岸邊，還有一座屬於荊州的城池，就是臨沮。

關羽想到了，孫權自然也想到了。從麥城往西就是沮水河谷，這條河谷兩邊是高山，關羽只能沿著河谷走，必然經過臨沮。孫權已事先命令朱然、潘璋去臨沮，切斷關羽的去路。最後關羽果然中了埋

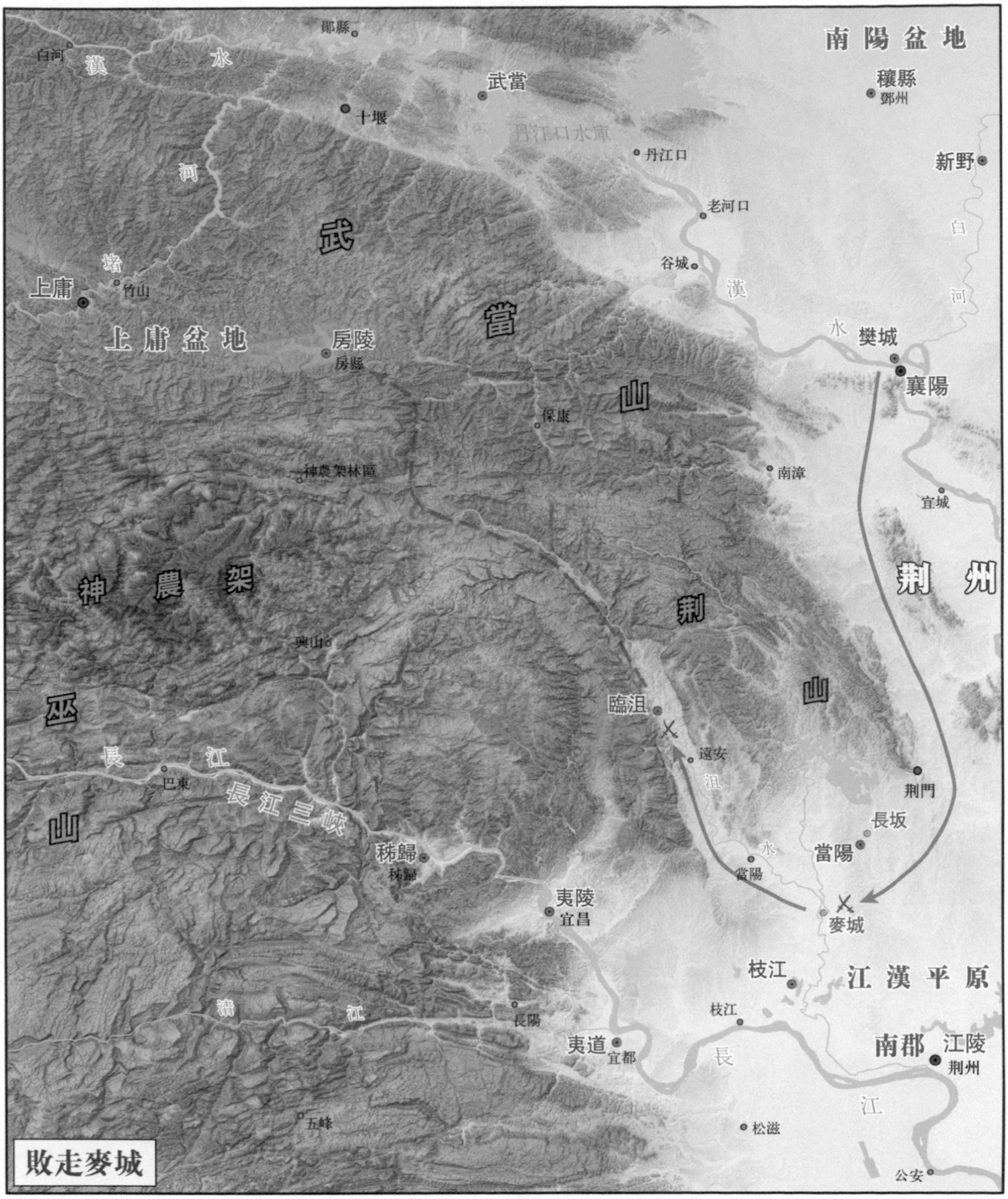
南陽盆地
穰縣
鄧州
新野
白河
漢
水
鄖縣
武當
十堰
丹江口水庫
丹江口
老河口
谷城
河
堵
竹山
上庸
上庸盆地
房陵
房縣
武
當
山
保康
神農架林區
南漳
宜城
白
河
漢
水
樊城
襄陽
荊
州
神
農
架
興山
荊
山
巫
山
臨沮
遠安
沮
水
荊門
長坂
當陽
當陽
麥城
長
江
巴東
長江三峽
秭歸
秭歸
夷陵
宜昌
枝江
枝江
江漢平原
清
江
長陽
夷道
宜都
長
江
南郡
江陵
荊州
五峰
松滋
公安
敗走麥城

伏，在臨沮被殺，一同被殺的還有兒子關平。

看到這裡，我們不由感嘆孫權真是神機妙算啊！只是這裡少不了他手下謀士的功勞。孫權可氣的地方在於打敵人不行，在盟友背後捅刀子得心應手。如果他趁關羽打襄陽的時候猛攻合肥，曹操面臨兩線作戰，真的會焦頭爛額，說不定一輩子都沒打下的合肥就在那個時候打下了。從這裡也可以看出，孫權的第一志向肯定不是中原，而是先保有江東。

事後，孫權把關羽的首級獻給曹操，意思是：大家看，這是曹操要我幹的。還遣使入貢，向曹操稱臣。曹操當然知道這種小伎倆，以諸侯之禮厚葬關羽首級於洛陽。孫權一看，便將關羽的屍體也以諸侯之禮厚葬於當陽。劉備得到消息後，在成都為關羽建了衣冠塚，所以民間說關羽「頭枕洛陽，身臥當陽，魂歸故里」。

曹操評價關羽說：「事君不忘其本，天下義士也。」義是關羽最優秀的品質。但陳壽則說：「羽善待卒伍而驕於士大夫。」就是演義常說的凌上而不欺下，結果正是關羽平時不怎麼待見的官員在節骨眼叛變，導致他走投無路。

有一種說法是，關羽北伐是為了配合劉備攻擊漢中，攻打襄陽可以牽制曹操的兵力，緩解劉備在關中的壓力。曹操從漢中撤兵後的確沒有走遠，就停留在關中，迎擊孫權在濡須口的進攻也是派手下去做，沒有親身前往。曹操駐兵關中，說明他沒有完全放棄漢中，從這一點來說，關羽北伐的確吸引了曹操的注意，不得不調兵奔赴樊城，他還曾一度想親自去解樊城之圍。可我們看看時間，劉備攻打漢中，在建安二十四年（西元二一九年）五月分就已經取得決定性勝利，而關羽出兵在七月，那時漢中的戰役已經打完，如果這個時候要吸引曹操兵力，只會吸引到全部的兵力，於漢中無益，對關羽反而壓力巨大。更何況，劉備攻打漢中前，為了平息荊州的動盪，不得已和孫權簽訂和約，當他全力奪取漢中時，肯定不希望荊州再出什麼差錯。事實上，關羽攻打襄陽時，劉備已經自立為漢中王，並封他為前將軍，之後關羽才率兵北上。而關羽北上後，劉備沒有派兵策應，從這一點可知，劉備對關羽的北伐事先並不知情，關羽是自行其是。

如果按照諸葛亮〈隆中對〉的說法：「若跨有荊、益，保其岩阻，西和諸戎，南撫夷越，外結好孫權，內修政理；天下有變，則命一上將將荊州之軍以向宛、洛，將軍身率益州之眾出於秦川，百姓孰敢不簞食壺漿以迎將軍者乎？誠如是，則霸業可成，漢室可興矣。」這裡有幾個條件：第一，跨有荊、益，這個剛完成；第二，西和諸戎，還沒開始；第三，南撫夷越，也沒開始；第四，結好孫權，雖有但不穩固，尤其是關羽，經常不把孫權放在眼裡，遭到孫權忌恨；第五，內修政理，就是政治穩定，經濟發展，要有打仗的本錢，益州剛拿下，這些也才剛剛開始。只有這五個條件都達到了，才能從益州和荊州同時出兵，夾擊曹魏。很顯然，想達到這五個目標，還需要時間，以目前的局面，劉備絕不可能讓關羽單獨行動，貿然北上。

關羽還犯了一個錯誤，當他從襄陽撤兵回救江陵時，不停地派使者和呂蒙通消息。呂蒙正是利用這些使者，帶他們到處遊山玩水，好吃好喝招待，還帶著他們去探望關羽軍士的家屬，給這些家屬捎信。

我們無從得知關羽的目的是什麼，大概是關心將士的家屬有沒有遭到虐待。可呂蒙很狡猾，這些家屬不但沒有受虐，反而過得比在關羽手下時還要好，於是將士們都不想打仗了，以至於到麥城時，所剩的軍士不多，難以抵抗，只好逃亡。我們說，兩軍交戰時，軍心動搖是大忌，可關羽完全沒有察覺到事情的嚴重性。

關羽圍攻樊城時，兵力不夠，曾讓上庸的劉封、孟達援助。劉封、孟達拒不發兵，後來關羽敗走麥城，也沒有派兵施救。劉封後來因為這件事被劉備殺了，孟達畏罪投曹。這裡先不討論兩人的問題，只說關羽，如果再等一年，曹操死了，劉備從漢中之戰中緩過氣來，那時可以從漢中發兵到上庸，然後順堵河而下，渡漢水，與關羽北上的荊州兵配合，情形就會完全不一樣。

關羽一死，荊州南部六郡全都歸了孫權，劉備就剩下益州。三分天下剛剛成形，劉備就成為勢力範圍最小的一方，更重要的，原先劉備和諸葛亮商討的隆中對策也全部泡湯。

第二十章 夷陵之戰

曹丕聽說劉備連營七百里時說：「備不曉兵，豈有七百里營可以拒敵者乎！苞原隰險阻而為軍者，為敵所禽，此兵忌也。」

關羽一死，以仁義著稱的劉備自然不會忍氣吞聲，只是蜀漢剛經歷一場長達兩年的漢中之戰，損耗巨大，需要休養生息。不說別的，漢中之戰歷時兩年，僅糧食消耗就是天文數字，即使是天府之國的成都平原，要支撐起這場曠日持久的戰爭，也需要幾年的糧食儲備。所以，出兵東吳替關羽報仇，還需要等待下一個秋收的糧食。

正在這時，建安二十五年（西元二二〇年）正月，曹操病逝於洛陽。曹操從長安到洛陽，本來是為了親臨前線對付關羽，沒想到卻緊跟著關羽的腳步去了。終年六十歲，葬於鄴城西郊的高陵。

曹操死後，曹丕繼位。同年十月，魏王曹丕取代漢朝，自立為皇帝，國號「魏」，定都洛陽，追尊曹操為武皇帝，廟號太祖。為了與戰國時的魏國區別，我們稱之為曹魏。

從此，東漢王朝正式結束，三國時代開始。

曹丕代漢之前，讓漢獻帝搞了個禪讓儀式，裝模作樣，推讓三次才接受，雖然明眼人都知道是怎麼回事，但這樣一來，從法理上講，魏就是漢的合法繼承者。漢獻帝被降為公爵，封地在河內郡山陽邑（今河南焦作東），因此人稱山陽公。

古代的交通不發達，再加上蜀地偏遠，路不好走，第二年，當這個消息傳到成都時，卻說漢獻帝死了。劉備悲憤交加，為了表示漢賊不兩立，便在成都稱帝，國號「漢」，表示繼承大漢的正統。同樣，為了與前面的兩漢區別，我們稱之為蜀漢，有時也簡稱為蜀。這裡正好說一下，為什麼不簡稱為「漢」，劉備的國號裡根本沒有「蜀」字，這個簡稱是不是不合理？其實還是為了方便後人區分，按當時的情況，劉備的國人當然是自稱漢人，軍隊也自稱漢軍，但為了不讓我們混淆，還是稱「蜀」比較方便，因為從法理上講，曹丕稱帝前，三國都是漢人，他們的軍隊也是打著漢軍的旗子，如果把蜀漢簡稱為漢，很容易混淆，二者離得太近了。同樣的道理，我們經常把曹魏簡稱為曹或魏，因為這個魏和戰國時的魏國離得遠，不容易混淆。其實曹丕稱帝前，他們才是正經八百的漢軍，因為他們是打著漢獻帝的旗號行事。當然，他們也會打魏的旗號，因為曹操在西元二一三年就封為魏國公了。至於東吳，雖然孫權還沒有稱帝，但早在西元一九八年，曹操就上表封孫策為吳侯，一般人認為孫權接管了他大哥的地盤，自然也繼承了大哥的爵位，便稱他為吳侯。實際上，當時孫策已經平定江東，曹操以朝廷名義封的這個爵位是縣侯，封地就是吳縣（今蘇州），但孫策實際控制的地盤已經相當於春秋時吳國的地盤了，從那時開始，大家就習慣稱之為東吳。曹丕稱帝後，孫權一面遣使討好，自稱藩屬，一面派人把原來被關羽抓獲、關押在江陵的于禁等魏軍俘虜交還曹丕，曹丕封孫權為吳王，稱他們為東吳就更沒有問題了。

劉備登基後不久就調集兵馬，順江而下殺向東吳。

這個時機應該算不錯，曹丕剛篡漢登基，人心不穩，畢竟朝廷內部還有很多忠於漢室的人，而劉備又打著恢復漢家天下的旗幟，或明或暗地還是會得到魏國內部很多人的支援，曹丕忙於穩定內部，無暇出兵。而荊州丟失才兩年，還有很多人心向歸附，更重要的是，劉備的核心成員都是從荊州過來的，如今老家丟了，打回老家是順理成章的事，不用擔心他們不賣力。劉備替關羽報仇是一回事，奪回荊州更重要，不然這些荊州人士會怎麼看待劉備？

張飛一直駐守巴西郡（治所閬中），整頓好兵馬，原打算沿嘉陵江而下，在江州（今重慶）與劉備會合，結果在出發前被部將所殺。這兩名部下帶著張飛的首級投奔東吳，這仇愈發深了，劉備更是鐵了心要和東吳血拚到底。給我們的感覺是，蜀漢從立國一開始就是各種不順心。

西元二二一年七月，劉備兵臨三峽，孫權遣使求和，劉備不許，於是大戰拉開帷幕。

孫權占領荊州後，順勢占領三峽東部，把邊境線西推到了巫縣。劉備從上游順江而下，先攻占巫縣和秭歸，同時為了防止曹魏趁火打劫，派黃權駐紮長江北岸，又派馬良到武陵地區，爭取當地部族首領沙摩柯的協助。

從長江三峽南岸開始，一直到雲貴高原，這一帶屬於武陵山區。當時這裡主要是一些少數民族的聚集地，稱武陵蠻或五溪蠻。其實是個籠統的稱呼，如果要究其根源的話，這個武溪蠻不是別人，正是蚩尤所率領的九黎部落的後人。蚩尤在中原被黃帝打敗後，族人一部分融入華夏，一部分南逃到江漢一帶，建立三苗國。三苗後來在與楚人的戰鬥中又失敗了，一部分融入楚國，一部分繼續南逃，進入荊楚西南的山區，就是武陵山一帶。到了漢朝，漢人不知道這些人的來歷，因為他們居住在武陵山區，所以稱其為武陵蠻；又因為這裡（沅水中上游）有五條溪，所以也稱五溪蠻。如果以今天的眼光來看，五溪蠻就是苗、瑤人的祖先。苗族人尊蚩尤為先祖，瑤族人尊盤古為先祖，而九黎族人大部分都融入華夏，所以漢人和苗瑤之間的關係，真是千絲萬縷，割捨不斷。

當時五溪蠻的首領便是沙摩柯，他後來在夷陵之戰中戰死，毛宗崗評價他：「番將能為漢死節，死為漢之忠臣。」

孫權方面，為避免兩線作戰，一面派使向曹魏稱臣，一面任陸遜為大都督，前往三峽迎敵。要說孫權雖然自己打仗不行，但在用人方面堪稱典範，總能在一眾後生挑中最優秀的那個。當年他任用周瑜，取得赤壁之戰的勝利，這一次用陸遜，又將開創一個奇蹟。

陸遜見蜀漢軍隊來勢洶洶，為避其鋒芒，主動退卻，一直退到猇亭、夷道一帶才停止腳步，令大軍駐紮在猇亭東岸，同時令水軍控制長江水道，又令孫桓守夷道。然後嚴防死守，不肯退卻半步。

從地形上可以看出，猇亭、夷道已經到了丘陵地帶，身後就是平原，而北部的夷陵還屬於山區，等於是陸遜把平地

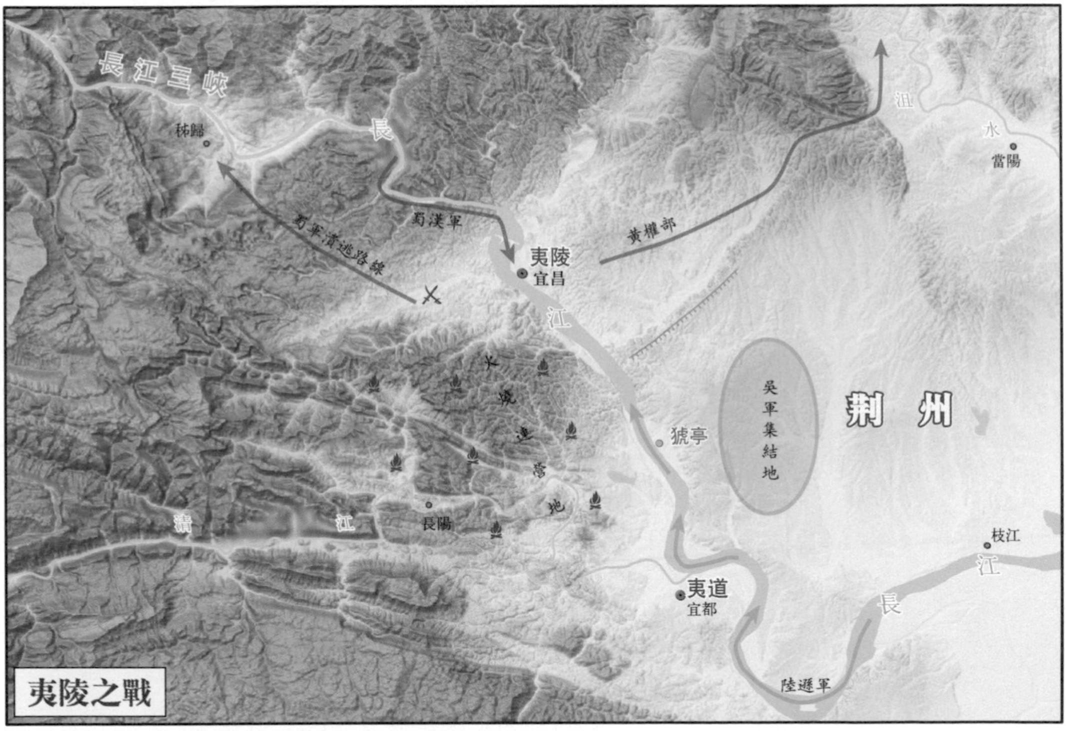

留給自己，將劉備的五萬大軍全部堵在山地當中。單從交通方面講，從猇亭到江陵，不管是走水路還是陸路，只有一百多公里，而從夷陵到成都，長達一千多公里，我們做個簡單的計算，劉備從成都運一趟糧食到前線的時間，陸遜可以運十趟。更何況，從猇亭到江陵是寬闊的水道，而從夷陵到成都要經過長長的峽谷，前後的效率又不知差了多少倍。在古代戰爭中，糧道是關鍵，如果照這樣下去，劉備必敗無疑。

另一方面，山地難以展開兵力，劉備帶來的人再多也發揮不了作用。

劉備當然知道陸遜的算盤，蜀軍遠道而來，打持久戰肯定吃虧，所以求戰心切。

要突破陸遜的防線，只有三個方向：一個是猇亭的東面，那是吳軍的大本營，但陸遜固寨堅守，無論蜀軍怎麼挑戰，陸遜就是不出來；另一個，長江水道，東吳的水軍素來勇猛，守護嚴密，同樣難以突破；最後一個，就是長江南岸的夷道（今宜都）了。夷道相對其他吳軍固守的要點來說，相當於孤懸江南，和江北的聯繫也弱一些，也許是個突破口。

劉備派張南率部圍攻夷道其實有兩個目的：一是如果拿下夷道，就在江南多了一個據點，雖然夷道仍處於山地環繞之中，附近長江又有吳軍的水師控制，一時難以把大軍開到平原地區，但好歹算前進了一步，於軍心士氣有好處；另一個更重要，就是誘使陸遜出兵救援夷道，圍城打援，尋找突破口。

但陸遜沒有上當，孫桓是孫權的侄子，投降的可能性極小，夷道城池堅固，錢糧充足，完全可以挺住，所以堅持不派救兵，以免兵力分散和過早消耗。

從西元二二二年正月到六月，半年的時間裡，無論劉備用什麼方法——挑戰、辱罵、挑釁、耍小計謀，陸遜就是堅守不戰。劉備無可奈何，蜀軍的鬥志日漸消解。不巧的是，又碰上酷暑難耐的夏季。

之前講赤壁之戰時介紹過季風，也提過信風，這裡要重提一下。信風的產生是因為大氣環流，大氣環流在地球上形成不同的氣壓帶，其中有個著名的副熱帶高氣壓帶，簡稱副高壓。在全球範圍內，副高壓製造一系列的熱帶沙漠，從印度到伊朗高原，到阿拉伯半島，再到撒哈拉，全是它的傑作；在美洲，美國和墨西哥交界處的大沙漠同樣離不開它的關照；在南半球，從智利到納米比亞，到澳洲，大片的沙漠地帶同樣和它有關。但中國是個例外，副高壓位於南北緯三十度附近，正好處於長江沿線，副高壓向東推進時，受到青藏高原阻擋，腳步被打亂了，於是長江沿線倖免於難，不但沒有成為沙漠，反而變成魚米之鄉。青藏高原讓大氣環流在這裡止步，於是中國的氣候主要受季風影響，而不是受信風影響。如果在信風作用下，副熱帶高氣壓帶就是無風帶，沒有風，就不能產生雨，常年無風就是常年不下雨，沙漠因此而生。

如果我們留意一下中國冬、夏兩季的氣溫分布規律就會發現一個現象：夏季南北溫差小，冬季南北溫差大。夏天時，海南島烈日炎炎，北京同樣是驕陽似火，如果一天之內在這兩地往返，你感覺不到差異；但如果在冬天，北京漫天大雪時，海南島仍和夏天一樣炎熱，如果一天之內往返兩地，單是換衣服就很麻煩，行李箱必須同時塞上短袖和羽絨衣這兩種完全不同季節的衣服。

從氣候上說，溫差小，季風活動弱；溫差大，季風活動強。冬天颳六、七級的北風很常見，但很少

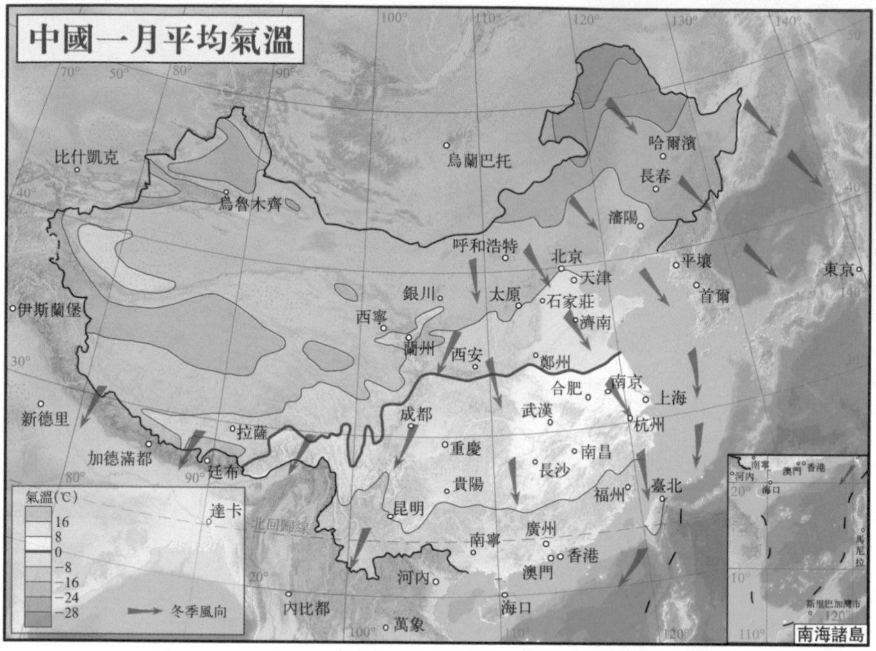
中國一月平均氣溫
比什凱克
烏魯木齊
烏蘭巴托
哈爾濱
長春
瀋陽
呼和浩特
北京
天津
平壤
首爾
東京
伊斯蘭堡
銀川
太原
石家莊
西寧
濟南
蘭州
西安
鄭州
南京
合肥
上海
新德里
武漢
杭州
成都
拉薩
重慶
南昌
加德滿都
長沙
廷布
貴陽
福州
臺北
昆明
達卡
北回歸線
南寧
廣州
香港
澳門
河內
內比都
海口
萬象
氣溫(℃)
16
8
0
−8
−16
−24
−28
冬季風向
南海諸島
馬尼拉
斯里巴加灣市

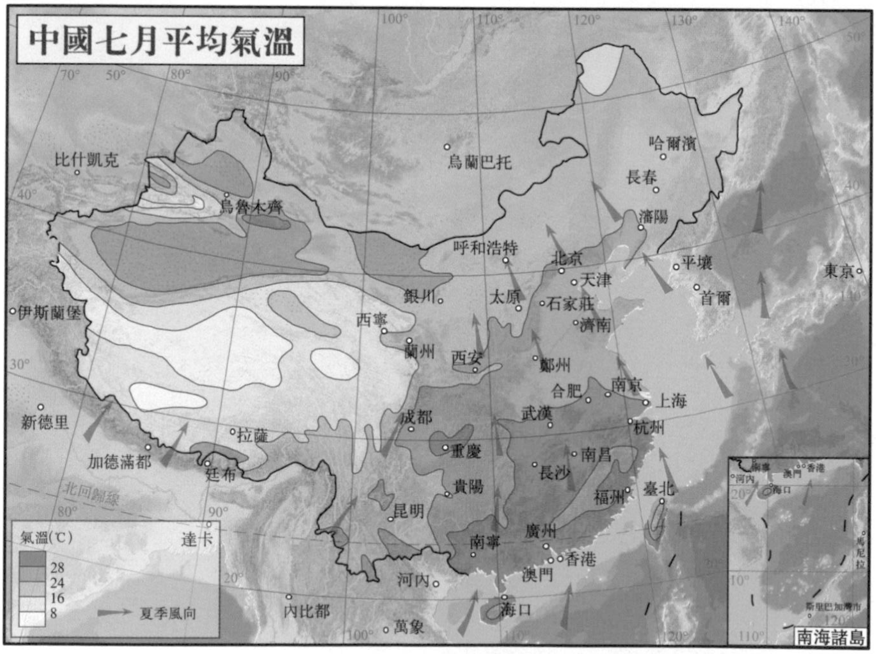
中國七月平均氣溫
比什凱克
烏魯木齊
烏蘭巴托
哈爾濱
長春
瀋陽
呼和浩特
北京
天津
平壤
首爾
東京
伊斯蘭堡
銀川
太原
石家莊
西寧
濟南
蘭州
西安
鄭州
南京
合肥
上海
新德里
武漢
杭州
成都
拉薩
重慶
南昌
加德滿都
長沙
廷布
貴陽
福州
臺北
北回歸線
昆明
氣溫(℃)
達卡
28
24
16
8
夏季風向
南寧
廣州
香港
澳門
河內
內比都
海口
萬象
南海諸島
馬尼拉
斯里巴加灣市

聽說夏天也有六、七級的大風。除非是颱風，但這是另一種氣候現象，不在季風之列，這裡就不討論了。

於是我們可以得出結論，一年之中最熱的時候，也是東亞的季風活動最弱的時候；當季風活動弱，大氣環流的作用就明顯了。

生活在長江一帶的人都有體會，梅雨季節過後，每當七、八月間，大概持續半個月，天氣溼熱，沒有一絲風，長久不下雨，這時的天地就像一個大蒸籠，人待在裡面極其難受，如果在水邊，水中熱氣蒸騰，更令人窒息難熬。其中的原因正是每到這個時候，季風減弱，副高壓在這一帶占據了主導地位。

劉備正是遇到了這種天氣。

六月（農曆，正好是陽曆的七月）的長江沿線，暑氣逼人。相較於東吳那些長年生活在水邊的人來說，從蜀地來的人難以忍受這種天氣的折磨，紛紛要求到山林裡紮營避暑。劉備求戰無望就答應了，讓水軍也上岸紮營。於是從夷陵往西，幾百里的長江，在兩岸的山林裡，都有蜀軍的營帳，而劉備的主力就駐紮在猇亭隔江對岸的山林裡。

連曹丕聽說劉備連營七百里時都說：「備不曉兵，豈有七百里營可以拒敵者乎！苞原隰險阻而為軍者，為敵所禽，此兵忌也。」

苞，即苞草，意思是長草的地方；原，平原，平地；隰，低溼的地方，沼澤地；險阻，險要有阻隔的地方，主要是山地，苞原隰險阻代表了各種地形；禽同擒。這句話的意思是，把兵力分散在各種複雜的地形裡，萬一有突發情況會難以集結，調動不便，很容易被敵人擒獲，是兵家大忌！

陸遜正是從這一點看到戰機，劉備結營的材料都是就地取材，砍伐山中的樹木做成柵欄，又地處山林之中，一旦著火便逃無可逃，陸遜發現這一點後打算用火攻。我們看三國時的三大戰役，無一例外都和火有關：官渡之戰曹操在烏巢放了一把火，赤壁之戰時黃蓋借東南風朝曹營放了一把火，劉備連江七百里設營，陸遜也打算放一把火。可以說，火是冷兵器時代的熱兵器，威力不用多說。

陸遜令吳軍士兵各執茅草，趁夜突襲到蜀營，順風（山谷風）放火，然後派朱然、韓當猛插到蜀軍的後部（今宜昌隔江西岸），切斷蜀軍的退路，自率主力攻擊蜀軍的正面，駐守夷道的孫桓也主動出擊，同時派水軍切斷蜀軍兩岸的聯繫。

這就是歷史上著名的火燒連營，蜀軍一片混亂，倉皇而逃，燒死、戰死的不計其數。其中張南、馮習和沙摩柯戰死，杜路、劉寧投降，駐守夷陵一帶的黃權被吳軍切斷退路，不得已北上向曹魏投降，馬良（馬謖的哥哥）往西南撤退時被步騭所殺。劉備以全軍覆沒的代價，隻身逃往永安城（又叫白帝城，今奉節東），從此一病不起。

這一戰，蜀漢全軍覆沒，吳軍本來打算乘勝追擊，不料趙雲的援軍已趕到永安，再加上陸遜擔心曹魏攻其後路，於是撤兵。

趙雲的援兵只有兩萬人，劉備的五萬大軍都化為灰燼，吳軍剛剛大勝，士氣正旺，應該不會懼怕這兩萬人，只是三峽的地形特殊，陸遜要攻打白帝城，沒有必勝的把握。

我們常說的長江三峽，正是從白帝城開始算起，一直到夷陵，這一段河谷非常狹窄。通常大江、大河穿山越嶺時，都會留下一個寬闊的河灘地，古人最早在開闢山路時，就是沿著這些河灘地前行，久而久之就形成夾江兩岸的山路。比如黃河，經過陝西和山西交界的地方，算是河谷最深的地方，也留下了兩岸的山路。但三峽不行，很多地方的河谷十分陡峭，特別是三個峽口（瞿塘峽、巫峽、西陵峽），兩岸的山石都是從水底升起直插雲霄，完全不具備開闢山路的條件。我們看古人打仗，常用的一個詞就是「水陸並進」，水軍前進時，附近要有陸軍配合，水陸兩個兵種互相配合，發揮各自的優勢，才能所向披靡。劉備從成都出發，也是到了平坦地帶才將兩個兵種分開，水陸並進，吳軍也害怕。後來劉備讓水軍上岸紮營，把長江水道的控制權完全交給了吳軍，才導致蜀軍潰敗時無路可逃的慘狀，畢竟在古代，水路是最便捷的通道，即使是逆流而上，也比走陸路方便，何況是那麼難走的三峽山地。

陸遜不敢打白帝城，正是顧忌三峽水路的情況。瞿塘峽的峽口十分狹窄（今天從衛星影像上看已經寬了不少，是因為三峽水庫的修建抬高了水位所致），綿延十數里，如果逆水而上，好不容易出了峽口，迎頭就是防守嚴密的白帝城，城頭有守軍相迎，江面有水軍策應，兩岸還有伏兵抄後路，想全身而退幾無可能。所以，像陸遜這麼能忍的人，自然不會冒這個險，還是退兵比較好。

劉備一直駐紮在白帝城不走，讓孫權很害怕。夷陵之戰後，曹丕發覺孫權不是真心歸附，於是兵分三路南下東吳，孫權擔心劉備趁機捲土重來，和曹魏兩面夾擊，那東吳就完了，於是又派使者前來求和。這一回，劉備答應了，因為夷陵之戰不僅傷了蜀漢元氣，也耗盡了他的心力。

夷陵之戰的第二年四月，劉備病逝於白帝城，臨終前託孤於諸葛亮。從此，蜀漢的軍政大權轉移到了諸葛亮手上。

諸葛亮一上來，先和東吳修好，不是不想報仇，是形勢所迫，不結好孫吳就不足以抗擊曹魏。更難受的是，南中地區趁機叛亂，諸葛亮知道蜀漢經歷這一連串的變故，不僅元氣大傷，而且人心不穩，當前最需要的是休養生息，所以一直到三年後，才開始對南中用兵。

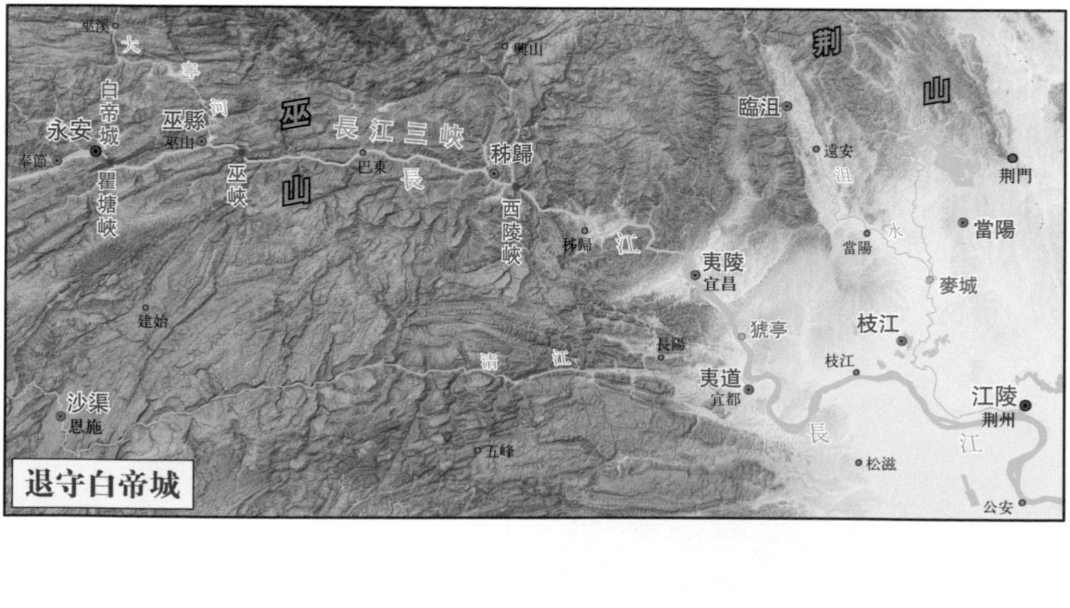

第二十一章　平定南中

〈臨江仙〉

滾滾長江東逝水，浪花淘盡英雄，是非成敗轉頭空。
青山依舊在，幾度夕陽紅。
白髮漁樵江渚上，慣看秋月春風，一壺濁酒喜相逢。
古今多少事，都付笑談中。

南中地區其實就是雲貴高原（包含今天的雲南省、貴州省和四川省大渡河以南的地區），南中就是南方的意思，這一帶處於巴蜀以南，所以稱為南中。當時這裡生活著眾多少數民族，統稱西南夷，其中以孟獲為首，各部族都尊他為老大，劉備死後，孟獲率眾叛離蜀漢政權。其實，少數民族是現在的叫法，當時他們在南中地區是多數，漢人才是少數。

諸葛亮南征要面對兩個問題，一是民族，二是地形。

南中全是山地，不產糧，諸葛亮到達之前，這裡不算農業社會，而是以狩獵為主。對蜀漢來說，南中的戰略意義大於實際意義，透過地形可以看出，相對於四川盆地，雲貴高原具有居高臨下的戰略優勢。東吳已經占據荊州，完全可以順著沅江進入潕水，通過且蘭、夜郎逐步滲透到雲貴。假如南中被東吳占有，對蜀漢來說就是致命威脅。所以，南中的穩定，對蜀漢政權來說具有重大意義。

南中有四郡：越巂郡、牂柯郡、益州郡、永昌郡。除永昌郡外，全部參加叛亂。帶頭的其實是益州郡的漢族豪強雍闓，越巂郡的高定、牂柯郡的朱褒和夷人頭領孟獲都是被雍闓煽動，孟獲之所以出名，是因為他在當地夷人和漢人中聲望很高。

不管如何，三郡叛亂的核心是益州郡，就是今昆明一帶，雍闓和孟獲都駐紮在這一帶，而傳統由蜀入滇的路線主要有兩條：一條陸路和一條水路。

陸路就是五尺道，從今天的地圖上看，如果從宜賓到昆明拉一條直線，中間恰好被烏蒙山擋住了，烏蒙山山高水深，行道艱難，不過如果留意一下，就會發現兩條江，即橫江和牛欄江，都是金沙江的支流，在昭通附近，橫江的源頭幾乎接上了牛欄江的下游，這段距離很短，用一條道路連接起來不是什麼難事，於是我們看到，橫江和牛欄江幾乎就把宜賓和昆明連接起來了。這就是秦時期五尺道的路線，都是沿著河谷鋪成的青石路，並不好走。當時秦國的馳道都是五十尺，五尺道只有其十分之一，主要原因就是在這裡修路太難了。

另一條水路比較簡單，就是由金沙江轉普渡河入滇池。水路有利於從昆明往北順水而下，對於從宜賓逆水而上的人來說，因為金沙江的水流比較急，有些難度。

如果要直插敵人心臟，最好沿這兩條路直撲滇池，但諸葛亮都沒有採用，因為南中特殊的地理環境和氣候對蜀軍來說，適應起來還需要一段時日，貿然深入敵軍腹地風險太大。

諸葛亮從成都出發，沿岷江到達宜賓後，兵分三路：親領西路，目標越巂郡；中路李恢，從駐地平夷縣（今畢節）出發，目標益州郡；東路馬忠，目標牂柯郡。

先說諸葛亮這一路。諸葛亮從僰道（今宜賓）出發，沿金沙江而上，過了大涼山後，巨大的山體突然展現出一個大缺口，從這個缺口可以直通越巂郡的治所邛都，就是今天四川省涼山彝族自治州的首府西昌。大多數人知道西昌這個名字是因為這裡經常發射衛星，為什麼會選西昌做為衛星發射基地呢？因為這裡人煙稀少，海拔高，能見度高。

這個大缺口易守難攻，是兵家最喜歡的地方。諸葛亮知道高定一定會在這裡布兵，所以乾脆停在卑水（今四川美姑）一線不走，想多吸引一點叛軍過來，再一舉全殲。

高定的主力果然開始向卑水集結，益州郡的雍闓、孟獲也率部北上，試圖增援高定。結果這時叛軍內部發生意外，高定的一個部下不知哪根筋不對，把雍闓殺了，這下孟獲不敢前進，引兵回滇池。

諸葛亮一看引不來更多叛軍，就先打掉了守在山口的這些人，然後領兵挺進到邛都。高定引兵退守邛都，固守頑抗，諸葛亮率大軍壓境，攻占了邛都，高定最終戰死。

消滅高定所部後，諸葛亮的下一目標就是追擊退守滇池的孟獲。孟獲除了原來自己的隊伍外，雍闓的手下全都歸了他，一下子實力大增。

與此同時，馬忠在東路順風順水，沒費什麼力氣就拿下了牂柯郡。

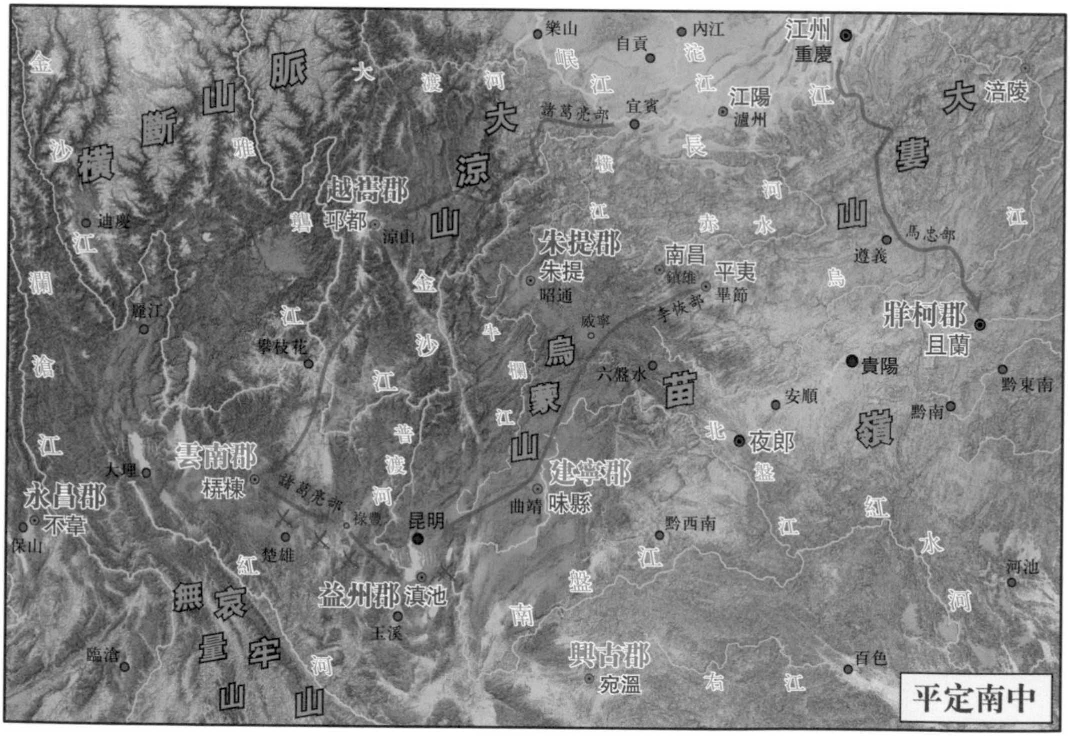

再說中路的李恢就有些波折。

李恢從平夷往南挺進，到達滇池附近時，就是孟獲的根據地，遭到眾多夷人部族包圍。夷人數量是李恢的好幾倍，李恢孤軍深入，又沒有諸葛亮的消息，形勢十分危急。

李恢是劉備賞識的人，收服馬超時，李恢就立過功。劉備稱帝後，把李恢派到平夷，鎮守南中。在眼下生死存亡之際，李恢果然不負眾望，展現了他的聰明才智，他對夷人說：「官軍的糧食已經吃完了，正打算退兵。我們離開家鄉太久，好不容易回來了，不想再回到北方去，正想和你們共謀大事，故而以誠相告。」

李恢本就是益州郡人，出生地就在離滇池不遠的俞元縣（今澄江），所以他這次南下，的的確確是回到老家。夷人一聽，對啊，有道理啊！符合人之常情，於是就信了。夷人一信，防備開始鬆懈，李恢趁機突圍，大破夷人。

李恢這一仗，不僅把滇池一帶的夷人打散、打跑，還占據了孟獲的老巢，孟獲無路可退。不但如此，李恢向東聯繫上馬忠，向西聯繫上諸葛亮，三軍總算能協同作戰了。

西元二二五年五月，諸葛亮大軍渡過金沙江，進入益州郡，目標就是孟獲。諸葛亮在〈出師表〉說：「故五月渡瀘，深入不毛，並日而食。」瀘水即金沙江，也是長江的上游；深入不毛，就是說這裡很荒涼，連草都不長；事實上，雲貴高原屬於南方，不缺雨水，不僅有草，而且有原始森林，有野獸，有瘴氣，所以這裡的「不毛」不是指不長草，而是不長莊稼，其實也不是不長莊稼，而是這裡本就人煙稀少，且大多處於原始社會，以狩獵為生，還不會種莊稼；並日而食就是兩天才吃一頓飯，不是不想吃，這裡的山路崎嶇，運糧不便，不能就地取糧，所以沒有糧食吃。諸葛亮這一路，要克服很多困難，而這些困難，都是因為這裡的地形條件險惡所致。

諸葛亮出發前，參軍馬謖曾說：「夫用兵之道，攻心為上，攻城為下，心戰為上，兵戰為下，願公服其心而已。」諸葛亮聽從了這一建議，所以當他聽說孟獲在當地夷人和漢人心目中威望很高時，就打算生擒他。

從栫棟到滇池，諸葛亮與孟獲且戰且進，抓了他七次，又放了七次，就是所謂的「七擒七縱」。孟獲最終心服口服說：「公天威也，南人不復反矣！」

武力平定南中只是第一步，要使南中真正穩定，當然不能只聽信孟獲的一句話，為保南中長治久安，諸葛亮採取了以下幾項措施：

第一，把南中四郡分為六郡。具體做法是，在保留越嶲、牂柯、益州、永昌四郡的基礎上，在越嶲和永昌之間設置雲南郡（治所栫棟，今姚安北），益州和牂柯的南部劃出興古郡（治所宛溫，今硯山西北），同時將益州郡更名為建寧郡，把治所遷到味縣（今曲靖），再加上北部的朱提郡，南中共有七郡。

此前之所以一直沒說朱提郡，是因為它和其他郡不同，是由蜀漢直接管理，也是蜀漢控制南中的基地。永昌郡雖然沒參加反叛，但也是在當地勢力的掌控下，只不過一直忠於蜀漢朝廷，和朱提郡的情況有所不同。朱提郡的轄區原為犍為屬國，劉備占有益州後，改為朱提郡。蜀漢在朱提郡設置了庲降都督。「庲降」是招徠、降服的意思，庲降都督的主要職責就是諸葛亮所提出的「南撫夷越」。第一任庲降都督是鄧方，荊州南郡人。鄧方還有一個身分是朱提郡太守，但他的駐地不在朱提（今昭通），而是在南昌（今鎮雄）。鄧方死後，劉備命李恢繼任庲降都督，駐地在平夷（今畢節）。平夷和南昌離得不遠，只不過相對來說地理條件好一點。從地形上看，平夷和南昌都沒有深入雲貴高原的腹地，而是靠近巴蜀盆地的南端，這正和庲降都督的職責有關。如果把駐地設置在高原的腹地，比如朱提，很容易被敵人切斷後路，失去和成都的聯繫；把駐地放在平夷或南昌，正是為了時時保持和成都的聯繫，能更好地控制南中地區。

諸葛亮把大郡分為小郡就是削弱各郡的勢力，防止他們再生反心。

第二，不留兵，不運糧。諸葛亮平定南中後面臨兩個選擇，一是從成都派駐官員到南中，直接控制，二是任用當地人自治。如果從成都派駐，當地人剛經歷一場戰爭，父死子傷，心中難免留有仇恨，就必須留下軍隊保護官員的安全，而留下軍隊就要吃糧食，還要從成都運糧過來，增加維護的成本。諸葛亮權衡再三，最後任李恢為建寧太守、呂凱為雲南太守，孟獲也被任命為御史中丞，隨諸葛亮回成都。只有馬忠是外地人而被任命為牂柯太守，但仍能做到為夷人所敬重。

第三，釜底抽薪。夷人長期生活在山區，身形矯健而好勇鬥狠，擅長野戰，雖身披鐵甲仍能翻山越嶺。如果把這樣一支軍隊留在南中，遲早是個隱患。諸葛亮一箭雙雕，把其中的精壯挑選出來調往成都，組成一隻精銳，名為無當飛軍，這支軍隊後來為諸葛亮的北伐事業立下不少戰功。剩下的羸弱士卒如果就地解散，會讓當地留下不安定的因數，於是諸葛亮將這些羸弱配給當地豪強做為部曲（私家軍）。這些豪強當然不願意，養部曲要花錢，於是諸葛亮出了一項政策，凡是招這些夷人做部曲的人可以授官，招得愈多，官位還可以世襲。花錢養私家軍隊，還能得到朝廷的官位，豪強們就樂意了。久而久之，這些豪強成為蜀漢的地方官，自己花錢養軍隊維護地方治安，蜀漢既省錢，又維護了當地的穩定。

此外，諸葛亮還從內地引來比較先進的生產技術，例如牛耕，改變南人刀耕火種的落後方式，提高南中的農業生產力，從而吸引許多原來以狩獵為生的夷人下山種田，逐漸進入定居的農業社會，用楊慎在《滇載記》的話說：「漸去山林，徙居平地，建城邑，務農桑。」楊慎是明朝的大才子，中過狀元，但命運多舛，三十多歲時因仗義執言得罪了嘉靖皇帝，被發配到雲南充軍，一待就是三十多年。楊慎在雲南寫了大量詩文，其中有一首〈臨江仙〉：

滾滾長江東逝水，浪花淘盡英雄，是非成敗轉頭空。
青山依舊在，幾度夕陽紅。
白髮漁樵江渚上，慣看秋月春風，一壺濁酒喜相逢。
古今多少事，都付笑談中。

這首詞被清代毛綸、毛宗崗父子放到《三國演義》的篇首，真是再貼切不過。楊慎一生坎坷，寫下這首詞的那一刻，彷彿穿透時光，看淡了生死。

經過這一系列措施後，南中基本穩定，雖然後來發生過叛亂，但規模很小，不用諸葛亮親自動手，李恢、呂凱就平息了。而且隨著南中地區農業經濟的發展，為蜀漢提供大量錢糧，增強了蜀漢國力。

隨著南中平定，蜀漢已沒了後顧之憂，下一步，自然是一心一意對付北方的曹魏了。

第二十二章　第一次北伐

西元二二七年三月，諸葛亮上書劉禪，請求出師伐魏，就是有名的〈出師表〉。得到劉禪同意的詔書後，北伐正式開始……

先來說說曹丕的事。

曹丕自從當上皇帝後，主要幹了三件事，或者說是一件事，就是三次南下伐吳。

第一次，是在夷陵之戰後（西元二二二年）。說好的孫權稱臣納質，稱臣做到了，但把兒子送到魏國做人質的事卻一拖再拖。曹丕感覺被耍了，兵分三路伐吳：東路由曹休、張遼、臧霸出兵洞口，中路由曹仁出兵濡須塢，西路由曹真、夏侯尚、張郃、徐晃率軍圍攻南郡。曹軍在東路初戰大捷；西路也差點拿下南郡；結果，吳將朱桓在中路重創曹仁，扭轉了整個戰局。孫權趁機求和稱臣，曹軍無功而返。

第二次，是在諸葛亮掌控蜀漢大權之後，遣使和東吳修好，孫權就斷絕了和曹魏的關係。曹丕再一次感到被耍了，決定御駕親征。西元二二四年九月，大軍到達廣陵（今揚州），恰逢長江水漲，曹丕臨江而嘆，又是無功而返。

第三次，是在西元二二五年三月。大概是吸取前一次的教訓，曹丕決定用水軍教訓東吳。正是這個時候，諸葛亮見曹魏東去，暫時無暇西顧，趁機南下平定南中。五月，當諸葛亮渡過金沙江準備活捉孟獲時，曹丕才剛抵達譙縣，八月進入淮河，十月到達廣陵。結果，忽然一夜北風寒，河水結冰，魏軍的戰船凍在河裡進不了長江。曹丕又是長嘆一聲，還是無功而返。

曹丕三次南征都無功而返，回洛陽後，第二年（西元二二六年）年僅三十九歲就死了，長子曹叡繼位。

曹叡才二十二歲，不僅沒閱歷，當皇帝更是新手。諸葛亮一看機會難得，毅然決定出師北伐。

西元二二七年三月，諸葛亮把大軍開到漢中，屯駐沔陽（沔水以北，漢水又稱沔水，今勉縣東），然後上書劉禪，請求出師伐魏，就是有名的〈出師表〉。得到劉禪同意的詔書後，北伐正式開始。

西元二二八年春，魏延提出由他帶五千精兵，從漢中穿過子午道，直逼長安，可以達到出奇制勝的效果。魏延的理由一是鎮守長安的魏國將領夏侯楙怯而無謀，二是從子午谷到長安不過十日，而魏國調集軍隊需要二十日。這個說法本身漏洞百出，就算走子午谷不會遇到伏兵，一切順風順水，十天趕到長安城下，魏國調集大軍解圍前，只剩十天的時間，長安城不同於一般的小縣城，城池堅固，如果十天拿不下長安城，魏國援軍一到，切斷蜀軍退

路，後果不堪設想。眾所周知，圍城之戰最消耗時間，夏侯楙再無能，堅守十天也不是問題，不會像魏延所說的：「聞延奄至，必乘船逃走。」

諸葛亮沒有採納魏延的計謀，不僅因為這個計畫太冒險，而且與他的戰略規劃不一致。諸葛亮熟讀史書，必然了解秦國的發家之路，秦國最早在西犬丘（即後來的祁山堡）放馬，從一個小部落，逐步平定了隴右之後，才開始向關中推進，諸葛亮正是想走秦國的這條路，先平定隴右，然後向關中推進。

前往隴右需要走祁山道，也是從陽平關出發，向西過今略陽，然後沿西漢水和故道水而上。這一段和陳倉道相同，不同的是，走了一段故道水後繼續往西，經下辯（武都郡治所）、建威（今西和），到達位於祁山和西漢水之間的祁山堡。如果再沿西漢水而上，可以到達上邽（今天水）。

簡單來說，祁山道的方向大致是沿西漢水而上，但和西漢水不重合。按常理，諸葛亮從這裡北伐，可以溯西漢水而上，水陸並進。只是西漢水雖然規模夠大，但所經之地都是高山深谷，不能行船，這點和渭水上游的情況相同。所以西漢水對糧草的運輸沒什麼幫助，諸葛亮北伐最頭疼的糧草問題始終難以解決。

之前說到漢中，常常會奇怪，這裡明明處於漢水上游，為什麼取名漢中？其實在戰國時期，秦惠文王在這裡設置漢中郡時，漢中的確處於漢水之中。漢水最早的源頭正是西漢水，不是像後來只在秦嶺中有個很小的源頭。不僅西漢水，故道水也曾是漢水的支流。之所以會發生這麼大的變化，正是因為西漢初年（西元前一八六年）的武都大地震，震央在今略陽附近，造成該地區的地質結構發生巨大變化，於是西漢水和故道水都流入了嘉陵江，漢水只剩來自秦嶺的一個小源頭。從宏觀上看，這個地方發生地震不奇怪，二〇〇八年汶川大地震和二〇一〇年舟曲泥石流，也發生在這一帶。如果仔細觀察就會發現，這些地方都處於青藏高原和其周邊板塊的交接地帶，特點就是地質結構很不穩定。一般來說，板塊的內部比較穩定，板塊與板塊交界的地帶，有的張裂拉伸，有的碰撞擠壓，地殼比較活躍，常常是地震頻繁的地帶。

今天常說故道水是嘉陵江的源頭，而西漢水是嘉陵江的支流，感覺十分彆扭，原因正在於此。西漢水比故道水長得多，一般情況下，我們會認定最長的那條支流為源頭，但嘉陵江的情況特殊，西漢水本身的規模很大，嘉陵江難以剝奪它的歷史地位。西漢水的源頭在今天的天水市境內，天水這個名字源於漢朝的天水郡，而天水郡在東漢時期曾改名為漢陽郡，正是因為它處於漢水之北（山南水北謂之陽），曹操平定雍涼後，才又改回天水郡。

好了，我們回到諸葛亮的北伐大業。

一般情況下，曹魏方面判斷諸葛亮會走秦嶺古道，比如陳倉道和褒斜道，這是曹操征漢中時走過的路，所以諸葛亮採取聲東擊西的方式，派趙雲和鄧芝領一支軍馬作疑兵，擺出要走褒斜道進擊郿縣的架勢，自己則親率大軍向祁山進發。

於是隴右諸郡毫無防備，突然聽說諸葛大軍到了，天水、南安、安定三郡聞風而降，天水守將姜維正是在這時投降諸葛亮，雍州刺史郭淮則退往隴右的錢糧重鎮上邽固守待援。隴右四郡（隴西、南安、天水、廣魏）有兩郡投降於諸葛亮，安定郡更是伸入關中北部。一時之間，曹魏朝野震動。

曹叡不敢怠慢，親率大軍從洛陽馳援，坐鎮長安後，分兵拒敵：一面派曹真督軍至郿縣防禦趙雲，一面派張郃率軍前往隴右抵抗諸葛亮。

曹真是主力，被吸引在郿縣，這麼看來諸葛亮的誘敵之計是成功的。而張郃要馳援隴右，會走哪條路呢？

從關中到隴右，本來有一條渭水相連，但這裡一邊是隴山，一邊是秦嶺，山高水深，百轉千回，異常險惡，不管是水路還是沿渭水兩岸的山路，都極其難走，對大規模軍隊來說，這條路等於沒有。

傳統的通道是關隴道，顧名思義，就是從關中到隴右的通道。當年秦國從隴右往關中推進時，走的正是關隴道。隴山的北段又稱六盤山，南段稱關山。關隴道下部「几」字形環繞的部分，頂部相對平整，有一片高山草甸，就是關山牧場，當年秦人替周王室養馬的地方。只是關隴道從隴山腹地穿過，蜿蜒曲折，也不好走。

東漢初年，光武帝劉秀平定隴右時，派了兩千人，在關隴道的北部沿今華亭到莊浪一線，伐木開道，就是番須道。番須道開通後，逐漸取代了關隴道的地位，成為兵家必爭之地。

諸葛亮聽說張郃來了，料定他必走番須道。而番須道的西端，有一個重要的據點就是街亭。在派誰去守街亭的問題上，諸葛亮力排眾議，讓馬謖鎮守。馬謖一直是諸葛亮的參謀，但沒有實戰經驗，諸葛亮不太放心，便派王平為副將，協助馬謖。即使這樣，諸葛亮還是不放心，以防萬一，又派高翔領一支

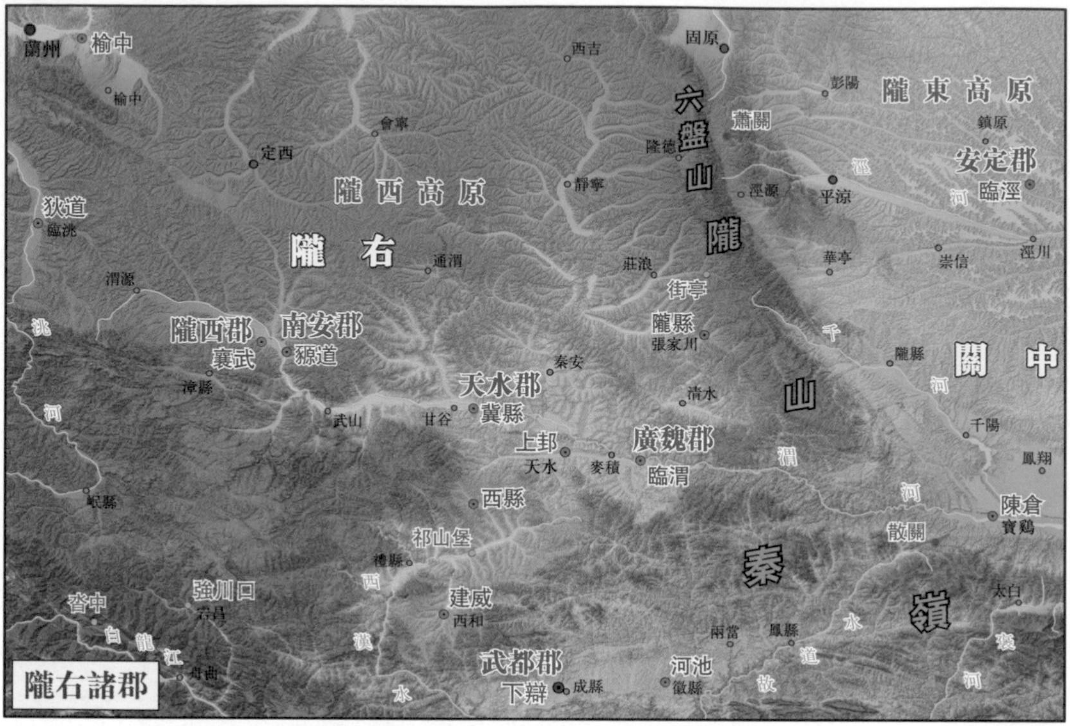
蘭州
榆中
榆中
定西
會寧
西吉
固原
六盤山
蕭關
隆德
彭陽
隴東高原
鎮原
安定郡
臨涇
涇
河
涇源
平涼
靜寧
隴西高原
狄道
臨洮
隴右
通渭
莊浪
隴
華亭
崇信
涇川
渭源
街亭
隴縣
張家川
千
隴縣
關中
洮
隴西郡
襄武
南安郡
獂道
秦安
天水郡
冀縣
甘谷
武山
漳縣
河
清水
山
千陽
上邽
天水
麥積
廣魏郡
臨渭
渭
鳳翔
岷縣
西縣
河
陳倉
寶鷄
散關
祁山堡
禮縣
秦
西
強川口
宕昌
沓中
白
龍
江
舟曲
建威
西和
嶺
太白
漢
兩當
鳳縣
水
道
褒
武都郡
下辯
成縣
河池
徽縣
故
河
水
隴右諸郡

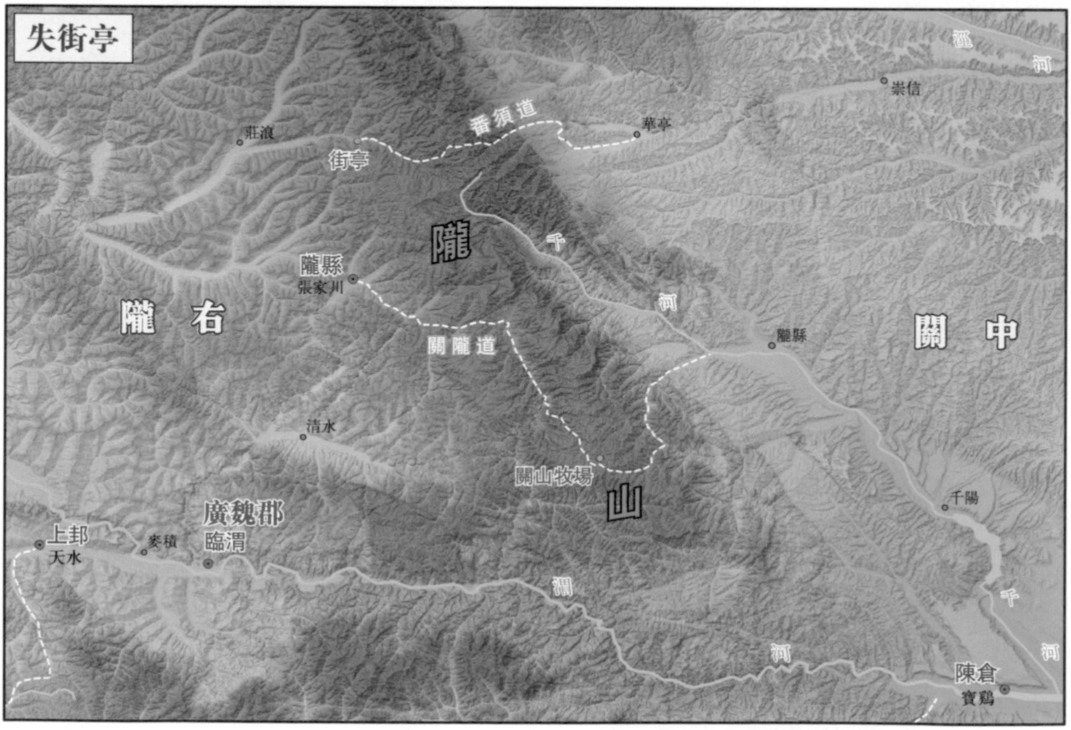
涇
河
崇信
莊浪
番須道
華亭
街亭
隴
千
隴縣
張家川
河
隴右
隴縣
關中
關隴道
清水
關山牧場
山
千陽
上邽
天水
麥積
廣魏郡
臨渭
渭
千
河
河
陳倉
寶鷄
失街亭

軍隊屯駐在街亭以左的列柳城，魏延領一支軍駐紮於街亭之右的山谷。

做為心腹，諸葛亮這樣做無疑是有意提拔馬謖，讓他立些軍功以便樹立在軍中的威信，但他偏偏不爭氣。張郃果然領著大軍望街亭而來，馬謖既沒聽諸葛亮的安排，也沒聽王平的勸告，把大軍駐紮在一座孤山上，結果被張郃圍住，切斷汲水之道。於是漢軍大亂，馬謖棄軍而逃，張郃趁勢猛攻，蜀軍大敗，街亭失守。

好在還有王平領兵抵抗，張郃見狀，懷疑蜀軍有伏兵，不敢追擊。最後還是王平收拾殘軍，向諸葛亮大軍處集合。不幸的是，列柳城的高翔也被郭淮攻破。魏延呢？被張郃堵在山谷之中，前進不得。高翔與魏延為避免陷入被包圍的境地，於是各自退軍。

再說趙雲，出褒斜道作疑兵，曹真卻一直屯駐在郿縣按兵不動，等張郃大敗馬謖於街亭後，才出兵迎敵。趙雲寡不敵眾，只好退兵，最後是靠燒掉棧道才阻止魏軍追擊。曹真隨即率軍北上，攻打投降蜀漢的安定郡。

大好的局面一時扭轉，街亭一失，魏軍可以源源不斷地往隴右派兵。而這個時候，諸葛亮只拿下了西縣。祁山堡雖小，卻一直堅守不降。天水、南安兩郡雖降，但還沒來得及消化，隨時有可能反叛。更糟糕的是，隴西和廣魏兩郡一直頑強抵抗，再加上上邽這個錢糧重鎮還有郭淮據守。再這麼耗下去就有腹背受敵的危險，沒辦法，諸葛亮只好撤軍。漢軍一撤，曹真和張郃很快就收復了天水、南安、安定三郡。

回到漢中後，諸葛亮揮淚斬馬謖，不僅是因為他吃了敗仗讓北伐成果泡湯，更重要的是他臨陣脫逃，置軍士的生死於不顧，品行十分惡劣。

京劇有個傳統劇碼《失空斬》，就是失街亭、空城計、斬馬謖的合稱，故事當然是源於《三國演義》。除了空城計之外，其他基本上和歷史吻合。故事裡的空城計發生在西城，就是西縣。歷史上，諸葛亮的確是從西縣撤軍，並帶走那裡的一千多戶人口（人口是最大的資源，兵糧都需要人），但沒有擺空城計，對手也不是司馬懿。空城計的靈感可能源於趙雲在漢中之戰的空營計，而司馬懿這時還在荊州，且剛拿下上庸。守上庸的依然是孟達，他之前因為關羽之死畏罪投降曹魏，曹丕對他委以重任，將房陵、上庸、西城合為新城郡，讓他當新城太守。曹丕死後，孟達失寵，諸葛亮趁機引誘，他又想投降蜀漢。不是諸葛亮有多喜歡孟達，他知道孟達是個牆頭草，但孟達把守的上庸和西城是漢中的東部屏障，引誘孟達投降也是為了漢中的安全。司馬懿正鎮守宛城，先寫信安慰孟達，孟達果然猶豫不決。於是司馬懿趁其不備，僅用八天時間趕到上庸城下，十六天破城，擒殺孟達。

馬謖被斬，還有一人因不勸導馬謖而受牽連，這人正是《三國志》作者陳壽的父親，時任馬謖的參軍，受到髡刑，就是剃光頭，這在講究「身體髮膚，受之父母」的古代，就是奇恥大辱。但做為史學家，陳壽沒有因此歪曲事實，對諸葛亮的評價還是相當客觀公正。

這次北伐失敗，除了王平因立功（避免蜀漢的重大損失）而升職外，其他相關人等都受到處罰，趙雲被降為鎮軍將軍（之前是鎮東將軍），諸葛亮自降三級，從丞相降為右將軍，但劉禪仍讓他以右將軍行丞相事。

這裡正好說明一下三國時期的軍職問題，它是獨立於官職之外的一套體系。

先從基層說起：五人為一伍，設伍長；十人為什，設什長；五什為一隊，設隊率（都伯）；二隊為一屯，共一百人，設屯將；五屯為一曲，五百人，設曲長；二曲為一部，一千人，設千人督（或為牙將，或為別部司馬，劉備投奔公孫瓚時就是別部司馬）；五部為一營（約五千人），設校尉；兩營為一軍（約一萬人），設將軍。

將軍的名頭就比較多了，級別也不一樣，級別低的只能領一軍，級別高的可以領兩軍、三軍，甚至全軍。

我們可以把將軍的別級分為四個梯隊。

第一梯隊，只有一個，就是大將軍，統領全軍，比如何進，相當於三軍總司令。

第二梯隊，有驃騎將軍、車騎將軍、衛將軍，相當於元帥級別的高級軍官。劉備稱帝後，任馬超為驃騎將軍，張飛為車騎將軍，原因是馬超原本就是漢朝的平西將軍，出身很好，而張飛之前的征虜將軍只是劉備任命的；衛將軍主要負責首都周邊的防衛工作。

第三梯隊，是四方將軍：左將軍、右將軍、前將軍、後將軍，相當於軍區司令。劉備曾被漢獻帝任命為左將軍，當然獻帝給劉備的只是個虛職，沒有軍隊交給他指揮。

第四梯隊，是四征、四鎮、四安和四平，相當於集團軍司令或副司令。

四征將軍：征東將軍、征西將軍、征南將軍、征北將軍。

四鎮將軍：鎮東將軍、鎮西將軍、鎮南將軍、鎮北將軍。

四安將軍：安東將軍、安西將軍、安南將軍、安北將軍。

四平將軍：平東將軍、平西將軍、平南將軍、平北將軍。

四安和四平通常是四征、四鎮的輔佐，也就是副手。

同一梯隊的級別也有差別，按上面的排序，依次降低。

這些都是常設職位，稱重號將軍，除此之外都是雜號將軍，就是第五梯隊。雜號將軍的地位也有高低，最低的只領一軍，相當於軍長。名號比較隨意，有時僅是作戰時使用，比如討虜將軍，打完仗就撤銷了。雜號將軍之下還有偏將軍、裨將軍，一般出征時做為將軍的副手。

另外，介於將軍和校尉之間還有一個中郎將。原本是統領皇帝的禁衛軍，到三國時被濫用，比如赤壁之戰時，劉備就任諸葛亮為軍師中郎將，周瑜也曾擔任過建威中郎將，中郎將有時統領的兵比將軍還多。那時的劉備和孫權，因為本身就是將軍職位，替屬下任命的武官級別都不高，總不能超過自己吧！所以多用中郎將。一直到他們稱帝後，才可以大肆任命武官，所有的將軍名號都可以用了。

這次北伐失利，趙雲從鎮東將軍降為鎮軍將軍，就是從重號將軍降為雜號將軍。而諸葛亮身為丞相，軍政大權一把抓，即使是大將軍（此時蜀漢還沒有大將軍，後來姜維擔任過此職）也得聽他的，所以從丞相到右將軍，按大的級別來說是降了三級，如果細分的話，遠遠不只三級。

綜上，將軍的名號更像是軍銜，代表打仗時可以領多少兵，一年可以領多少俸祿（如果封了侯，這點俸祿可以忽略不計）。真正有沒有實權，或者權力的大小，還是要看你的具體職務。比如馬超，雖然任為驃騎將軍，實際上沒有什麼權力；趙雲級別雖低，卻一直是劉備的心腹。

當然，這裡說的只是一般情況，在三國亂世，各方為了彰顯自己陣勢強大，各種新的將軍名號層出不窮，職權變化也很大，在此就不一一列舉了。總體來說，蜀漢繼承了漢朝的國號，軍職的設置基本上與漢朝一致。

三國時一些重要人物的頭銜，一般包括官職、軍職，功勞大的還有爵位。比如《三國演義》裡劉備三顧茅廬時向書僮自我介紹：「漢左將軍宜城亭侯領豫州牧皇叔劉備特來拜見先生。」左將軍是他的軍職；宜城亭侯是爵位；豫州牧是官職，實際是豫州刺史；皇叔是出身，這是他特有的，一般人沒有。那時劉備還在新野縣充當劉表的馬前卒，有影響力但沒實力，說一大堆頭銜不過是為了增加自己的分量，好引起書僮的重視，結果書僮對這些虛名完全不感興趣，只說：「我記不得許多名字。」劉備立即明白說：「你只說劉備來訪。」簡單明瞭。其實我們後人何嘗不是，歷史風雲變幻，英雄人物層出不窮，能記住的只是他們的名字，至於他們的官銜、軍銜，又有幾個人在意呢！

第二十三章

交州，廣州

整個三國時代，各州郡風起雲湧，交州總是置身事外，彷彿一片淨土，這正與士燮有關……

東吳方面。

曹丕剛死的時候，孫權自然不會放過這個機會，兵分兩路：一路由諸葛謹攻襄陽，自己親率大軍攻江夏（長江以北曹魏部分）。結果碰到的對手是老狐狸司馬懿，大敗而還。

同年，交趾太守士燮去世。士燮的死給了孫權一個實質控制交州的機會，之前雖名義上歸附，但實權卻一直把控在士燮手上。

讓我們回顧一下交州的政局。整個三國時代，各州郡風起雲湧，交州總是置身事外，彷彿一片淨土，這正與士燮有關。

士燮的祖上是魯國人，新莽時代為躲避戰亂移居交州，到士燮父親這一代，已經歷六世，成為當地豪族。中平四年（西元一八七年），士燮被任命為交趾太守。時任交州刺史朱符橫徵暴斂，引起當地越人反抗，最終被殺。於是交州亂了起來，但這對士燮來說是個機會。

士燮上表奏請任命其弟士壹兼任合浦郡太守，二弟徐聞縣令士䵋兼任九真郡太守，另一個弟弟士武兼任南海郡太守。這樣一來，除了最南邊的日南郡和最北邊的蒼梧郡、郁林郡之外，交州七郡有四郡都在士燮的控制之下，他成為事實上的土皇帝。

士燮性格寬厚，為人禮賢下士，為躲避戰亂前往依附的中原士人數以百計，如袁徽、許靖、劉巴、程秉、薛綜等。而士燮沉迷於做學問，為《春秋》作注。在戰火紛飛的年月，交州的確成為一片淨土。

朱符死後，朝廷派張津為新任刺史。張津的所作所為荒誕不經，不久為部將所殺。荊州牧劉表得知此事後，派賴恭接替張津的職位；同時派吳巨出任蒼梧太守，接替病死的原太守史璜。劉表只是州牧，沒有權力任命這些官員，顯然是因為北方壓力太大，為自己留條後路。當時曹操注意到這個問題，為避免劉表的勢力在交州蔓延，便以朝廷的名義賜予士燮璽印、封號，總督交州七郡。士燮還真沒有割據一方的想法，立即遣使到許昌進貢。

後來，吳巨與賴恭發生衝突，吳巨驅逐了賴恭；賴恭跑到零陵，向孫權求救。孫權派步騭為交州刺史，吳巨不聽從調遣，被步騭誘殺。士燮率兄弟歸附，被孫權封為左將軍。到這個時候，交州名義上歸東吳，但實權仍在士家手裡。只是，士燮的官職一直是交趾太守。

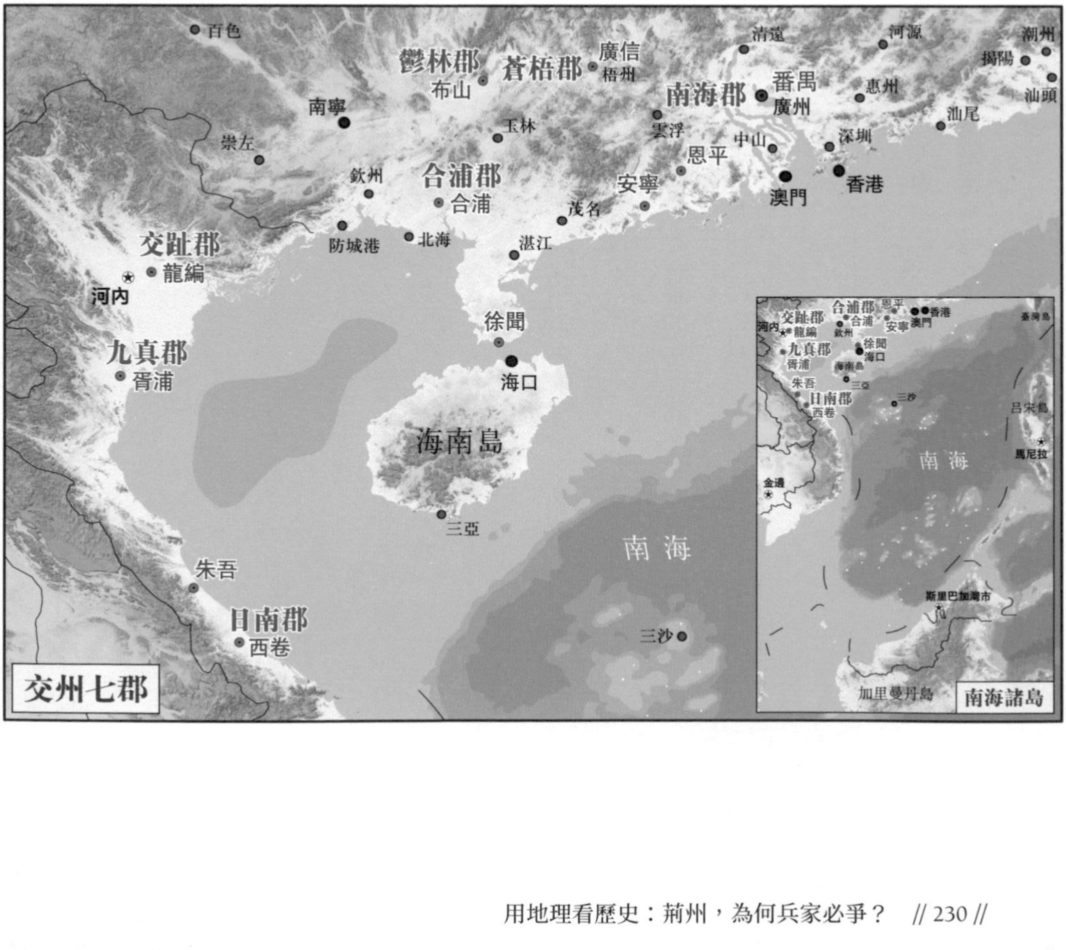

在吳、蜀之間，士燮始終心向吳國，劉備死後，南中雍闓叛亂，其中也有士燮的功勞。士燮常派使者覲見孫權，進獻各種香料和細紋葛布，動輒數以千計，其他如明珠、大貝、琉璃、翡翠、玳瑁、犀角、象牙等寶貝，以及香蕉、椰子、龍眼之類的奇物異果，無歲不貢。士壹有時貢獻好馬幾百匹，孫權總是親自致信，厚加恩賜來回報、撫慰他們。

西元二二六年，統治交州近四十年的士燮病逝，享年九十歲。在當時，交州的經濟雖然落後中原，但他在此安享了四十年的太平日子。

士燮所治理的交州，屬於漢、越雜處的地帶，特別是他治理的交趾郡（今越南河內東），越人更多。為方便越人學習漢文，士燮為越人創立了最早的「喃字」。越語和漢語畢竟是兩種語言，許多詞彙不相通，沒有對應的漢字，喃字如同日文的假名，用來表達這些純越語語音，如果用的是漢語詞彙，便直接用漢字表達，這樣喃字和漢字就可以混用，形成一種新的文字，就像日文一樣。朝鮮歷史上也出現過漢、諺混用，道理相同。注意，文字和語言有些區別（畢竟文化落後的地方沒有那麼多詞彙，特別是一些表達抽象概念的詞彙，需要從漢語引進，今天聽越南語、日語、韓語，會發現很多詞語的發音與漢語接近，正是借用了漢語詞彙的緣故，由於他們借用古漢語，所以和今天的普通話發音有區別，但和某些地區的方言高度相似，比如閩南話）。

在越南歷史上，喃字多數時期只用於民間，正式文字一般都是漢字。有幾個短暫時期，以喃字為正式文字。漢字與喃字並行於民間，稱為漢喃文。

喃字在十三世紀越南陳朝時才形成完整的體系，但士燮的開創之舉功不可沒。迄今為止，士燮在越南人心目中的地位依然很高，稱之為「士王」。

士燮一死，孫權感覺機會來了，便把交州一分為二：交趾（今越南河內東）、九真（今越南清化西北）、日南（今越南美麗）三郡為交州；蒼梧（今廣西梧州）、南海（今廣東廣州）、鬱林（今廣西桂平西）、合浦（今廣西合浦東北）為廣州，這是「廣州」這個名字第一次出現在歷史上。

一分為二的意圖很明顯，就是要削弱士家在交州的影響，至少廣州這部分可以逐漸脫離他們的控制。孫權還安排兩名親信去接管，以戴良為交州刺史，原交州刺史呂岱為廣州刺史。換句話說，呂岱原地不動，戴良赴交趾（新交州治所）上任，接管士家的勢力。

但士家經營交州幾十年，早就把這塊地方當成自己的了。士燮的兒子士徽，在父親死後就接管了交趾。但孫權讓他去當九真太守，另派了一位名叫陳時的校尉當交趾太守。意思更明顯了，就是要把士家在交趾的根基拔掉。士徽不滿，於是起兵，自稱交趾太守，並派兵駐守在海口，阻止戴良和陳時赴任。

士徽身邊有個謀臣叫桓鄰，叩頭規勸士徽不要與東吳為敵，而且應該馬上去迎接戴良上任。士徽不僅不聽，還大發脾氣，先把桓鄰拷打一頓，然後乾脆把他殺了。這種舉動真是讓人莫名其妙，士徽沒有想過，桓家是當地豪族，而且忠心耿耿地輔佐他父親幾十年，竟然因為幾句話就招來殺身之禍。大敵當前，先斬重臣，這個舉動非常魯莽，讓原本追隨士家的人心寒。結果東吳還沒出手，桓家的人先反了，率兵攻打士徽，士徽閉城不出。桓家連攻幾個月都沒有攻下，最後和士徽和解，答應和親，然後撤兵。

原交州刺史、現廣州刺史呂岱立即上書請求討伐士徽。自從西元二二〇年接任步騭後，呂岱在交州經營多年，對交州的人物風情十分了解，此前把交州一分為二的主意也是他向孫權提出，這一次，他想徹底剷除士家在交州的勢力。

呂岱率三千水軍，渡海而來，出其不意，很快到了合浦，與停留在此的戴良合兵一處，準備討伐士徽。

士徽一聽呂岱大軍逼近，嚇得手足無措。

呂岱和士徽的堂弟士匡是老朋友，讓士匡去勸降，並說只要承認罪責，除了丟掉郡守的官職，沒有其他處罰。士徽心想這個結果總比送命強，於是就帶著兄弟六人，脫去上衣，赤身出城迎接呂岱，表示認罪。呂岱讓他們穿上衣服，然後領兵進駐龍編城。

第二天，呂岱宴請士家兄弟。等宴會上賓客坐滿後，呂岱突然拿出孫權的詔書，宣布士徽的罪過，然後帷幕後面衝出一幫武士，將士家兄弟按倒在地，全部處死，人頭送往武昌（鄂州）。士匡在勸降一事上立了功，但沒有得到獎賞，反被貶為庶人。

呂岱的這場鴻門宴，徹底解除了士家在交州幾十年的統治地位。從此，士家在交州逐漸凋零。

至於其他家族，像桓家、甘家相繼反抗過，但都被呂岱一一平定。

呂岱乘勝追擊，繼續討伐九真郡，大軍所到之處所向披靡，自此嶺南才算真正納入東吳政權直接控制之下。

呂岱因功升為番禺侯，既然士家勢力不再，分而治之也就沒有必要，於是孫權又把廣州和交州合併為交州，仍由呂岱任交州刺史。

呂岱後來出兵收復了海南島，雖然這時島上仍是一片蠻荒，但可以避免當地及附近的越人土著以海島為基地襲擾交州。或許我們會感到奇怪，呂岱為什麼沒有出兵最南邊的日南郡？這個其實不難解釋，因為日南沒有士家勢力，在這之前就已經歸順在東吳名下。我們應該好奇的是，士家經營交州四十年，為什麼沒有把日南郡納入自己的勢力範圍？北邊的蒼梧和鬱林還好說，因為離東吳近，很容易被東吳滲透，日南在交趾以南，東吳很難直接控制，按理說，做為交趾太守的士燮近水樓臺，早就應該把日南納入自己的勢力範圍了，為什麼一直到呂岱出兵，日南郡都沒有成為士家最後的反抗基地？

原因就在日南和其他郡不同，顧名思義，日南的意思就是在太陽以南，日南郡地處北緯十七度左右，在北回歸線以南，一年有兩個月位於太陽直射點以南，所以稱日南。這是其次，最主要的原因是這裡生活的土著不是越人，而是占人。占族人和越族人不同，他們和馬來人更接近。當時，占人比越人還落後，《三國志》記載：「日南郡男女倮（裸）體，不以為羞。」基本上處於原始社會，漢王朝的官員直接把他們當作野人。要統治這樣的地區，難度相當大。一般愈是文明開化的地區，只要搞定上層，整個地區就平定了；愈是原始的地區，民眾鬆散，各自為政，要一個一個部落征服開化，簡直比登天還難，所以這裡的土著經常反抗。日南郡是漢武帝時期設置的，當時的治所在西卷縣。到東漢末年，南部的象林縣發生叛亂，占族聚集了數千人，殺死漢朝縣令，獨立為國。象林縣又稱象林邑，所以這個獨立的國家就稱為象林邑國，後來省去象字，稱為林邑國。到唐朝，林邑國定都占城，於是又稱占城，其實他們一直自稱占婆國。

占城或占婆國對我們來說不陌生，唐朝時所謂的崑崙奴，大多源於占婆國。這裡的「崑崙」不是崑崙山，而是「黑」的意思。當然，崑崙奴也不是占族人，而是占婆國西部山地中的黑人土著。另外一個我們熟悉的占稻，學名秈稻，在南方通常稱為早稻，正是北宋時期從占城引入。占稻產量高、耐旱、生長期短，和粳稻配合種植，中國南方的水稻才能形成一年兩熟、甚至三熟，大大提高了糧食產量。北方因為水熱條件不足，只能種一季粳稻。如果北方人到南方出差或旅遊，會發現南方的大米不好吃，這正是秈稻最大的特點，口感差。其實南方也有和北方一樣好吃的大米，就是粳稻，在南方稱晚稻，只是因為產量低、價格高，一般飯館裡比較少見而已。正常情況下，晚稻的生長期長，產量只有早稻的一半，南方農民收割完晚稻時，多餘的糧食不多，大部分留作口糧，能拿出來賣的也少。在物質不豐富的古代，口感算其次，能吃飽飯才是頭等大事，所以占稻的高產量，為中國古代的人口增長和經濟發展做出了不可磨滅的貢獻。

占婆國地域狹小，為了拓展生存空間，多次入侵日南郡。不過在強大的中央帝國面前，占婆國向北拓展的步伐可謂舉步維艱，後來占婆國開始調頭向南，一直把領地擴展到南部除湄公河三角洲外的所有沿海山地。

這和後來的越南一樣，越南獨立後，面對北方強大的壓力，不停向南拓展，蠶食的對象就是占婆國。一直到清朝，越南最終吞滅占婆國，不久之後，又占領了大部分的湄公河三角洲，才形成今天的越南版圖。

占婆國存在了一千多年，歷史遠超越南，今天越南境內的占族，正是占婆國人的後裔。

好了，回到我們的話題，士燮沒有染指日南郡，是因為當時這個地方太沒有吸引力，漢朝還經常把這裡當作犯人的流放地，比如竇武，死後家屬就被流放到日南郡的比景縣。另外一個，如果士燮真的控制日南郡，不僅要經常面對當地土著的反抗，還要防備南邊林邑國的入侵，實在是得不償失。

還有一個問題，赤壁之戰前，劉備就說：「與蒼梧太守吳巨有舊。」赤壁之戰後，劉備順利拿下了荊南四郡（西元二〇八年），已經與交州接壤，但最終也沒染指交州，反倒是讓孫權捷足先登，難道劉備不想嗎？不是不想，是沒時間，也沒機會。劉備得到南郡時，已經是建安十五年（西元二一〇年），那時荊南四郡還沒有成為熟地，僅是歸順而已，不然劉備不用自己建一個公安城做為辦公地點。緊接著在建安十六年（西元二一一年），益州牧劉璋迫於張魯和曹操的壓力，請劉備入川做打手，相較於益州來說，交州太沒有吸引力了；無論是經濟價值還是戰略價值，一個交州還頂不上南郡一個郡，更別提和益州相比了。

有一種猜測是說劉備和孫權私下達成交易，明確各自擴張的方向，劉備以放棄對交州的爭奪做為籌碼來換取南郡。南郡入手，劉備的下一步必然是益州，孫權則經略交州，兩家的擴張方向沒有衝突。所以在建安十五年，劉備取得南郡，步騭成為交州刺史，老朋友吳巨就這樣被劉備出賣了。這種猜測的理由是步騭進入交州地界走的是湘江，而由湘江進入交州的靈渠屬於零陵郡，控制在劉備手上。

事實上，孫權在建安十五年年中，就派步騭進入交州，而劉備在同年底才借到南郡。也就是說，得到南郡前，荊南四郡形同雞肋，劉備根本沒實力染指交州；得到南郡後，其實已經晚了。孫權要進兵交州，劉備沒有理由阻止，就像周瑜沒有理由阻止劉備搶荊南四郡一樣，借路不過是順水人情，畢竟雙方剛聯合打敗曹操，正是你儂我儂的時候。吳巨如果早在劉備拿下荊南四郡時（西元二〇八年）就率眾歸附，反倒不至於喪命。

第二十四章 石亭之戰

我們常說，人不能掉進同一條河裡兩次，但東吳成功讓曹魏做到了。

赤壁之戰時，黃蓋用詐降之計燒了曹營；這一次，東吳另一位大將把這個計謀如出一轍地用了一遍。

這次使詐的是鄱陽郡太守周魴，他的名字可能比較陌生，但我們小時候看過《周處除三害》的故事：周處的老家，東吳義興（今宜興）有三害，水中蛟龍、南山猛虎和橫行鄉里的他，後來周處劍斬蛟龍，隻身殺虎，自己改過自新，於是三害得除，故事的主人公周處正是周魴的兒子。鄱陽郡是東吳後來從豫章郡劃分出來的，治所在鄱陽湖東岸的鄱陽縣。

這時曹魏在江淮的守將是曹休，周魴派人送信給曹休，說孫權正在找他麻煩，恐怕有殺身之禍，想投降魏國，請求派兵接應。然後孫權派人假裝到鄱陽調查周魴的各種問題，周魴也斷髮請罪，大庭廣眾之下，搞得路人皆知，於是曹休就輕信了。

鄱陽郡和曹魏的地盤不接壤，中間隔著廬江郡，這時東吳已經把廬江郡的治所移到皖縣（又叫皖城）。因此，曹休要把周魴接過來，必須穿過廬江郡，理想的會合地點就是皖縣。

東吳的廬江郡其實就是大別山東端到長江之間的一條狹長地帶，也是連接江東和荊州的通道，曹魏如果趁此機會拿下廬江郡，東吳的領土就會被攔腰斬斷，想想都覺得機會難得。所以曹叡很重視這件事，同時命司馬懿向江陵方向佯動，以牽制東吳荊州駐軍，賈逵向東關方向策應，以牽制東吳的主力。東關就是濡須口東邊的關城，濡須口兩側山頭上各有一關，東面的稱東關，西面的稱西關。

西元二二八年八月，曹休率十萬大軍向皖城進發。與此同時，孫權親至皖口（今安慶）督戰，命陸遜為大都督，朱桓、全琮為左、右督，各領三萬兵馬沿皖水而上，在皖城等待曹休到來。廬江一帶水網密布，又與長江相連，正是吳軍水師最擅長作戰的環境，孫權這一仗的目的，就是想在這裡殲滅曹魏有戰鬥力的部隊。

一路上，其實曹休不是沒有察覺到周魴的投降有詐，只是如果就這樣退回去，會很沒面子，無論如何也要賺點便宜再走。仗著兵多，曹休依然向前挺進。

九月，曹休到達皖城，與吳軍交戰，雙方勢均力敵。曹休一看討不到便宜，便往回撤軍，夜宿石亭一帶。吳軍趁夜襲營，曹軍頓時亂作一團，倉皇逃竄。吳軍趁勢掩殺，曹軍一路丟棄輜重無數，死傷過萬。

戰前，朱桓曾對孫權說，曹休只是仗著皇親國戚的身分而被重用，不是有勇有謀的名將，所以此戰必敗，他一敗，必然會從夾石、掛車兩個地方逃走，兩條路都十分狹窄險要，如果用一萬兵馬堵住這兩條路，就可以將魏軍一網打盡，還可以趁勢攻占合肥、壽春，據有淮南，進而圖謀許昌、洛陽。

朱桓之所以這麼說，是因為在廬江通道上，最北端還有東吳的一座重鎮——舒縣（又叫舒城，不是現在的舒城），舒縣原本是東漢廬江郡的治所，城防和駐軍都不是一般縣城可比。曹休無論是進兵還是退兵，都不會走這裡，容易被敵軍截擊。尤其是退兵，舒縣一帶地形平坦，很容易被人追上，而山路相對來說好得多，只需一得力戰將斷後，就可以阻斷敵人追擊，這和呂布當年從關中逃跑時選擇武關道是一樣的道理。再說了，孫權肯定會在舒縣部署兵力，曹休如果往這裡跑，就會被舒縣的守軍迎面截住，到時兩面夾擊，後果不堪設想。在大別山的東端，恰好就有兩條狹長的山路通向北方，直達合肥，一條位於夾石，一條位於掛車。掛車的山路相對比較長，更難走一些，而夾石這裡只有很短的一段山路，憑藉山勢，可以輕鬆繞過舒縣的防線，直達合肥。

孫權把這個方案告訴陸遜，陸遜認為不可，本來就敵眾我寡，如果再分兵設伏，沒有必勝的把握，於是孫權放棄這個計畫。話雖如此，孫權還是派了一小股兵力去夾石堵截魏軍。

曹休兵敗之後，果然往夾石一線退兵，遇到吳兵堵截，退又不能退，進又不能進，幾乎絕望。再說賈逵，到達濡須口後，發現吳軍毫無防備，立即推測吳軍都在皖城集結，曹休孤軍深入必然失敗，於是水路並進二百里趕到夾石。夾石的吳軍本就不多，一看賈逵聲勢浩大，以為魏國援軍已到，都嚇跑了。賈逵占據夾石，曹休這才得救。

石亭之戰以吳軍大勝而告終，曹休不久後氣死，曹氏宗族的兵權開始轉交到外人如司馬懿手裡，孫權趁勝利之威在一年後稱帝。

因為石亭大敗，曹魏只能往東部增兵，加強防守，以免東吳乘勝侵占江淮。諸葛亮一看魏軍東去，關中防守空虛，立即組織第二次北伐。

西元二二八年冬天，諸葛亮出兵陳倉（今寶雞市所在位置，不是寶雞市的陳倉區）。上一次，諸葛亮走祁山失敗，褒斜道的棧道又被趙雲燒了，所以這次想出其不意走陳倉道。只是魏國的大將軍曹真早就料到這一點，上次蜀軍退出隴右後，就派郝昭重修陳倉城，加強防守。

諸葛亮從陳倉道進入關中，渡渭河，很快抵達陳倉。守陳倉的郝昭雖然只有一千多人，但抱持堅守不出的原則，消耗蜀軍。

陳倉道多是棧道，不能用糧車，只能靠民夫肩扛手挑運點糧食，效率很低，時間一長就接濟不上。至於大型攻城器械，更不可能通過棧道運進來。所以郝昭算準了，諸葛亮堅持不了多久。

《孫子兵法》說：「攻城之法，為不得已。」諸葛亮不是不知道這些，所以他先派人招降，郝昭拒絕，然後開始攻城，結果不出所料，打了二十多天也沒打下。

陳倉城位於渭河北岸的一條狹道上，本身地勢險要，易守難攻，諸葛亮

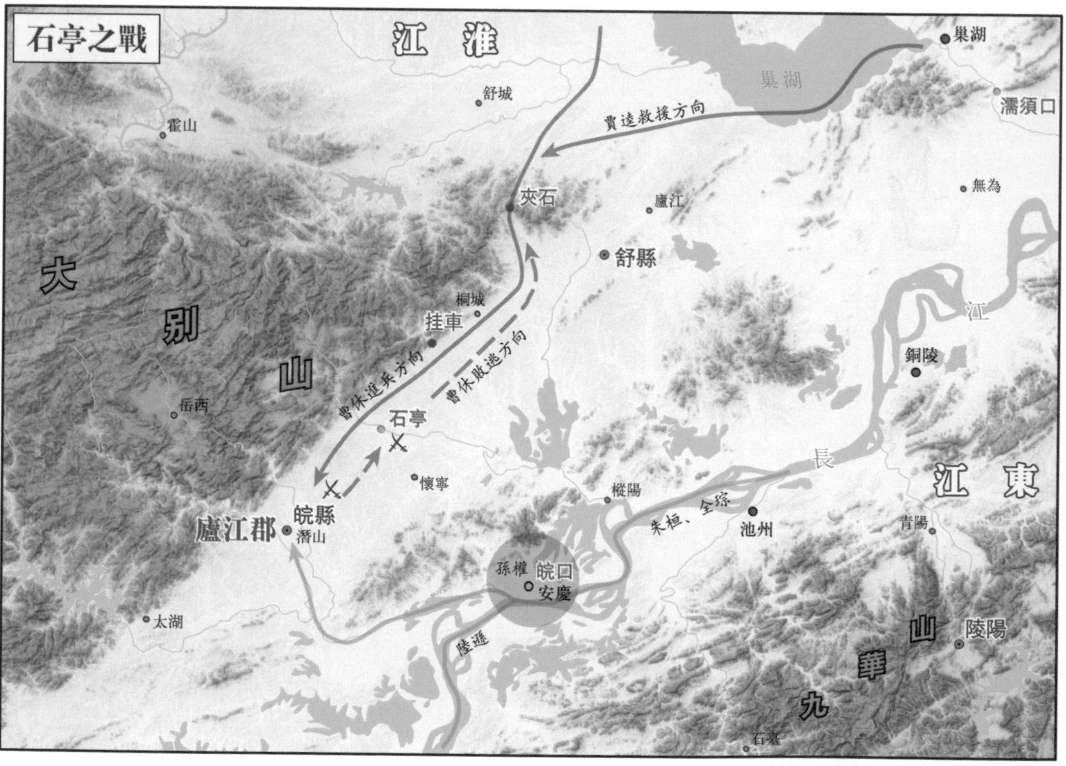

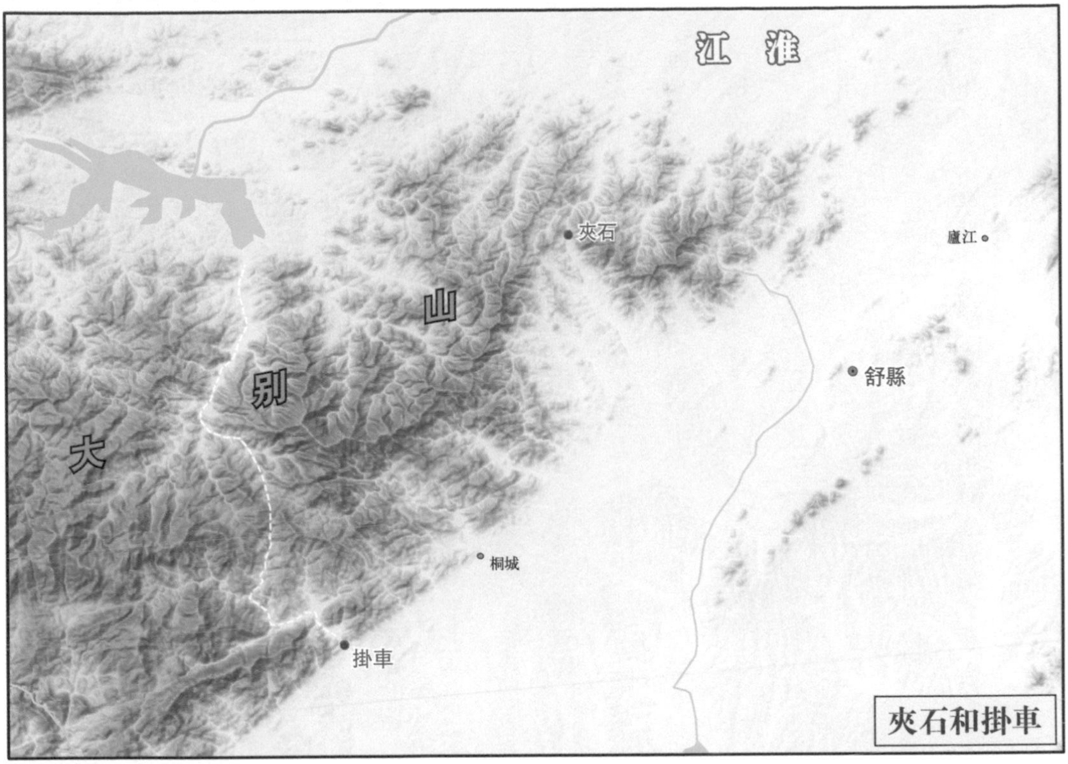
江 淮
夾石
廬江
大 別 山
舒縣
桐城
掛車

夾石和掛車

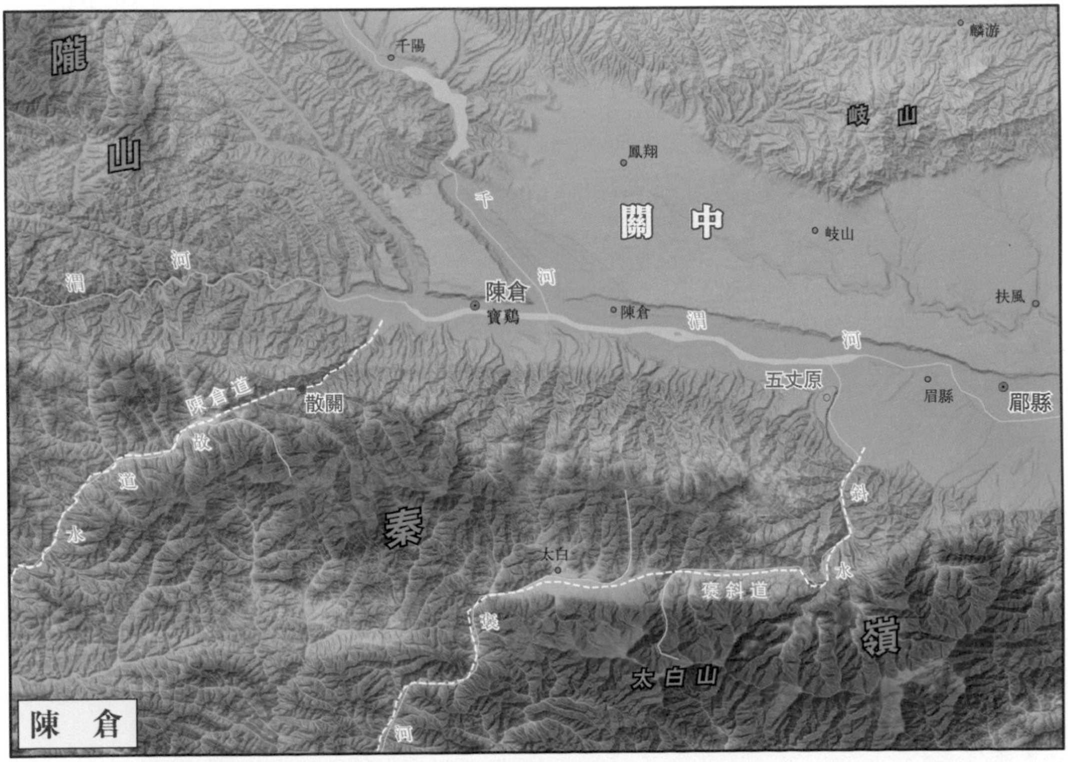
隴 山
千陽
麟游
岐 山
鳳翔
千 河
關 中
岐山
渭 河
陳倉
寶鷄
陳倉
扶風
渭 河
五丈原
眉縣
郿縣
陳倉道
散關
故 道 水
秦 嶺
太白
褒斜道
斜 水
褒 河
太白山

陳 倉

如果繞城而過，很容易被截斷糧道，這個時候，魏國的援軍快到了，諸葛亮只好退兵回漢中。魏將王雙於心不甘，想乘勝追擊，結果中計被殺。

來年（西元二二九年）春天，諸葛亮組織第三次北伐。

諸葛亮先派人進攻武都郡和陰平郡，這兩郡居住的主要是羌氐部落，屬於魏國統治比較薄弱的地區，但對漢中和蜀地的安全意義重大。當然，魏國不會坐視，雍州刺史郭淮立即引兵來救。諸葛亮親自領軍駐紮在建威，本想牽制郭淮。郭淮根本不敢和諸葛亮交戰，直接退兵了，於是蜀漢順利得了二郡。因為此次功勞，劉禪趁機恢復諸葛亮的丞相職務。

諸葛亮安撫當地的羌氐人後，留兵據守，自己回到漢中。

自從孟達被司馬懿殺死後，漢中的東面很危險。漢朝時的漢中郡包括漢中盆地、安康盆地和上庸盆地，其中漢中盆地的中心在南鄭（今漢中），安康盆地的中心在西城（今安康西），上庸盆地實際由兩塊小盆地組成，因此有兩座中心城市：上庸和房陵。西城、上庸和房陵一直在孟達手中，是南鄭東部的屏障，孟達投降魏國後，名義上歸順，實際上是土皇帝，對蜀漢的威脅倒也不大。但司馬懿殺死孟達後，西城、上庸和房陵直接歸魏國統治，對漢中（蜀漢的漢中僅剩南鄭一帶的漢中盆地）就形成了直接的威脅。

諸葛亮回漢中後，修築了兩座城池：漢城和樂城。漢城即是沔陽（漢水又稱沔水，因位於沔水以北而得名），樂城即是城固。這兩座城池一東一西，正好位於漢中盆地的兩端，目的就是為了保衛漢中的中心城市南鄭。

其實南鄭這個名字比漢中的歷史更悠久，早在春秋時期，鄭國的開創者鄭桓公死後，也是犬戎攻占關中時，鄭國（今華縣）慘遭淪陷，舉國搬遷，大部分宗室遷往中原，築新城，取名新鄭；一部分國人南逃至今漢中這裡，取名南鄭。南鄭一直是漢中郡或漢中府的治所，只不過當中國有了地級市這個概念後，有必要為原來的縣名留一個去處，於是就有了南鄭縣（後來又改為南鄭區），位於漢中的南面。相同的例子還有陳倉，當寶雞市占據原有的陳倉古城時，原來的寶雞縣就繼承了陳倉這一古老名稱。

這裡多說一句，地級市和地區不同。地區和以前的郡或府一樣，不會覆蓋駐地的縣級行政機構，原有的縣名也同時存在；但地區變成地級市後，原有的縣級行政機構就沒了，縣名經常會一同消失。比如，黃岡原本是地區，駐地在黃州市（縣級），當黃岡地區變成黃岡市後，黃州市就不存在了，頂多保留一個黃州區，但相對縣級政府而言，區的獨立性差很多，區名很容易被市名掩蓋。二十世紀八〇年代大量「撤地設市」後，很多古老的縣名從地圖上消失，只有當地人才了解，不得不說是個遺憾。

在三國時期的地圖上，我們可以看到三個和春秋時期鄭國有關的地名：關中東部的鄭縣、中原的新鄭和漢中的南鄭。

就在諸葛亮加強漢中的城防之後，魏國果然主動進攻了。

西元二三〇年七月，魏軍兵分四路：一路由曹真親領，由子午道進發；另一路，由司馬懿率領，從宛城出發，順漢水而上，與曹真在漢中東端會合；第三路，由張郃率領，走褒斜道，直插漢中北部；第

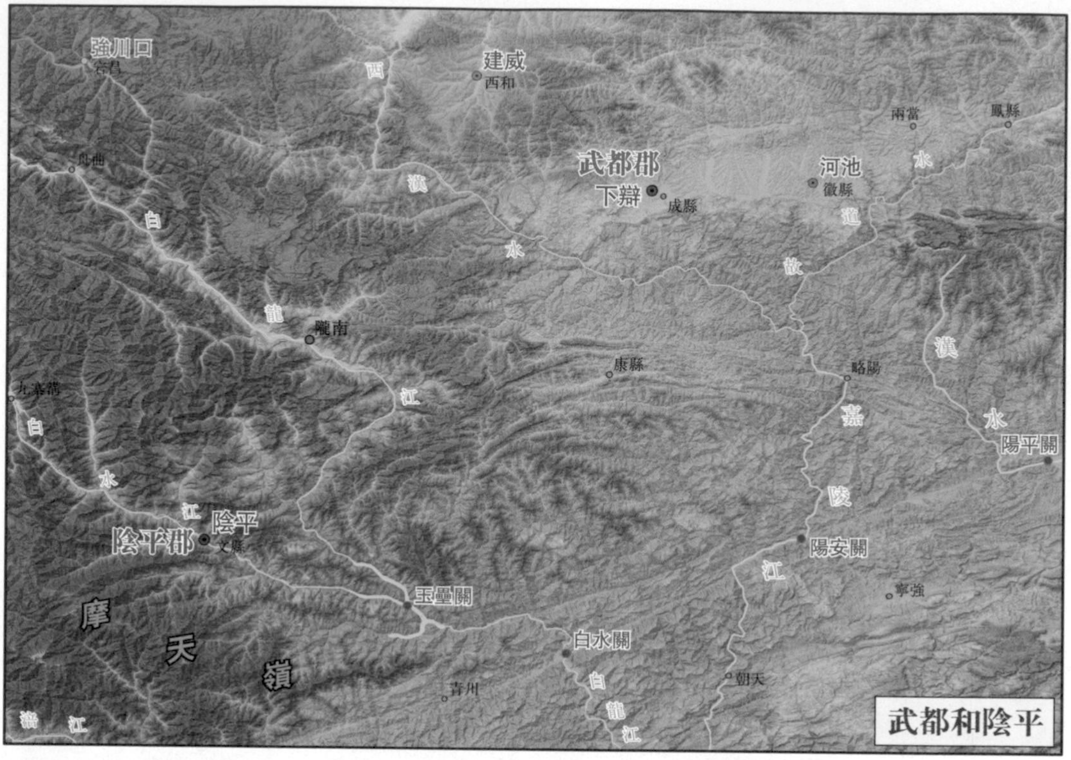
強川口
宕昌
西
建威
西和
漢
水
兩當
鳳縣
武都郡
下辯
成縣
河池
徽縣
道
故
舟曲
白
龍
隴南
江
康縣
略陽
嘉
陵
陽平關
九寨溝
陰平郡
陰平
文縣
陽安關
寧強
玉壘關
白水關
摩
天
嶺
青川
朝天
涪
武都和陰平

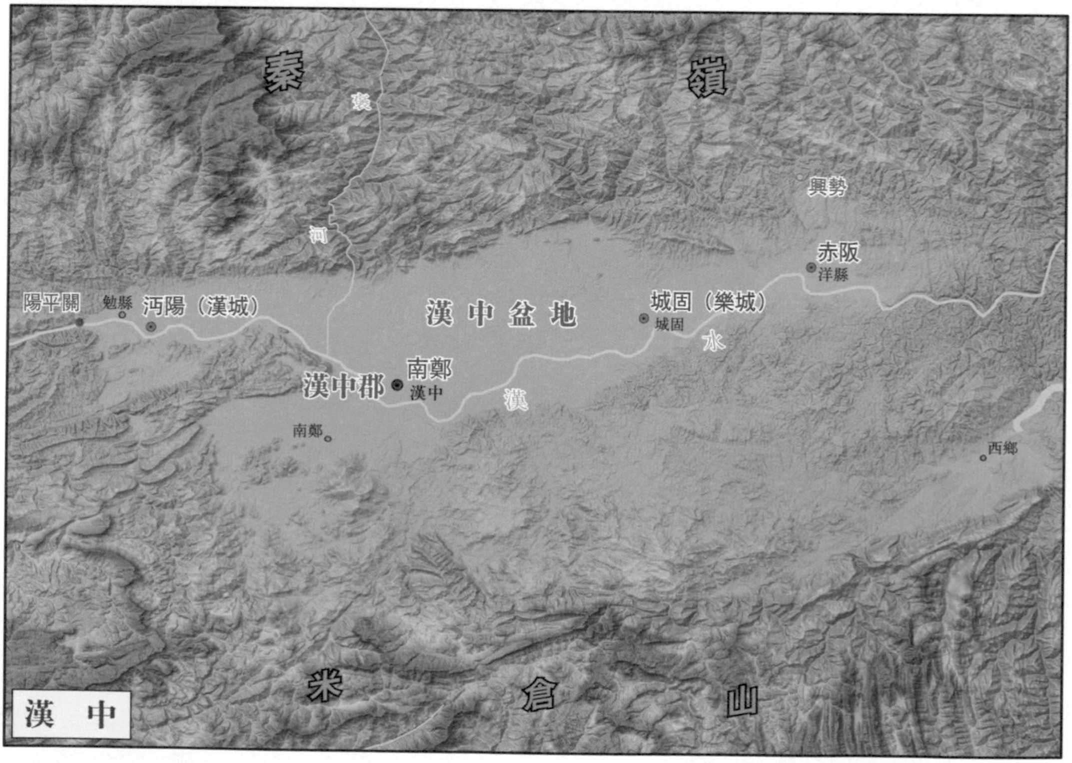
秦
嶺
褒
河
興勢
赤阪
洋縣
陽平關
勉縣
沔陽（漢城）
漢中盆地
城固（樂城）
城固
水
南鄭
漢中郡
漢中
漢
南鄭
西鄉
米
倉
山
漢　中

四路，郭淮從天水，費曜從陳倉，同時進攻武都郡。

諸葛亮駐軍於城固、赤阪，加強城防，準備迎敵。

魏國這次的主動出擊是由曹真發起，他剛升任大司馬，便提拔司馬懿任大將軍。曹真本想趁新官上任立一件大功，不料卻人算不如天算，碰上了一場大雨。這場雨持續了三十天，棧道斷絕，山路毀壞，曹真花費一個月才走了一半的路程。前鋒夏侯霸先一步到達漢中，在興勢附近的山谷中紮營，結果被當地百姓看到了，報告給蜀軍，夏侯霸被圍，直到後方的主力趕到才脫困。

司馬懿沿漢水而上，到達漢中東部一帶，只是面對蜀軍的防線，也難以往前推進。

張郃這一路的情況史書沒有記載，不過這時褒斜道的棧道應該還沒修好，張郃根本到不了漢中；或者一邊修棧道，一邊行軍，時間更長，也還沒到漢中。

武都一線，魏延、吳壹（吳懿）大破郭淮、費曜，取得大勝。

總體來說，蜀漢這次面對曹魏的四路大軍，防守反擊很成功。

到九月，曹叡下詔撤軍，四路大軍無功而返。

說是第三次北伐，其實主要是防守，真正的北伐並沒有開始。這一次取得了武都和陰平兩郡，其目的也是為進兵祁山打通道路。

西元二三一年春天，諸葛亮進兵祁山，開始第四次北伐。

鑑於蜀道艱難，而糧草是行軍打仗的關鍵，歷史記載，這一次諸葛亮開始用木牛運糧，後來（第五次北伐）又用流馬。至於木牛流馬到底是什麼，歷來眾說紛紜，莫衷一是。這個問題說不清，我們就不討論了，總之諸葛亮發明了一種運輸工具，能提高運糧效率，《諸葛亮集》對其有詳細描述，但因為沒有圖紙，現代人無法複製出來。

我們還是來說諸葛亮這次的軍事行動，他先派兵包圍祁山堡，然後在祁山堡的東北修建鹵城做為蜀軍的大本營。

魏國方面，因為曹真病故，曹叡改派司馬懿為統帥，屯兵於長安，領張郃、費曜、戴陵、郭淮等人拒敵。

戰略方面，張郃與司馬懿的想法不同，張郃認為應該分兵拒敵，一部分進隴右防守諸葛亮，一部分屯兵於郿縣，防止蜀軍從秦嶺古道偷襲。但司馬懿認為，分兵不如合兵有利，於是命費曜、戴陵領四千精兵前往上邽防守，自己親率大軍救祁山。

不管是對遠道而來的蜀軍，還是對長途跋涉的魏軍，在隴右這個地方對陣，與其說是拚兵力，不如說是拚糧食。所以當諸葛亮聽說魏軍日夜兼程、翻山越嶺奔襲隴右時，就留下王平繼續攻打祁山堡，親率主力北上到上邽附近的麥田割麥。

司馬懿在祁山撲空後，立即回擊上邽，結果在上邽東面遇上諸葛大軍。但司馬懿不敢輕舉妄動，只憑險固守，拒不出戰，於是諸葛亮引兵回鹵城。

司馬懿跟到鹵城，仍是登山掘營，與蜀軍對峙，並不求戰。他的想法是，蜀軍遠道而來，糧草運輸不便，就這樣相持下去，蜀軍必然會因缺糧而退兵。

但張郃不這麼認為，他覺得蜀軍遠來，孤軍深入，缺少糧草，必然想速戰速決，所以應該正面誘敵，然後分奇兵包抄蜀軍的退路。

司馬懿不聽，魏軍將領多次請戰，他也不准，眾將十分不滿，嘲笑他「畏蜀如虎」，司馬懿依然無動於衷。

五月，司馬懿終於耐不住眾將的請求，讓張郃從南面攻擊王平，自己親率大軍從正面攻擊諸葛亮。諸葛亮派魏延、高翔、吳班迎擊，大破魏軍，斬甲首三千。甲首是指甲士的首級，就是穿盔甲的人的首級，一般能穿盔甲的是軍官，最小也是伍長，不是普通士兵。司馬懿損失慘重，只好後撤，諸葛亮開始順著河谷往東北方向推進。

到了六月，陰雨連綿，路不好走，蜀軍糧草接濟不上，負責督運糧草的李嚴派人向諸葛亮道明原委，請求撤軍。諸葛亮不得已，只好班師。

這個時候，司馬懿見敵軍退去，忙命張郃追擊。張郃認為「圍師必闕，歸師勿遏」，但軍令難違，只好追擊。

諸葛亮每次退軍都會暗設伏兵，以防敵軍襲擊後路。上次殺了王雙，這次同樣，當張郃追到木門道時，兩旁高處萬箭齊發，張郃膝蓋中了一箭，重傷而亡。司馬懿強令張郃出擊，無疑是個陰謀，從此以後他在軍中大權獨攬，只可惜魏國損失了一員大將。

第四次北伐又是無功而返，但讓人萬萬沒想到的是，結果全是因為李嚴。

李嚴和諸葛亮一樣是劉備的託孤重臣，只不過諸葛亮為主，他為輔。但這一次，劉備看走了眼，李嚴的人品的確令人不敢恭維。

早在第一次北伐之前，諸葛亮就想調李嚴鎮守漢中，但他推脫不去，還要求諸葛亮從益州劃分五個郡設為巴州，讓他擔任巴州刺史。分明是想割據一方，諸葛亮當然沒有答應。此前李嚴還慫恿諸葛亮「宜受九錫，進爵稱王」，明顯是要諸葛亮篡位，因而受到諸葛亮嚴厲駁斥。第三次北伐時，曹魏三路大軍逼近漢中，諸葛亮

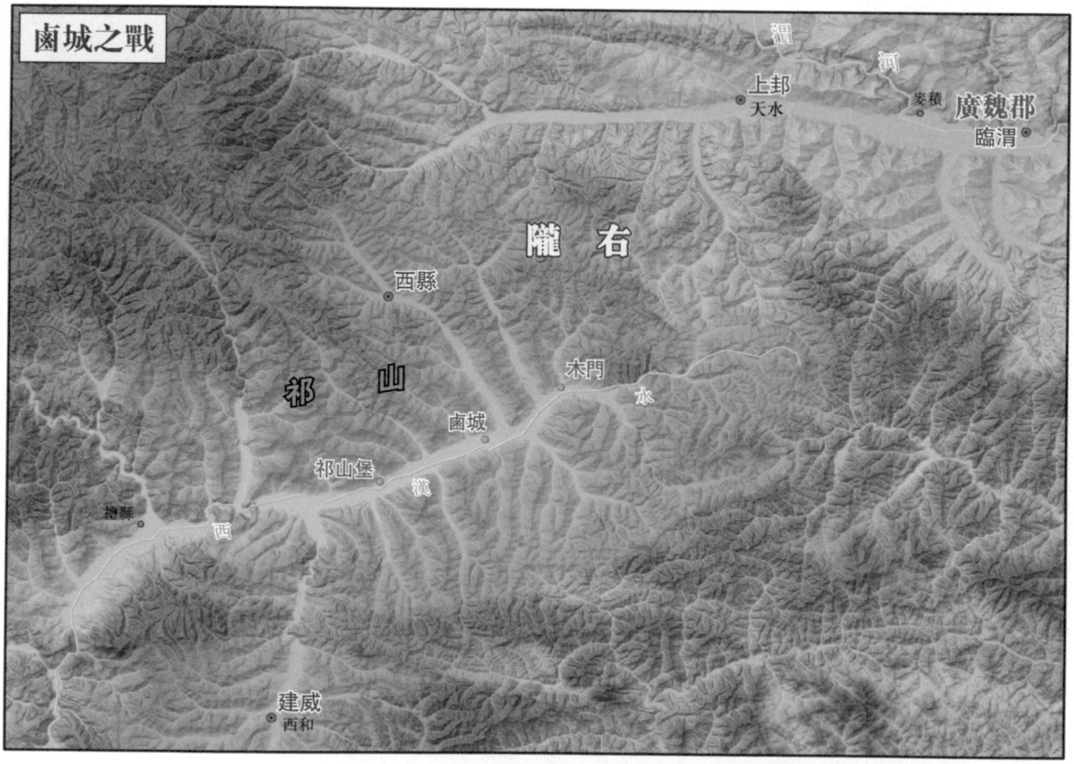

讓李嚴率兩萬兵馬赴漢中支援。李嚴不想調離江州，於是放出傳言，說司馬懿已經用高官厚祿誘降他。諸葛亮明白他的意思，於是表李嚴為驃騎將軍，又表其子接替江州的防務，李嚴這才北上。

諸葛亮不是不知道李嚴的人品，之所以一忍再忍，是因為北伐大業尚未完成，不好挑起內鬥，於是一再遷就。沒想到的是，李嚴不但不感激，反而得寸進尺。這次北伐，李嚴負責運送糧草，雨天路不好走，糧草供應不上，就派人送信給諸葛亮，道明原委，讓諸葛亮撤軍。諸葛亮答應了，結果等撤軍回來，怕諸葛亮怪罪自己督辦糧草不力，反咬一口，故作驚訝說：「軍糧充足，怎麼撤兵了呢？」更氣人的是，他還上書劉禪，說諸葛亮退兵是誘敵深入，藉此掩蓋自己督辦糧草不力的過失。

諸葛亮終於忍無可忍，回到成都後，直接將李嚴前後的手書給劉禪看，一切真相大白，李嚴無話可說，只能低頭認罪，最後被貶為庶人，流放梓潼郡。

蜀漢接二連三北伐，耗費巨大，尤其是糧草損耗嚴重。為了下一次的出征，諸葛亮急需休整，這一休整就是三年。

第二十五章 秋風五丈原

有些人認為諸葛亮北伐的失敗，原因在於他的才能主要在內政方面，軍事能力不足……

相對蜀漢的頻頻北伐，東吳卻少有舉動。石亭之戰勝利一年後，孫權在武昌登基稱帝，國號為吳。早在西元二二一年，劉備在成都稱帝時，孫權不甘寂寞，把鄂縣改名為武昌，取「以武而昌」之義，大造宮舍，為日後稱帝做準備。石亭之戰後，西元二二九年，孫權終於有了底氣，正式登基稱帝。至此，嚴格意義上的三國鼎立才算正式形成。但這個時候，我們熟知的三國英雄們已經凋零得所剩無幾。

同年九月，孫權把都城遷回建業，留陸遜輔佐太子孫登駐守武昌。

此後五年，東吳對魏國沒有任何軍事行動。一直到西元二三四年，諸葛亮組織第五次北伐，要求東吳配合，孫權才領兵進攻合肥。

西元二三四年春天，經過三年勸農講武的準備，諸葛亮兵出斜谷，同時派人到東吳，希望孫權能同時出兵，牽制曹魏。

褒斜道離漢中最近，是秦嶺古道中最便捷的通道，但同樣難走，最關鍵的是運糧困難。所以這一次，諸葛亮出了斜谷後，在五丈原安營紮寨，並在這裡屯墾，做好與魏軍長期作戰的準備。

孫權還真響應了，又集結十萬大軍進攻合肥。為什麼說「又」？孫權好像只要湊夠十萬人就會去打合肥，然後每次都無功而返。這次也一樣，曹叡親自支援江淮，孫權一看就退兵了，所以諸葛亮實際上還是孤軍奮戰。

與諸葛亮對陣的仍是司馬懿，司馬懿說：「亮若勇者，當出武功依山而東，若西上五丈原，則諸軍無事矣。」武功水即斜水，司馬懿認為諸葛亮如果東出斜水，兵向長安，那才叫勇敢，如果西上五丈原，那就沒事。諸葛亮從褒斜道而來，沒有攻城器械，根本不想直接去打長安，長安的城防比陳倉強百倍，陳倉都一時難下，何況長安！而且引兵向東，很容易被敵人切斷糧道，諸葛亮不會冒這個險。

為了阻止諸葛亮前進，司馬懿在渭水南岸紮營，採取的戰術還是當縮頭烏龜，想把蜀軍的糧食耗盡而兵退。

五丈原是一個很小的黃土塬，位於渭水和斜水的交匯處。諸葛亮兵出斜谷，首先要保證糧道安全，所以屯兵五丈原的同時，派孟琰駐紮在斜水的東岸。結果有一次斜水暴漲，隔斷了孟琰和諸葛亮的聯繫，司馬懿立即

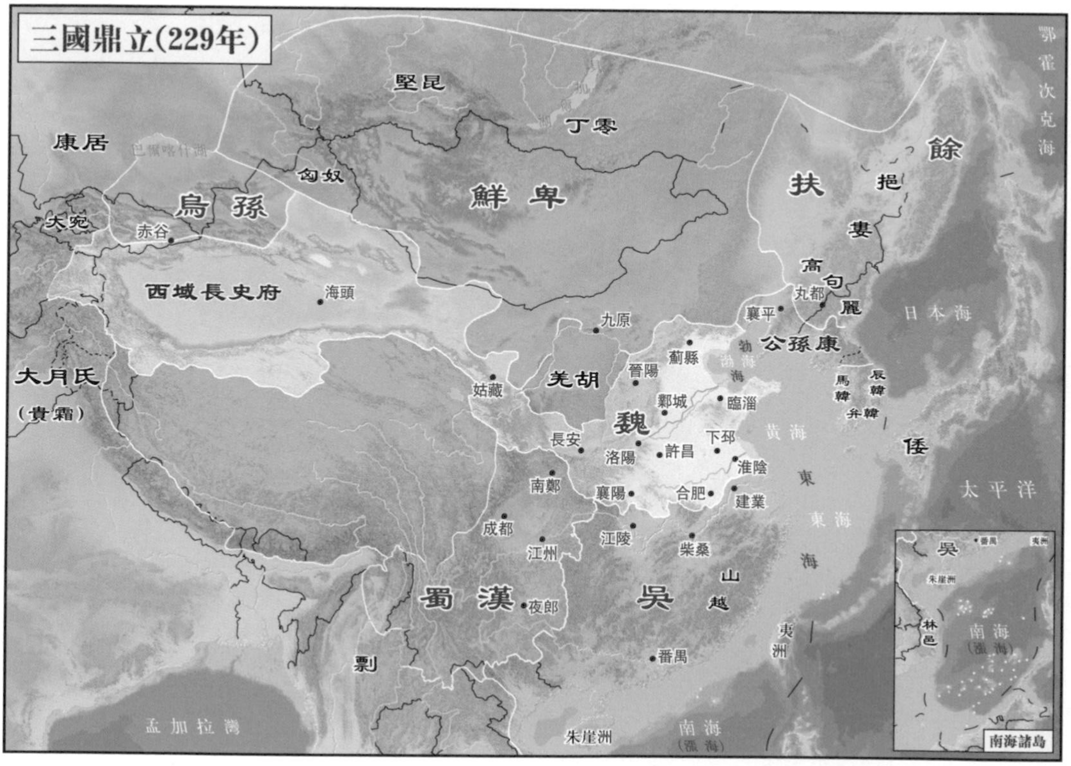

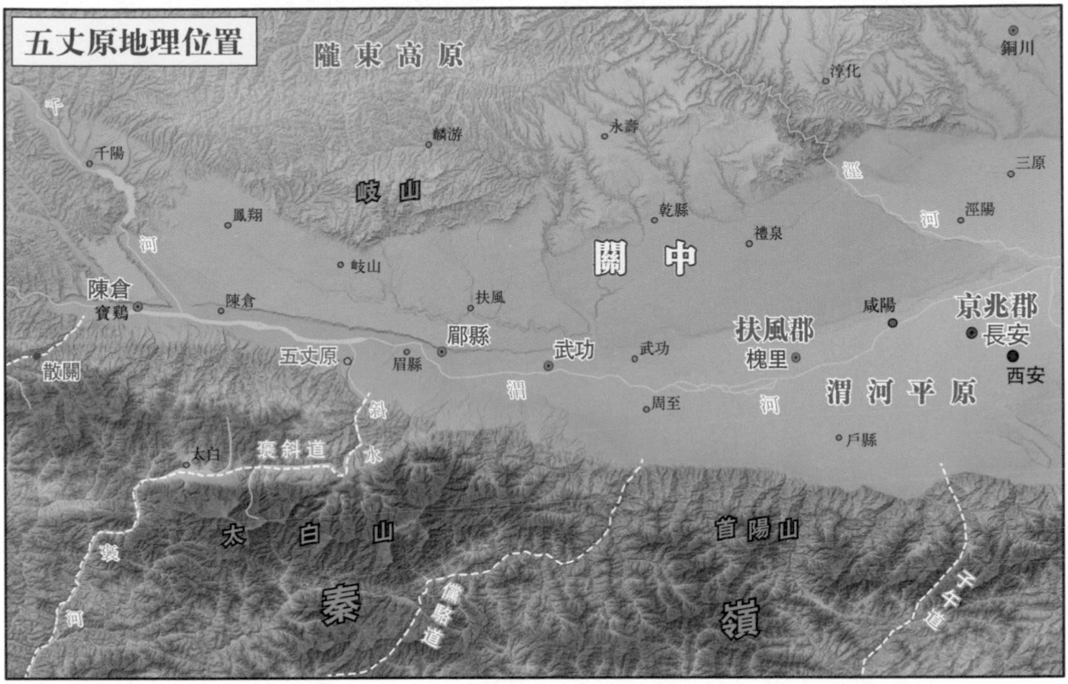

五丈原地理位置

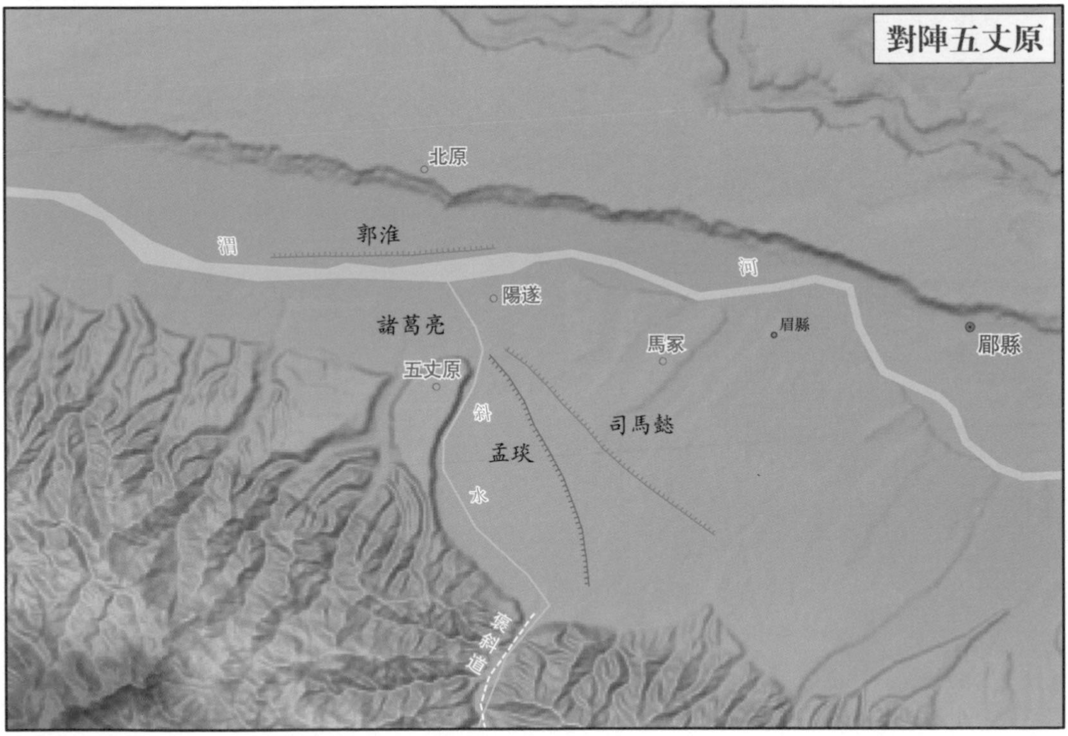

對陣五丈原

出兵攻擊孟琰。諸葛亮一面派人架橋，一面命弓弩手向魏軍射箭。司馬懿一看橋快架好了，又縮了回去。

魏將郭淮卻認為諸葛亮屯兵五丈原，目標是北原。眾將不以為然，郭淮又說：「若亮跨渭登原，連兵北山，隔絕隴道，搖盪民、夷，此非國之利也。」北原即渭河北岸黃土塬的泛稱，也是今天的積石原的一部分，北山是指岐山。如果觀察關中的地形就會發現，從五丈原到岐山這一段是整個渭河平原中最窄的地方。郭淮的意思是，諸葛亮的目標根本不在斜水東岸，而是北原，如果他占據北原，繼而把勢力擴展到北山，那麼就把關中和隴右的聯繫切斷了，到時隴右再來個諸郡反叛，後果不堪設想。司馬懿這才醒悟過來，忙派郭淮去守北原。郭淮立即到北原修築防禦工事，還沒修完，蜀軍果然來了，郭淮拚死防守，蜀軍無功而返。

爭奪北原不成，諸葛亮只能向司馬懿決戰，於決戰中再尋找機會，結果司馬懿就是不出戰。無論蜀軍如何挑釁，司馬懿就是閉營不出。為了激怒司馬懿，諸葛亮還派人送了一套女人衣服給他，司馬懿也笑納。但眾將不能忍，紛紛要求出戰。司馬懿無奈，只好假意上書曹叡請戰，曹叡也明白，便派辛毗持節來到大營，禁止出戰，司馬懿還假裝很生氣。

姜維以為是因為辛毗，所以魏軍不再出戰。諸葛亮卻一眼識破，說：「將在外，君命有所不受。」這個道理司馬懿不是不懂，只不過做做樣子給部下看而已。

這樣一來，不管蜀軍用什麼辦法，司馬懿都可以名正言順地堅守不戰了。

秋八月，諸葛亮積勞成疾，與世長辭，一代賢相就此隕落。

楊儀和姜維遵照諸葛亮的遺囑，密不發喪，整頓軍馬撤退。司馬懿猜想諸葛亮已死，率軍追擊。姜維擊鼓整軍，做出進擊狀。司馬懿以為是蜀軍的誘敵之計，怕中埋伏，急忙退兵。於是蜀軍從容退入斜谷，這才訃告發喪。司馬懿才知道諸葛亮真的死了，但為時已晚。

諸葛亮五次北伐均以失敗告終，其中最重要的原因就是糧道艱難。歷史上除了韓信「明修棧道，暗渡陳倉」成功從漢中反攻關中外，還沒有第二個成功的例子。諸葛亮深知蜀道之難，特別是穿越秦嶺的這幾條古棧道，即使軍隊能不畏艱難、勉強穿過，但運糧太難，更別說攻城器械之類的物資。做為一種戰略進攻，從漢中北上襲擊關中的方式並不可取。相反，從隴右進攻就好得多，一是這裡地勢相對平坦，二是曹魏在隴右的統治相對薄弱，而且一旦拿下隴右，糧食足以自給，不用時時從成都轉運。諸葛亮的主要戰略目標始終在隴右，而祁山堡是西漢水邊上的重要堡壘，直接關係著祁山道的安全，所以五次北伐又說成是五出祁山，再加上第三次北伐後曹魏的一次主動進攻，而後蜀漢反擊，於是就有了六出祁山的說法。

我們可以大致總結一下五次北伐的得失。

第一次北伐可以說是成果最大的一次，結果因為馬謖失街亭而功敗垂成。這次北伐讓我們看到，隴右的人對曹魏的統治並不滿意，人心思漢是普遍現象。這也是諸葛亮主張先取隴右的原因之一，這裡羌氐人多，之前跟隨過馬超，馬超反曹投漢，所以這裡的羌氐人對蜀漢多有親近感。

第二次北伐兵出陳倉，可以說主要是為了配合東吳而出兵。不過從這次出兵可以看出，諸葛亮第一次穿越秦嶺直接進入關中，卻連個小小的陳倉縣城都沒拿下，以他的機智和謀略，應該不至於此，原因只有一個，沒有攻城器械，攻城只能圍而不攻，逼迫敵人投降，結果郝昭早有準備，糧草充足，反倒把諸葛亮的糧草耗盡，他只好退兵。從這次北伐可以看出，秦嶺古道不僅運糧艱難，還有比運糧更難的攻城器械，少了這些，想攻城掠地就難了。即使隨軍帶上工匠，打造全套完整的攻城器械也需要花費很長的時間，那樣的話，非戰鬥人員增多，糧草更是個問題。

第三次北伐時，諸葛亮還是走隴右，先拿下武都、陰平二郡，為下一步進攻隴右做準備，同時加強漢中防守。曹魏看到漢中有可乘之機，主動進攻，結果無功而返。這讓我們發現，無論蜀漢還是曹魏，只要是主動進攻的一方，要穿過道路艱難的秦嶺，都會面臨輜重運輸的難題：因為沒有大型攻城器械，所以攻城很難，帶再多的兵也無濟於事，又因為糧草運輸困難，難以持久，只要對方堅守不出，時間一長只能退兵。

第四次北伐其實是第三次的延續，曹魏的人換成了司馬懿，他對付諸葛亮只有一招，就是堅守不出，消耗對方的糧草。最終因李嚴督運糧草不力，諸葛亮只好退兵。

第五次北伐，諸葛亮在五丈原屯田，基本上解決了糧草問題，可以與曹魏打一場持久戰。這個時候，諸葛亮仍然無法解決攻城問題，更別說奔襲長安了，所以他需要等待時機，此時只要附近有一座城池投降，這個問題就得以解決。如果沒有城池投降，能消滅曹魏有戰鬥力的部隊也行。至於郭淮認為諸葛亮會順勢取北原、切斷關中和隴右的聯繫，那只是他的猜測，按諸葛亮一貫謹慎用兵的思路推測，取北原，跨渭水是有可能，如果要完全切斷隴右和關中的聯繫，把兵力部署到岐山，戰線太長，反而容易暴露弱點給敵人可乘之機，其實只要占領北原，就已經對隴右守軍造成心理上的壓力，戰略目的已經達成，假以時日，不信岐山以西的守將不動搖。第五次北伐，不會再因為糧盡而退兵，但天不假年，我們沒能看到後來的那一幕，只能是各種猜測了。

有些人認為諸葛亮北伐的失敗，原因在於他的才能主要在內政方面，軍事能力不足。我們可以拿司馬懿來比較，司馬懿的軍事能力大概沒有人會懷疑，他取上庸時果敢迅猛，孟達還沒有反應過來怎麼回事就已經人頭落地。像司馬懿這種深諳兵法的人，面對諸葛亮也只能堅守不出，何況其他人？這是戰術層面，在戰略層面，我們可以看一看劉備的發家史，遇到諸葛亮之前，劉備從二十四歲參軍討伐黃巾開始，打了二十四年的仗，最終流落新野，沒能據有一州一郡；有了諸葛亮的輔佐後，僅僅一年，就在赤壁打敗曹操，有了立足之地，再五年，又拿下益州，實現三分天下，其中的功勞不言而喻。我們可以比較一下，三分天下的曹、劉、孫能在亂世中崛起，都是人中龍鳳，但相對而言，劉備的發家之路最為艱難，事因難能，所以可貴。曹操是西園八校尉之一，有一定的人脈，再加上家族勢力的支持，成功的可能性比較大；孫權更是撿了哥哥孫策的便宜，接班時文有會稽太守、武有討虜將軍的頭銜在身，再加上孫策留下的人脈，做個守成之主不難；而劉備呢？白衣出身，既沒有官場的人脈關係，也沒有家族勢力做為支撐，全靠一幫志同道合的兄弟、朋友撐著，如果不是禮賢下士、以誠相待，在英雄紛爭的亂世，早就消失在歷史的長河之中，還談什麼三分天下！更難得的是，諸葛亮對劉備忠心耿耿，我們還是拿司馬懿做比較，司馬懿在魏國的權勢遠不及諸葛亮在蜀漢的權勢，但我們知道司馬懿後來篡了權，諸葛亮要想篡權遠比司馬懿容易得多，可是他沒有，反而「鞠躬盡瘁，死而後已」。所以說，劉備與諸葛亮能留下一段君臣佳話，是因為常人難以做到這種關係。

北伐失敗不是因為諸葛亮的軍事才能問題，而是地理問題。秦嶺古道難走，運糧更難。走隴右是個無可奈何的選擇，這裡雖然也是高山深谷，但比穿越秦嶺好得多，只是路線變得更長了。不管是走隴右還是秦嶺，諸葛亮始終都會面對一個無法解決的問題，就是道路難走，運糧困難。所謂兵馬未動，糧草先行，一旦糧草不濟，這仗就沒辦法打了。糧草還可以人挑肩扛或用獨輪車（傳說就是諸葛亮發明的「木牛流馬」）勉強維持，攻城器械的運輸對道路的要求就高了，至少需要用車，就是需要一車寬的路道。糧草都難以保障，攻城器械就不用說了。所以我們看到幾次北伐，小小的祁山堡也沒拿下。歷史也證明，從漢中進攻關中的戰略路線，自從諸葛亮之後，歷代軍事家再也不敢嘗試。

當然，還有一個更重要的原因是實力的差異問題。全國十四州（司隸校尉部算一州），曹魏獨占十個半（幽、冀、兗、青、徐、豫、涼、雍、并、司隸校尉部和半個荊州），東吳也據有兩個半（揚州、交州和另半個荊州），而蜀漢僅占有一州（益州），諸葛亮以一州之力頻頻北伐，讓擁有十倍之力的曹魏時時警惕不敢鬆懈，一般人哪有這樣的膽識！但就算諸葛亮傾盡全力也僅此而已，畢竟以一抵十，如果不能出奇計快速取勝，時間一長，彼此的套路都熟悉了，最後就是拚實力。而實力，三國之中，蜀漢恰恰是最弱的一方。

按照諸葛亮在隆中時的規劃：「天下有變，則命一上將將荊州之軍以向宛、洛，將軍身率益州之眾出於秦川。」意思就是，想要北伐曹魏，需要從荊州和漢中兩個方同時進攻，荊州方向攻打宛城、洛陽，漢中方向攻取秦川（關中），而荊州因為地理上的優勢，可以大規模用兵，是主攻方向，漢中因為秦嶺道路艱險，做為策應。但等到諸葛亮北伐時，荊州已經丟失，單從漢中北伐，也只能是知其不可為而為之了。

第二十六章

司馬弄權

司馬懿清除了以曹爽為首的曹氏宗族勢力後，逐步掌控了曹魏政權……

諸葛亮一死，三國的英雄時代基本上就結束了，後面只剩姜維一枝獨秀，再加上鄧艾、鍾會兩個配角。不過姜維這時還年輕，資歷尚淺，一直到十九年後才能代表蜀漢出征。在這十九年中，三國之間少有戰事發生，多數時間都忙於內部的權力交接。

先來說蜀漢。

諸葛亮去世前，把行軍大權交給了楊儀、費禕、姜維，讓魏延斷後。諸葛亮的本意，如果魏延不願意就算了。但楊儀不是省油的燈，而且與魏延一向不和，等諸葛亮去世後，就命費禕試探魏延的意思。魏延勇猛過人，一向驕傲自大，對諸葛亮並不服氣，所以他說：「丞相雖然亡故，不是還有我嗎？相府的官員回去辦理喪事就可以了，我繼續領導北伐，怎麼能因為一個人的死就阻礙國家大事？何況我魏延什麼人，怎麼能聽楊儀的，幹斷後這種事情！」

但楊儀領著大軍已經撤退，魏延一看很生氣，於是日夜兼程，趕在大軍前面，走過之後把棧道都燒了，然後等在褒斜道的南口攻擊大軍。楊儀派王平前去抵擋，王平在陣前罵道：「丞相剛去，屍骨未寒，你們怎麼能這樣！」魏延手下的軍士一聽都鳥獸散，只剩下魏延和他的兒子帶著幾個人逃往漢中。楊儀派馬岱追擊，斬了魏延，楊儀趁機滅了魏延三族。

回成都後，劉禪按諸葛亮的遺願，命蔣琬為尚書令，總攬國家朝政。姜維任右監軍。楊儀本以為自己資歷比蔣琬老，才能也比較強，這次回軍成都立了大功，會成諸葛亮的接班人，沒想到劉禪只給他一個中軍師的職務，連個部屬都沒有，只是光桿司令，於是常出怨言。有一次他對費禕說：「丞相剛死的時候，如果我領兵投奔魏國，怎麼會落到今天這般田地，真是後悔莫及啊！」費禕把這些話上報給劉禪，於是楊儀被貶為庶人，流放到漢嘉郡。都這樣了，楊儀還不老實，上書譭謗別人，朝廷派人捉拿他，楊儀一看情況不妙就自殺了。

不久，蔣琬升任大將軍，姜維為司馬，費禕接替尚書令的職務。

蔣琬主政十二年，基本上是蕭規曹隨。軍事不是他的專長，還需仰仗姜維。但蔣琬不主張用兵，而是休養生息。蜀漢連年征戰，也確實疲憊不堪，因此在蔣琬主政的十二年裡，出現了少有的「邊境無虞，邦家和一」的局面。

西元二三八年，司馬懿率軍討伐遼東的公孫淵，劉禪令蔣琬率兵進駐漢中，等待時機與吳國夾擊魏國。蔣琬認為以前諸葛亮多次北伐，不管走秦嶺還是隴西，最主要的問題就是路不好走，於是在漢中大造舟船，準備順漢水而下攻擊魏國的魏興（治西城）和上庸二郡。這個主張遭到朝中大多數人的反對，水路進攻固然容易，萬一不成，想退回來就難了。這個計畫還沒成行，蔣琬病重。也幸虧沒有成行，且不說孫權這個盟友會不會臨陣退縮，單說沿秦嶺這一路漢水，山路狹窄，水流湍急，如果不能一舉成功，很難說不會重蹈夷陵之戰的覆轍。

蔣琬死後，費禕繼任，姜維升遷為衛將軍。費禕的政策和蔣琬沒什麼區別，還是休養生息，發展經濟。一心繼承諸葛亮北伐大業的姜維按捺不住，多次請兵出戰，費禕每次給他的人不超過一萬，讓他去折騰，還說：「我們和丞相差得遠呢，丞相尚且不能北定中原，何況是我等！不如保國治民，守好社稷，等待能人出現再去繼承大業，不要抱僥倖取勝的心理，否則後悔莫及。」

姜維自從擔任司馬以來，多次入隴西作戰，其間還打敗過郭淮、夏侯霸。隴西的羌氐人心思漢，姜維也藉機煽動他們背魏降蜀。但這些只是小成果，姜維想趁勢占據隴西時，卻處處被費禕掣肘。

西元二四九年，魏國內部發生動盪，司馬懿殺了曹爽，夏侯霸心裡很不安，投奔蜀漢，劉禪拜夏侯霸為車騎將軍。隔年，姜維再次率軍攻打西平時，俘虜一位名叫郭脩的魏國將領。

西元二五三年，費禕主持蜀漢歲首大會，郭脩也參加了。他趁費禕喝多了，刺殺費禕，自己隨後則被侍衛砍死。

費禕死後，姜維升任大將軍，統管三軍。所以有人說，這個郭脩根本不是什麼魏國降將，而是姜維培養的一名刺客，目的是除掉費禕這個絆腳石。不管這種猜測是真是假，總之，姜維終於可以扛起北伐大旗，繼承諸葛亮未竟的事業了。

再說東吳。

做為與曹、劉同時代的人物，孫權只比諸葛亮小一歲，但諸葛亮死時，孫權已經掌權三十四年，此後又活了十八年，總共在位五十二年，比當時很多人的壽命還長。在位時間太長，致使孫權老年開始犯糊塗，把東吳拖入了萬劫不復的境地。

西元二四一年，太子孫登去世。這一年，孫權將近六十歲。這件事情對他的打擊很大，於是做了一個匪夷所思的決定：立三子孫和為太子，同時魯王孫霸的待遇和太子一樣。

也許是因為前太子孫登突然去世，讓孫權猝不及防，所以他覺得多一個備份比較保險。但這無疑是告訴大臣，將來誰當皇帝還不一定，於是大臣們紛紛站邊，分為兩派，陸遜、顧譚、吾粲、朱據、諸葛恪等支持太子，而步騭、呂岱、全琮、呂據和孫弘等支持魯王。

很多大臣看到了問題，紛紛上書勸誡孫權，說這樣下去勢必演變成內鬥，但他不聽。

令人惋惜的是，陸遜在這場內鬥中被逼自殺。

也許是孫權感覺到事態的嚴重性，如果就此下去，東吳會被嚴重割裂。西元二五〇年，孫權做了個更令人匪夷所思的決定：廢了孫和，賜死孫霸，改立第七個兒子孫亮為太子。

孫亮為人聰明，是孫權僅剩的嫡子，可問題是年紀太小，當時只有七歲（實歲），難以震懾住東吳那幫如狼似虎的大臣，無疑又埋下了動盪因子。如果孫權有時間還行，把孫亮扶上馬再送一程，也許能避免很多問題，可惜他第三年就死了，臨終前託孤於大將軍諸葛恪。諸葛恪是諸葛瑾的長子，也是諸葛亮的侄子。孫亮登基時不過九歲，吳國的軍政大權就掌握在諸葛恪手上了。

魏國內部的變化最大，實際大權落到了司馬氏手裡。

司馬懿早在赤壁之戰前就加入曹操陣營，幾乎和諸葛亮加入劉備陣營同個時間。但在曹操手下，司馬懿一直是個無足輕重的角色。曹丕時代，司馬懿才開始得到重用。曹丕死時，司馬懿是託孤大臣。所以到了曹叡時代，司馬懿手上才握有實權。

和諸葛亮對陣中，特別是宗室曹真死後，曹魏的軍權就落到了司馬懿手裡，這個時候距他加入曹魏陣營已經過去二十多年。二十多年的時間裡，諸葛亮從初出茅廬到五次北伐，完成他一生中最輝煌的功業，而司馬懿的事業才剛剛開始。

和諸葛亮對峙時，司馬懿只有一招，那就是瞅準了諸葛亮糧草不繼，堅守不戰，靠耗盡對方糧草而退兵。所以在這些對陣中，我們看不到司馬懿有多少軍事才能，真正展示他軍事才能的是在隨後平定遼東公孫淵勢力的過程中。

在三國亂世，我們一直把目光集中在魏、蜀、吳的對陣，但有一股勢力從漢末一直延續了將近五十年，就是遼東的公孫氏。

公孫度原本出身寒門，漢末動亂時，正好擔任遼東太守。當中原諸侯紛紛搶占地盤時，僻居遼東的公孫度趁機擴展勢力，一方面打擊地方豪強，另一方面不停地征討附近的烏桓和高句麗，還把扶餘（又稱夫餘）納為自己的屬國。高句麗是扶餘王子朱蒙遭排擠後，於西漢建昭二年（西元前三七年）南下建立的，因最早建都在玄菟郡的治所高句麗（又稱高句驪，今瀋陽東），故名。元始三年（西元三年），高句麗把都城遷到丸都（今集安），此後四百多年都沒有變過。

公孫度一直想獨霸遼東，只是面對中原諸多強大勢力，還不敢公然自立，表面上仍選擇屈從。當時袁紹據有河北，公孫度選擇屈從於袁紹。袁紹因為要對付中原的曹操，想有個穩定的後方，所以雙方一拍即合。

公孫度死後，把位子傳給了長子公孫康。

不久，曹操統一北方，公孫康殺了袁紹的兩個兒子，選擇屈從於曹操。曹操北征烏桓，因為道路難走，自覺是僥倖取勝，也無力再征遼東，主要是擔心南方的劉表和江東的孫權乘虛襲擊後路，所以樂得公孫康的投誠，他不想在遼東耗費精力，而是需要全心全力對付南方。

遼東畢竟是苦寒之地，人煙稀少，公孫氏雖然在遼東稱王、稱霸，但和袁紹、曹操相比，可以說是不堪一擊。表面屈從、事實獨立，是公孫氏最好的選擇。

後來曹魏大量的心力都花費在吳、蜀身上，無暇北顧，致使公孫氏一直在遼東偷偷發展，甚至和東吳暗通款曲，圖謀夾擊曹魏。

公孫康死後，因為兩個兒子年紀太小，眾人便推舉其弟公孫恭即位。公孫恭因為患病，不得已切掉了下身，成了閹人，身體依然虛弱，無力治理遼東。公孫康的兒子公孫淵長大後，逼迫叔叔讓位，還把他囚禁起來。

靠著祖孫三代的經營，此時公孫淵的日子比他爺爺好多了，勢力已達朝鮮半島。於是他開始不安分，想公然叛魏自立。

那時孫權剛稱帝，於是公孫淵打算暫且向東吳稱臣，以求得外援。孫權一時得意忘形，剛稱帝就有人不遠千里來投誠，於是不顧眾人反對就答應了，派使者攜帶大量珍寶遠赴遼東，封公孫淵為燕王。從東吳到遼東，中間隔著曹魏的廣大地盤，吳使當然不能走陸路。這時東吳的海航技術已經發展起來，所以他們走海路，從長江口過黃海、渤海直達遼河口。

公孫淵沒想到孫權這麼看重自己，既害怕曹魏的討伐，又捨不得這些珍寶，於是殺了吳使，把人頭獻給曹叡，以表忠心。這下把孫權氣壞了，想出兵討伐又隔著茫茫大海，在大臣們的勸說下，只好吃了這個啞巴虧。

公孫淵自以為聰明，但反叛之心已經昭然若揭。只是曹叡這時還忙著應對諸葛亮的北伐，無暇北顧，所以明面上拜公孫淵為大司馬，封樂浪公，還讓他繼續持節任遼東太守。等諸葛亮一死，曹叡總算騰出手來，派幽州刺史毌丘儉以徵召公孫淵進京（洛陽）述職為由出兵遼東。公孫淵公然叛魏，出兵相抗。兩軍相持日久，趕上連日暴雨，遼水大漲，毌丘儉無功而返，兵回右北平郡。

這下子公孫淵更得意忘形，自立為燕王，定都襄平（今遼陽），再次向東吳稱臣，希望得到外援。

隔年（西元二三八年）正月，魏明帝曹叡命太尉司馬懿出兵征討遼東。

司馬懿親率四萬大軍，從京師洛陽出發，經孤竹，越碣石，翻過燕山，六月到達遼水。公孫淵派了幾萬人馬，依遼水下寨，綿延二十多里，深溝高壘，迎擊司馬大軍。

司馬懿一看前有遼水阻擋，如果強行渡河，必然吸引敵軍聚集，最後形成消耗戰，在敵眾我寡的情況下，肯定吃虧，於是採用聲東擊西的策略，在遼水南部大張旗鼓佯攻敵營，然後偷偷從北部渡過遼水，逼近襄平。司馬懿斷定，公孫淵在遼水阻擊，是想打持久戰消耗自己的糧草，糧草耗盡自然就退兵。但這次和上回不同，毌丘儉也從右北平發兵協助，從遼西到華北平原的道路暢通，因此司馬懿的糧草不是問題，反倒是公孫淵消耗不起。

逼近襄平，不是要攻城，所謂「攻城之法，為不得已」，司馬懿的目的在圍城打援，消耗公孫淵有戰鬥力的部隊。而圍城打援，當圍其必救，襄平是公孫淵的大本營，一見襄平危險，果然派大軍馳援，司馬懿逐個擊破，連連大捷，然後慢慢圍城，繼續給公孫淵要攻城的假象，好讓他繼續送人頭。

和上次毌丘儉進兵時同樣的事情出現了，又是連日大雨，遼水暴漲，魏軍心生恐懼，擔心退路被阻斷，成

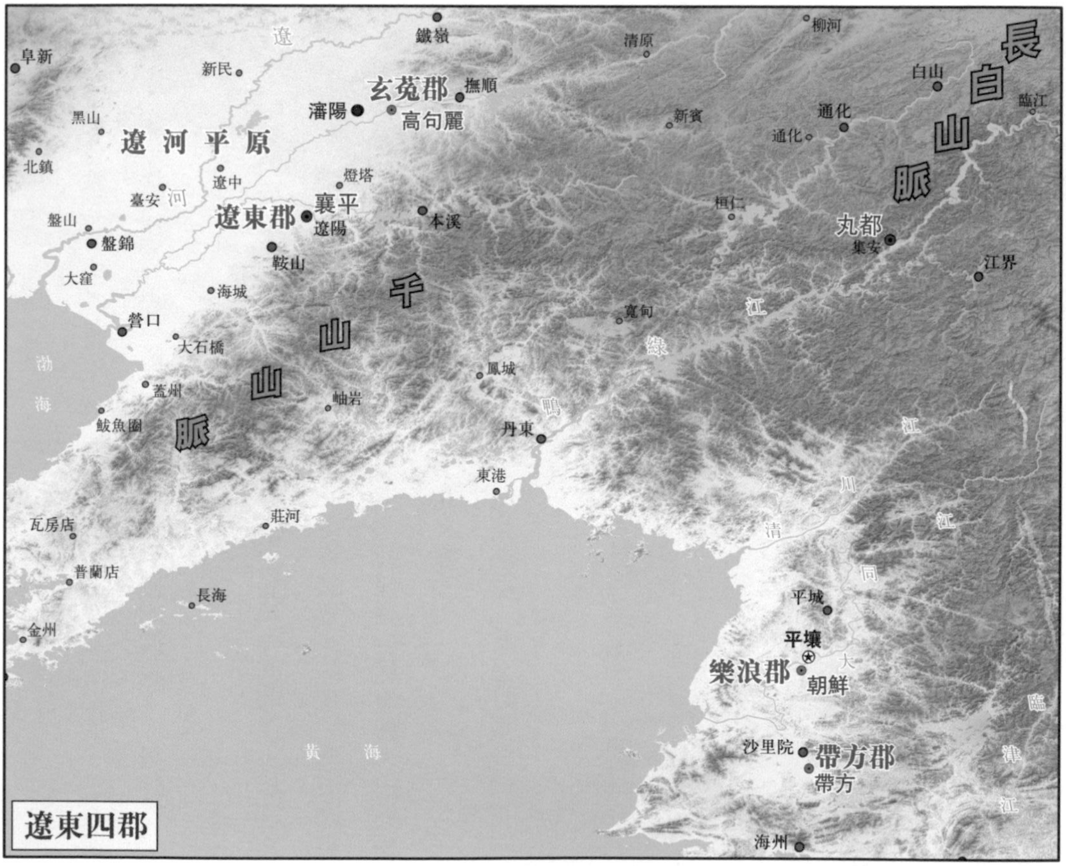

了背水之戰，於是有了退卻之意，而且已經有人開始遷營。為了穩定軍心，司馬懿殺了幾個違抗軍令遷營的兵士，安撫了軍心。

這時，公孫淵的軍隊趁著大雨，出城打柴牧馬，安然自若，完全無視附近圍城的敵人。有魏將請求出戰，司馬懿不允，他怕把敵軍嚇跑，還是故意慢慢圍城，就是想把敵人困在城裡，消耗他們的糧草。和上回一樣，遠在洛陽的朝廷又聽說雨大敵強，紛紛請求退軍。但這一回，曹叡卻沒有下詔，他堅信司馬懿能成功。

過了一個多月，雨停了，大水漸漸退去。魏軍完成了對襄平的包圍，開始晝夜攻城。這時城裡已經糧盡，死傷甚多。公孫淵很害怕，派人請降；司馬懿斬殺使者，還發布檄文嚴厲斥責公孫淵。為表誠意，公孫淵想送兒子當人質，司馬懿一概拒絕。公孫淵走投無路，帶著幾百人從城南突圍，司馬懿派兵追擊，最後在梁水（今太子河）邊上殺死公孫淵，於是襄平城破。

入城後，司馬懿下令屠殺十五歲以上男子七千多人，並收集屍體，築造京觀。京觀是古人炫耀武功的一種方式，即把敵人的屍體堆積在一起，封上土，築成一座高塚。京，即高大的土丘之意。司馬懿又把公孫淵任命的公卿以下官員共二千多人全部斬首，還釋放了被公孫淵囚禁的公孫恭。

隨後，遼東、帶方、樂浪、玄菟四郡相繼平定。在原定的一年期限內，司馬懿勝利班師，困擾曹魏數十年的遼東問題至此徹底解決。

朝廷原本的意思是讓司馬懿去鎮守關中，剛到河內郡時，曹叡突然不行了，急召司馬懿進京託孤。

西元二三九年，曹叡逝世，曹芳繼位，大將軍曹爽和太尉司馬懿輔政。新皇帝曹芳才七歲，很顯然，這時魏國的權力在司馬懿和曹爽手上。做為宗室的曹爽當然不願與司馬懿分享權力，於是處處排擠司馬懿，一步步把他架空，逐步控制朝政。

西元二四七年，司馬懿以生病為由，辭職回家。曹爽信以為真，於是對他放下警惕。

西元二四九年正月，小皇帝曹芳已經十七歲，去高平陵（曹叡之墓）祭奠，曹爽及一幫親信隨行。高平陵在箕山西端的山腳下（今汝陽縣大安鄉工茹店村東南），已經出了洛陽盆地，與洛陽相距近百里，皇帝出行隨從人員多，走得又慢，還需要翻山越嶺，這一去，一時半刻回不來。

司馬懿瞅準時機發動政變，首先以郭太后的名義下令關閉各個城門。然後率兵占領城南的武庫，並派兵把守洛水浮橋（當時的洛水從洛陽以南流過後與伊水匯合，洛水浮橋是從洛陽往南的必經之地，離洛陽城五公里）。最後，還是以郭太后的名義，命令司徒高柔代理大將軍，占據曹爽營地；太僕王觀代理中領軍，占據曹羲營地。

郭太后是曹叡的皇后，曹爽專權時被軟禁在永寧宮，曹芳不是曹叡的親兒子，而是養子，所以郭太后也不是曹芳的親媽，但曹芳和郭太后的關係不壞，畢竟有母子名分，只是面對曹爽的專權，年幼的曹芳也沒辦法。所以我們知道，郭太后之所以支持司馬懿政變，是出於對曹爽的恨意，司馬懿這才順風順水地把事情辦成了。

司馬懿完全掌控京師洛陽後，寫了一封信給魏帝曹芳，先是歷數曹爽的罪狀，然後說只要曹爽投降，仍不失侯爵身分，否則軍法從事。

這封信自然是先落入曹爽手中，他一看嚇壞了，一時惶恐不知所措，不敢把信的內容告訴曹芳，只把曹芳的車駕移到伊水岸邊，築營防守。

司馬懿擔心曹爽挾天子相抗，於是派人勸降，再三強調只是免去官職，不會要他的性命。

這時大司農桓範從城裡逃了出來，投奔到曹爽帳下，勸他到許昌去。桓範的意思是，從高平陵到許昌，不過兩天兩夜的路程，許昌是曾經的首都，有宮室可以落腳，有武庫足以武裝軍隊；再加上手上有皇帝曹芳，可以挾天子調集各方軍隊圍攻洛陽；還有一點，大司農本身就掌管錢糧，所以不用擔心糧草的問題。

曹爽想了一夜，覺得妻兒老小都在洛陽，投降無非是丟了官職，做個富翁也不錯，於是選擇投降。曹爽沒有想過，如果他從未掌握大權，這種可能性倒是有，只是現在就算胸無大志，司馬懿對他也不會放心。

回洛陽後，司馬懿先派人把曹爽軟禁在家，不久後就以謀反的名義滅他三族，桓範也連帶被殺。同為宗室的夏侯霸因為害怕被牽連，投奔了蜀漢。

曹姓的祖上本姓夏侯，西漢時，著名的開國功臣曹參曾給手下的一位夏侯將軍賜姓曹，於是這一支夏侯氏改為曹姓，曹操即是這一支的後代。

司馬懿清除了以曹爽為首的曹氏宗族勢力後，逐步掌控了曹魏政權。

一年後，鎮守壽春的王淩發動兵變，聲討司馬懿。司馬懿出兵討伐，王淩自知不敵，於是投降，在押解洛陽的途中自殺，後被夷三族。

不久，司馬懿病死在洛陽，比孫權還早一年。

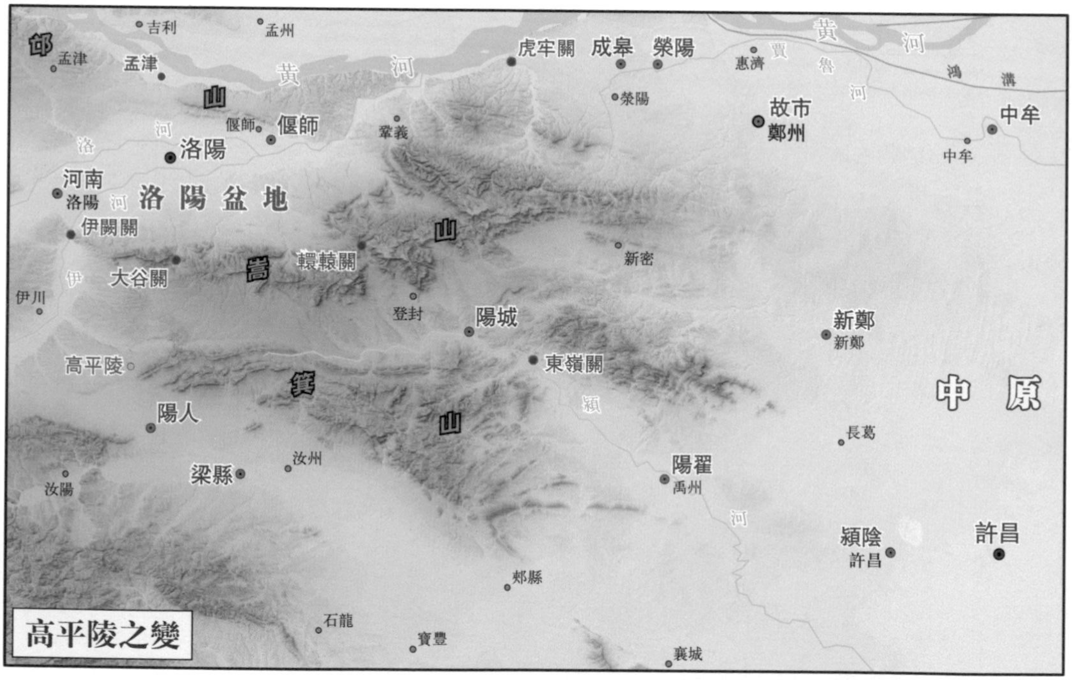

高平陵之變

第二十七章 姜維北伐

《三國演義》說姜維九伐中原，實際上歷史記載有十一次，前後二十多年，當然討伐的不是中原，主要是隴右。

在成為蜀漢的大將軍前，姜維北伐了五次：

第一次北伐

西元二三八年，姜維隨大將軍蔣琬駐紮漢中時，多次率偏師西出隴右與魏軍交鋒。

第二次北伐

西元二四四年，這次其實是防守反擊。當時曹爽剛把司馬懿架空，想要立些軍功樹立威信，親至長安，麾軍攻入漢中，守漢中的是王平，兵力不足，姜維和費禕前往支援，大敗曹爽。

第三次北伐

西元二四七年，這時蔣琬已死，費禕掌權，姜維跟著升了一級。這次的起因是雍涼地區的羌氐人背魏降蜀，姜維領兵接應，和郭淮、夏侯霸大戰於洮水以西，接回幾個羌氐部落，並把他們遷到蜀地。相比諸葛亮，姜維的足跡更廣，已經深入到了青藏高原的東端，這也是因為他熟悉羌氐人生活習性的緣故。

第四次北伐

西元二四九年，正是「蜀中無大將，廖化作先鋒」的時候，姜維一人身兼統帥、大將、救兵、先鋒等角色，與眾多魏將作戰。

一開始，姜維派廖化去取洮城（今臨潭），自領大軍進兵隴右，在曲山（今甘肅岷縣東百里處）築了兩座城，名為曲城，派兩名將領駐守，然後開始聯合附近的羌氐人進攻附近的郡縣。姜維之所以選擇在曲山築城，是因為魏國在這裡統治薄弱，而且這裡對天水、隴西、南安等郡具有居高臨下的優勢，如果把這裡經營好，可以做為攻占隴右的基地。

魏國的征西將軍郭淮知道曲城離蜀地遙遠，運糧困難，如果長久圍困，可以不戰而克，於是採用圍城打援的策略：命雍州刺史陳泰、討蜀護軍徐質、南安太守鄧艾包圍曲城，切斷交通和水源。眼看曲城的蜀軍被困，姜維只好領兵救援，結果到了牛頭山（岷縣東南，洮河南岸），被陳泰擋住去路，一時難以挺進，又聽說郭淮親領大軍已到洮水，企圖切斷他的退路，急忙率軍撤回。曲城因為孤立無援，最後投降魏軍。這時，郭淮開始向西反擊羌氐各部，並留鄧艾屯兵於白水（今白龍江）北岸，以防蜀軍反攻。姜維聞訊，讓廖化別去洮城，就在白水南岸紮營牽制鄧艾，自己率重兵北上，奔襲洮城。要說鄧艾還真是姜維的剋星，立即識破他的意圖，連夜搶占洮城。姜維一看大勢已去，只好撤兵。

姜維北伐
河
蘭州
榆中
榆中
永靖
河關
黃
積石山
臨夏
枹罕
臨夏縣
東鄉
洮
河
故關
廣河
和政
狄道
臨洮
康樂
高城嶺
渭源
鍾堤
甘南
合作
會寧
定西
隴西高原
靜寧
西吉
通渭
隴西郡
襄武
隴西
南安郡
獂道
隴右
秦安
漳縣
渭
武山
天水郡
河
甘谷
冀縣
武城山
洮城
臨潭
侯和
卓尼
洮
河
上邽
天水
董亭
曲山
臨洮
岷縣
曲城
石營
西縣
祁山
祁山堡
牛頭山
禮縣
西
強川口
宕昌
建威
西和
迭部
沓中
漢
武都郡
下辯
成縣
青藏高原
舟曲
白
水
若爾蓋
龍
江
隴南
康縣
松潘草地
白
九寨溝
水
江
陰平郡
陰平
文縣
岷
橋頭
摩
天
嶺
白水關
松潘
山
青川
涪
平武
葭萌關
劍閣
劍閣
岷
江
江油
黑水
江
北川
江油
巴
蜀

第五次北伐

西元二五〇年，姜維再次出兵隴右，聯合羌氐，攻取魏國的西平郡（今西寧）不成功，抓獲一位名叫郭脩的魏國中郎將回成都，前面說過就是他刺殺了費禕。

前五次北伐，規模都不大，因為姜維手上的兵權有限。費禕死後，無人掣肘，姜維開始頻頻北伐。

第六次北伐

西元二五三年，吳國太傅諸葛恪興師伐魏，姜維乘機率數萬人出兵石營（曲城以東），包圍南安郡。結果久攻不克，最後糧盡退兵。

第七次北伐

西元二五四年，魏國司馬師剛掌權，地位不穩，內部一片混亂。屬於魏國的狄道（今臨洮）長官李簡不想侍奉司馬氏，於是偷偷向蜀漢請降。姜維趁機出兵，李簡果真獻城。姜維占了狄道，然後發兵圍攻隴西郡的治所襄武（今隴西），魏國守將徐質反擊，蜀軍先鋒大將張嶷戰死。本來這次出兵，很多人懷疑李簡是詐降，只有張嶷堅信，姜維才出兵的。姜維率軍隨後趕到，斬殺徐質，算是替張嶷報了仇。魏軍敗退，姜維乘勝追擊，攻破河關（今積石山北黃河南岸）、臨洮（今岷縣）兩城。奇怪的是，姜維沒有分兵守城，而是把河關、臨洮、狄道三個縣城的百姓都遷入蜀地，然後撤兵了。其實仔細想想也不奇怪，這裡土地貧瘠，糧產有限，養不活那麼多軍隊，如果要守城，還需從蜀地運糧，這裡的糧道比祁山還難走，與其這樣，不如把這裡有限的資源（人口）帶走，藉此削弱對方力量。

第八次北伐

西元二五五年，司馬師病亡，魏國一片混亂，姜維趁機和夏侯霸一道出兵。八月，姜維到達枹罕，然後向狄道進軍。姜維出兵隴右，經常沿白水往西，然後北上，從西往東迂回作戰。這是因為愈往西，魏國的勢力愈弱，而姜維對羌氐人的民風很熟，所以對他來說愈有優勢。魏國方面，征西將軍郭淮已死，接替他的是陳泰，而王經則繼任了陳泰原來雍州刺史的職務。陳泰命王經進駐狄道，並且讓王經等他從陳倉趕來後再夾擊蜀軍。但王經不聽，擅自出兵迎擊蜀軍，結果姜維在故關（狄道北）大敗王經，魏軍損失數萬，王經只剩萬餘人退守狄道，姜維乘勝圍攻狄道城。魏國新任的大將軍司馬昭一看情況不妙，命鄧艾為安西將軍，與陳泰並力抗蜀。陳泰與鄧艾會合後，沒有沿渭水和洮水而上，而是出其不意地繞過高城嶺（今渭源西北），到達狄道東南方向的土山上。這裡地勢高，可以透過放火或擊鼓與城內呼應，一時間守狄道的魏軍士氣大振。姜維想仰攻土山沒有成功，又聽說陳泰要截斷蜀軍退路，於是從鍾堤（狄道南）方向撤軍。

第九次北伐

西元二五六年，因為上一次大勝仗，姜維被正式任命為大將軍。魏國方面，陳泰被調到東線對付吳國，守隴西的是鄧艾。這一次，姜維兵分兩路，和漢中都督胡濟（王平死後由此人繼任）約好在上邽（今天水）會合。一開始姜維走祁山道，按照以前諸葛亮的線路，沿西漢水而上，到達源頭後，再往北不遠就是上邽，結果剛到祁山，就聽說鄧艾有準備，於是改從董亭方向去攻南安郡。鄧艾又是快人一手，派人搶先占據武城山，憑險固守。從祁山到南安郡，武城山是必經之地，姜維見已經失了地利，就算強攻也難取勝，於是順渭水東進，還是把上邽做為目標。姜維在段谷遭遇鄧艾的主力，雙方一場惡戰，胡濟沒有按約定趕來，姜維獨力難支，最後大敗而回。這是姜維北伐以來最大的敗仗，因為這次失敗，姜維請求自貶為後將軍，行大將軍事。

第十次北伐

西元二五七年，魏將諸葛誕聯合東吳在淮南起兵反叛司馬昭，司馬昭把關中的兵力調往淮南，關中兵力空虛，姜維趁機出兵關中。在秦嶺四條古道中，姜維選擇最難走的儻駱道。儻駱道是漢中通往關中距離最近的通道，因為秦嶺在這個地方最窄，當然也是最險的，其間要翻越五、六座分水嶺。我們知道，古人開道一般都沿著河谷，一是借水勢開山，二是方便取水。生命離不開水，大軍翻山越嶺，餓幾天不會要人命，但如果脫水就有生命危險。比如褒斜道，是由褒水和斜水的河谷組成，中間只有一道長約五里的緩坡離開了水源，所以不用擔心缺水的問題。而儻駱道是由西駱谷水、黑水、涓水、酉水、儻水等眾多河谷斷續組成，其中幾乎有一半的路程離開了水源。十三年前，曹爽大軍就是從儻駱道進兵漢中，結果因為缺水，不僅士兵，就連運輸糧草的牛馬也渴死了不少，再加上蜀軍在各個谷口設伏，曹軍最終大敗而歸。

這一年冬，姜維兵出駱谷，到達沈嶺一帶。在沈嶺的北邊山腳，魏國有一個據點名為長城，當時魏國在這裡囤積了大量糧草，而且防守薄弱，聽說姜維到了，魏國守軍惶恐不安。魏國的征西將軍司馬望（陳泰去了兩淮）和安西將軍鄧艾擔心姜維襲擊長城，立即前往長城合兵據守。姜維出了谷口就是芒水（今黑河），在這裡依山紮營，司馬

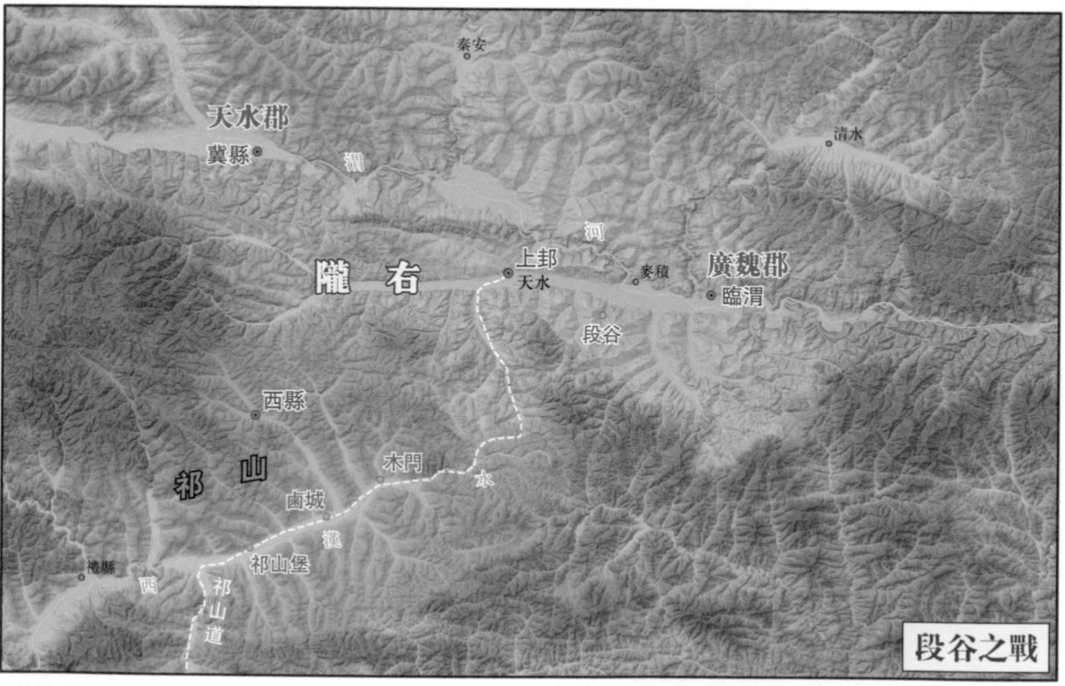

段谷之戰

望、鄧艾也依水下寨。兩軍隔水相望，姜維多次挑戰，魏軍因兵力不足，堅守不出。

兩軍長期對峙，相持不下。到了第二年的三、四月間，姜維得到消息，諸葛誕敗亡，意味著魏國從江淮騰出手來了，很快就會派大軍支援西線，於是退兵。回成都後，劉禪再次任命姜維為大將軍。

姜維連年北伐，戰術上贏得多，輸得少，可是在戰略上卻沒有什麼成效，隴右仍然在魏國手上，蜀漢的邊境線未往前推進一步，更重要的是，連年北伐對蜀漢的國力消耗巨大，軍民都很疲憊，於是不再輕易對外用兵，把重點放在漢中的防守上。

當年魏延鎮守漢中時，在周圍的各個

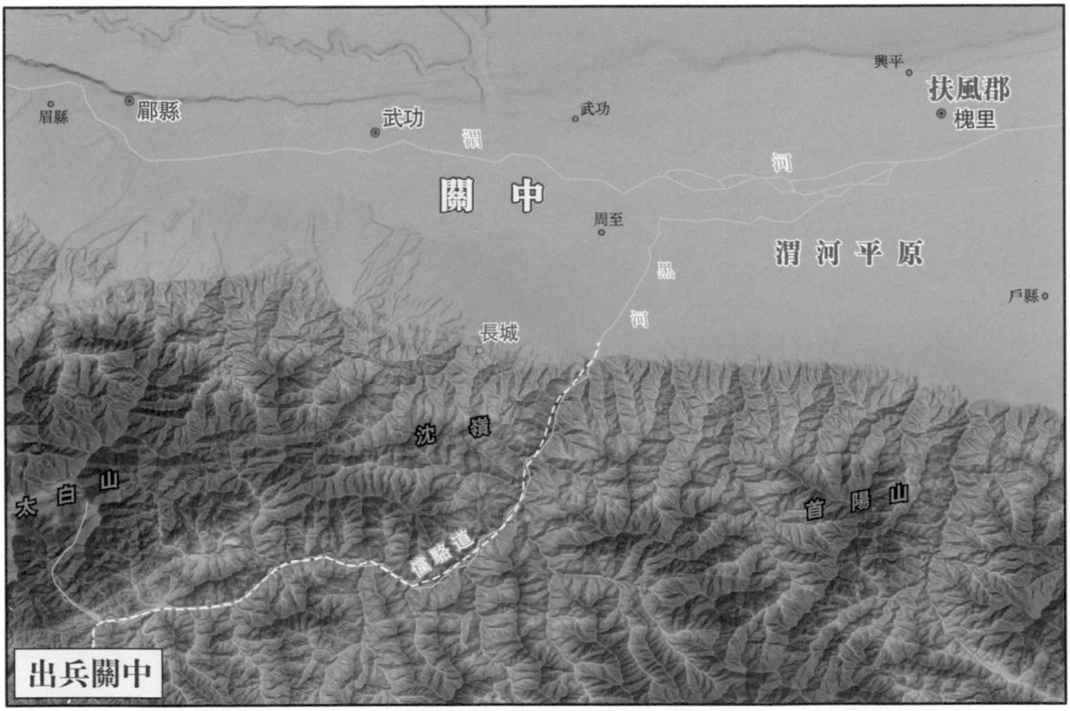

出兵關中

山口都設有據點，部署兵力，魏軍來犯很難進入漢中盆地。這個方法後來王平沿用了，但卻有個弊端，就是消耗過多兵力，在蜀漢國力鼎盛時期可行，但到了現在，蜀漢國力日漸衰微時就有些吃力了，於是姜維提出「斂兵聚谷」的策略。

所謂斂兵聚谷，就是把漢中周圍的一些據點撤掉，可以省不少兵力，重點放在漢（沔陽）、樂（城固）兩座城。如果魏軍來了，翻過崇山峻嶺到達漢中盆地，沒有大型攻城器械，攻城不下，又因為糧道不便，堅持不了多久自然糧盡退兵，這時士氣是最低落的時候，再發兵出擊，可獲全勝。簡單點說就是堅壁清野，用游擊戰把敵人拖疲，再趁敵人退兵時追擊；以前是拒敵於漢中之外，現在是把敵人放進來，拉長敵人的補給線，以圖全殲敵人。毛澤東的游擊戰術「敵進我退、敵駐我擾、敵疲我打、敵退我追」和這有異曲同工之妙。

總之，姜維這個新方法，第一可以省卻蜀漢布防的兵力，第二可以更多地消滅敵人有戰鬥力的部隊。蜀漢朝廷覺得這個方法不錯，便命漢中都督胡濟退守延壽（葭萌關），王含守樂城，蔣斌守漢城。只是姜維沒想到，如果敵人的兵力占有絕對優勢，把漢中占得滿滿當當，游擊戰就無從談起，反而讓漢中門戶大開，後來司馬昭正是鑽了這個漏洞。

第十一次北伐

西元二六二年，距離上一次北伐五年之後，姜維再次北伐，攻入洮陽（即洮城）境內。魏將鄧艾抓住姜維孤軍深入、補給困難的特點，搶占有利地形，在侯和（洮城以東，今卓尼東北）布下兵馬，以逸待勞阻擊蜀軍。雙方激戰後，魏軍反攻，蜀軍大敗，姜維只能退回遝中（今舟曲西北）。

這是姜維第十一次北伐，也是最後一次。相對於軍事上的失利，另一個更嚴峻的問題正等著他。

姜維雖然繼承了諸葛亮的衣缽，但在蜀漢朝廷中的地位和諸葛亮無法相比。諸葛亮在世時，軍政大權一把抓，劉禪雖不是傀儡皇帝，但基本上沒什麼權力。在蔣琬、費禕掌權的時代，這種狀態也基本延續。但任何皇帝都不希望自己手上沒權，諸葛亮在世時，劉禪無話可說，一切聽從相父安排，算是心服口服；蔣琬、費禕繼任後，因為是諸葛亮一手安排的，他也不敢不聽。其中還有一個人，就是董允，也是〈出師表〉提過的人，和諸葛亮、蔣琬、費禕合稱蜀漢四相，但他的職務是侍中，統管宮中禁軍，地位非同小可。董允為人正直，經常反對劉禪的不正當行為，劉禪對他非常忌憚。等董允死後，劉禪就沒有什麼可怕的人了，於是開始胡作非為。歷來所有皇帝都不願被架空權力，如果是個能幹皇帝，就親自參與政事或軍事，保障自己大權不會旁落；如果是個無能皇帝，只能透過太監去干涉大臣的行為，藉此達到權力的制衡。劉禪屬於後者，他靠重用太監黃皓來達到目的。

黃皓一開始也非常忌憚董允，董允在位時，他的職位一直不高。等董允一死，陳祗接任，不僅沒有壓制黃皓，還相互勾結，於是黃皓開始參與政事。

陳祗死後，黃皓從黃門令升為中常侍、奉車都尉。中常侍是皇帝的侍從，傳達皇帝詔令，掌理文書，奉車都尉掌管皇帝的車駕。黃皓身兼二職，出則奉車，入則侍奉左右，成為皇帝親信，於是開始專秉朝政，網羅關係，打擊異己，就連劉禪的弟弟劉永都因為他的讒言而與劉禪疏遠，以致十多年不能相見，還有諸葛亮的兒子諸葛瞻居然也站到了黃皓一邊。

可以說，到這個時候，蜀漢的朝政已經烏煙瘴氣。而姜維常年在外打仗，根本沒有機會參與朝中政事，也沒有人脈關係，地位岌岌可危。

最後一次北伐前，姜維見黃皓愈來愈肆無忌憚地把持朝政，就上表劉禪將黃皓處死。劉禪不同意，推脫說黃皓不過是一個小人，不用在意，還讓黃皓向姜維謝罪。等姜維北伐失敗，諸葛瞻和董厥等人上表劉禪，說姜維好戰無功，致使蜀漢疲弊，要求剝奪他的兵權，改任益州刺史。姜維這才感覺到黃皓能量的廣大，不敢回成都，請求在遝中種麥。遝中地處高寒，土地貧瘠，說是種麥，實為避禍。姜維知道，一旦喪失兵權，下一步等待他的將會是什麼。

一直以來，姜維不是北伐就是在北伐的路上，經略之地無非就是漢中和隴右，魏國一直很忌憚他，就連鄧艾也不例外，所以一直處於防守態勢。但遝中已經遠離了漢中和隴右，姜維這一出走，給了魏國一個天大的機會。

第二十八章 吳宮內鬥

孫休的出現，彷彿就是吳國的迴光返照。只是，歷史留給東吳的時間也不多了……

先說一下魏國的情況。

司馬懿掌權後，魏國發生三次反對司馬氏的兵變，都發生在壽春，所以史稱淮南三叛。當然，說他們叛亂是站在司馬氏的立場，實際上真正叛魏的是司馬氏，這些反叛司馬氏的人都是曹魏的忠臣。

除了第一次王淩兵變被司馬懿鎮壓下去外，隨後又發生了兩次。

第二次兵變是毌丘儉和文欽。

司馬懿死後，長子司馬師繼續掌權。西元二五四年，李豐、夏侯玄（夏侯霸之侄、曹爽表弟）和張緝等人圖謀推翻司馬師，改立夏侯玄為大將軍輔政，但事情敗露，三人都被殺。魏帝曹芳對此感到不平，引起司馬師不滿，於是在數月後廢了曹芳，改立曹髦。曹髦這時才十三歲，年紀小，當然好控制。接連發生的兩件事，讓駐守壽春的鎮東將軍毌丘儉和揚州刺史文欽非常不滿，於是起兵反叛。

西元二五五年，毌丘儉和文欽進兵項城。司馬師親領大軍討伐，先命一支兵馬搶占南頓，擋住毌丘儉和文欽的去路，深溝高壘，堅守不戰；其他人慢慢向項城合圍，並讓鄧艾誘敵。毌丘儉和文欽前進不能，想撤退又擔心壽春被襲，左右為難。要命的是，軍中將士的家屬都在北方，時間一長，軍心動搖，部隊開始潰散，只有在南方新招的士兵還在賣命。這個時候，毌丘儉見屯駐在樂嘉的鄧艾兵少，於是派文欽攻擊鄧艾。可是等文欽到達時卻發現司馬師的大軍也來了，知道中計，於是撤退。司馬師命人追擊，文欽敗退。毌丘儉一見文欽敗退，連夜逃走，部眾一時四散而逃，毌丘儉逃到慎縣時中箭而亡。毌丘儉曾協助司馬懿平定遼東，戰功卓著，沒想到最後卻死在司馬氏手中。文欽回到項城一看到大軍已經潰散，壽春又被諸葛誕占領，於是逃往東吳。當初事發時，東吳曾派兵到壽春支援，但等東吳兵到，諸葛誕已占領壽春，只好退兵。

第三次兵變的發起者正是這位諸葛誕。

諸葛誕是諸葛亮的遠房族弟，效力於魏國。在這次平叛中，諸葛誕因功升任征東大將軍，但其實內心很不安，因為他也是忠於曹魏的一分子。

毌丘儉、文欽之叛平息後，司馬師在班師途中因眼疾痛死，弟弟司馬昭接任。司馬昭為了剷除支持曹魏的勢力，打算逼反諸葛誕，徵召他入朝為司空。

諸葛誕得到消息後十分害怕，知道這一去是什麼結果，於是在西元二五七年殺揚州刺史樂綝，造反了。與此同時，諸葛誕還把長子派到東吳當人質，請求援兵。其實這就是司馬昭要的結果，眼看諸葛誕的叛心已經坐實，便親率二十六萬大軍討伐。屯兵丘頭後，兵分兩路，一路由王基、陳騫領軍包圍壽春，一路由石苞、胡質、州泰南下抵擋東吳的救兵。東吳的援軍裡有上次投降的文欽，他和唐諮、全懌等人趁魏軍的包圍圈還未形成時突入壽春城。結果沒想到，文欽等人進了壽春，卻未能突圍出來。另兩路吳軍也被魏軍擊破，後方還被魏軍燒了糧草，吳軍無力再戰，被迫退兵。

諸葛誕沒等到援兵，被困壽春，部將蔣班和焦彝勸其專攻一方突圍，諸葛誕沒聽，還想殺了二人，結果二人出城投魏。接著，司馬昭採用鍾會的計謀，誘降了諸葛誕的幾名部將，諸葛誕感到事態不妙。

文欽一直堅信東吳救兵必至，但最終也沒等到，便和諸葛誕一起突圍，結果失敗，死傷慘重，只好再撤回城內。此時城內糧食消耗殆盡，已有數萬人出城投降。文欽想把城裡的北方人放出去，只留吳國士兵據守。北方人家在北方，無心抗敵，接二連三地投降很動搖士氣；另外，人少了，可以減少糧食的消耗。但這些北方人都是諸葛誕的部下，他不僅不聽，還殺了文欽。文欽的兩個兒子聽說父親被殺，於是投降司馬昭，並得到司馬昭的封賞。這下子，壽春軍民鬥志徹底崩潰。最終司馬昭在西元二五八年二月攻克壽春，諸葛誕兵敗出逃，被魏軍擊殺，第三次兵變失敗。

經過三次兵變，司馬氏基本上已清除朝廷裡擁護曹魏的勢力，為日後的篡位鋪平道路。當然，對這一切看得最真切的還屬魏帝曹髦，所以他說：「司馬昭之心，路人皆知。」西元二六〇年，曹髦已經二十歲（虛歲），終於忍無可忍，帶著幾百名侍衛殺向司馬府，結果遭人告發，反而被殺身亡。事後司馬昭另立曹奐為帝。曹奐手上已經沒有任何權力，實際是個傀儡。

再說東吳的情況，自從孫權死後，孫亮即位，諸葛恪、孫峻、滕胤輔政。

孫權剛死的時候，司馬師趁東吳政局未穩而大舉南下，從荊州和江淮兩路攻吳，諸葛恪率吳軍反擊，大獲全勝。孫亮因此加封諸葛恪為丞相，一時權傾朝野。但也因為這次勝利，讓諸葛恪產生幻覺。

西元二五三年春，諸葛恪準備出兵伐魏。大臣們認為東吳剛經歷一場大仗，軍士疲憊，國力不支，需要休整。但諸葛恪不顧眾人反對，徵召二十萬人攻打合肥新城。

合肥新城是魏明帝曹叡時代的征東將軍滿寵修建的，位於合肥城以西十五公里處。合肥城因為靠近南淝河，連通巢湖，對吳國的水兵有利。新城正是規避了這一缺點，離南淝河遠，這樣東吳的水軍就不能沿水路直接攻到城下，一旦水軍上岸，就失去了優勢。自新城建成以來，東吳至少三次投入十萬以上的兵力攻打合肥新城，均未成功。

到了新城，諸葛恪開始包圍。魏國守新城的只有三千人，苦戰一個多月，死傷過半。但即使這樣，諸葛恪也沒能把新城拿下，於是下令強攻。眼看城池將陷，魏軍守將來了個緩兵之計，向吳軍詐降，然後連夜修補城防工事，繼續死守。吳軍日漸疲憊，再加上天氣太熱，喝的水不乾淨，超過一半的士兵開始拉肚子或得了腳氣病，死傷隨處可見。當各營軍官把這個情況報告諸葛恪時，諸葛恪認為他們撒謊，揚言要處死他們，於是沒有人再敢如實彙報。

新城久攻不下，諸葛恪非常生氣，脾氣也更大。有一位叫朱異的將軍提了點建議，諸葛恪大怒就奪了他的兵權；都尉蔡林幾次獻策，諸葛恪都當沒聽見，於是他直接投奔魏國。

魏國的援軍知道吳軍已毫無鬥志，於是命司馬孚、毌丘儉率軍急進，合擊吳軍。諸葛恪被迫退兵，倉皇之間，吳軍士兵有生病的、路上跑丟的、當場倒地而亡的、被魏軍捕獲的，大呼小叫，慘不忍睹，而諸葛恪卻安然自若，一副事不關己的樣子。

諸葛恪在江邊待了一個月，又想到尋陽屯墾，主要是剛吃敗仗，就這樣回去感覺很沒面子。直到東吳朝廷召他回去的詔書一道接一道地送來，他才慢吞吞地起兵返回。從此，東吳百姓對諸葛恪大失所望，怨恨的情緒也由此而生。

同年八月，諸葛恪回到建業，首先把中書令叫來罵了一頓，然後把他出征後朝廷任命的官員全部罷免，換成自己的親信。而且，他的脾氣愈來愈大，動不動罵人，還時時想著進攻青、徐二州。

當初孫權挑選託孤大臣時，本來沒有看中諸葛恪，覺得他剛愎自用，是孫峻的力薦，諸葛恪才有了機會，而且居眾位託孤大臣首位。現在，孫峻看到諸葛恪人心盡失，覺得自己的機會來了，於是和吳主孫亮合謀，擺了一場鴻門宴，召諸葛恪進宮，殺了他，隨後夷三族。

孫峻升任丞相大將軍，掌控吳國軍政大權。同年，孫峻為巴結孫權長女全公主孫魯班，賜死了廢太子孫和。

孫峻掌權時正趕上魏國的第二次淮南兵變，沒救到毌丘儉，但正好接上了文欽。

西元二五六年，在文欽的慫恿下，孫峻北上伐魏，途中病死，堂弟孫綝繼任。

孫綝掌權後，第一個消滅的就是對他威脅最大的滕胤、呂據，而後升任大將軍。

孫綝在任時，趕上魏國的第三次淮南兵變。孫綝不但沒救出諸葛誕，還臨陣斬了一員大將。回建業後，孫亮已經開始親政，於是責問他。至此，孫綝和孫亮的矛盾開始激化。

西元二五八年，孫亮本想謀殺孫綝，結果走漏消息，反被孫綝圍困。孫綝廢黜了孫亮，改立琅邪王孫休為帝。孫休即位後，加孫綝為丞相，至此孫綝權傾朝野。

孫休比孫亮機靈，不但替孫綝加官，還給孫綝一家全封了侯，平時沒事就給些賞賜，以此防止他做出什麼過激的行為。一次，有人告發孫綝意圖謀反，孫休就把告發人交給孫綝發落。孫綝把告發人殺了，事後想想覺得哪裡不對，開始害怕，就對孫休說想去武昌（今鄂州）屯駐。孫休一開始答應了，馬上有大臣反對，說這樣會造成國家割裂。孫休便和張布密謀，想一舉解決孫綝。於是在這年冬天十二月初八，就是臘八，借臘祭之日，如出一轍，孫休也擺了一場鴻門宴，殺了孫綝，隨後夷三族。

孫休認為孫峻、孫綝是家族的恥辱，將二人從族譜上除名，改稱故峻、故綝。孫休還說，諸葛恪、滕胤、呂據原本無罪，只是受了孫峻、孫綝兄弟殘害，他為此感到痛心，希望能為他們改葬，並加以祭祀，因受他們牽連而被流放的人，都可以回來了。

孫休正位後，東吳總算回到正常軌道。孫休的出現，彷彿就是吳國的迴光返照。只是，歷史留給東吳的時間也不多了。

第二十九章 鄧艾滅蜀

姜維出走遝中，蜀漢的主帥不在漢中，這給了魏國可乘之機……

西元二六二年冬，司馬昭召集文武大臣商議伐蜀事宜，就連鄧艾在內的群臣都反對，認為蜀國的防線沒有漏洞，只有鍾會贊同。於是司馬昭一面命青、徐二州開始造船，還讓駐守利城（今連雲港）的唐諮造浮海大船，做出要大舉伐吳的架勢，一面令鍾會進駐關中，謀劃伐蜀事宜。

遠在遝中的姜維一眼就識破了司馬昭的聲東擊西之計，西元二六三年，姜維上表劉禪，說鍾會在關中治兵，肯定是對蜀漢有所圖謀，應當讓張翼、廖化分別去防守陽安關和陰平橋頭，防患於未然。但黃皓崇信鬼神，請巫師卜了一卦，巫師告訴他不會有敵人來。黃皓把這話告訴劉禪，劉禪就把姜維的表章壓下，不予理睬，其他的大臣毫不知情。

同年八月，魏國徵召十八萬兵馬，分三路南下攻蜀：征西將軍鄧艾率三萬多人，自狄道殺向遝中；雍州刺史諸葛緒同樣率三萬多人，從祁山向武都、陰平橋頭方向挺進；鎮西將軍鍾會親率十多萬人，同時從褒斜道、儻駱道、子午道穿越秦嶺進入漢中。

司馬昭這一招十分狠毒，狄道位於遝中的正北方，從狄道可以順洮水而上，在臨洮（今岷縣）登陸後，翻過牛頭山就是遝中。很顯然，鄧艾的任務就是正面攻擊姜維。從遝中順白水（白龍江）而下，就是白水關，從白水關北上是漢中，南下是巴蜀盆地，諸葛緒進兵橋頭，就是要截斷姜維的退路。一南一北，意圖全殲蜀軍的主力於關外。而漢中這裡，自從姜維採取「斂兵聚谷」的策略以來，守軍很少，鍾會有十多萬人，雙方兵力相差懸殊，而姜維的主力在外又不能支援，「斂兵聚谷」的方式就不管用了，司馬昭瞅準的正是漢中守兵少而主帥在外的這個漏洞才毅然發動進攻。

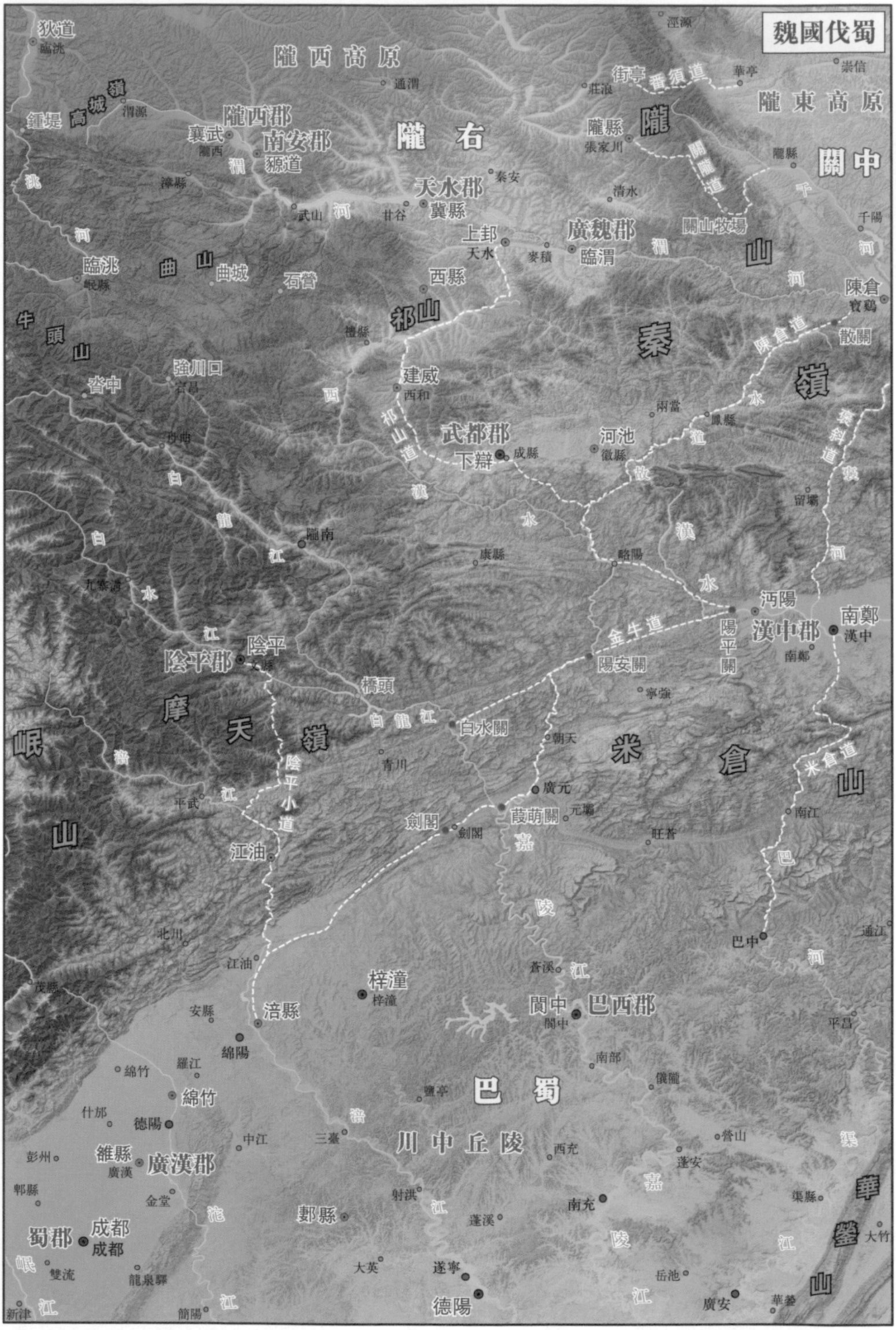
魏國伐蜀
狄道
臨洮
隴西高原
通渭
涇源
街亭
莊浪
晉須道
華亭
崇信
隴東高原
鍾堤
高城嶺
渭源
隴西郡
襄武
隴西
南安郡
獂道
隴右
隴縣
張家川
隴
關隴道
隴縣
關中
洮
渭
漳縣
秦安
天水郡
冀縣
清水
武山
甘谷
河
上邽
天水
廣魏郡
臨渭
麥積
關山牧場
千陽
千
河
臨洮
岷縣
曲山
曲城
石營
西縣
山
渭
河
陳倉
寶雞
牛頭山
祁山
禮縣
秦
散關
陳倉道
強川口
宕昌
沓中
建威
西和
嶺
西
祁山道
舟曲
武都郡
下辯
成縣
河池
徽縣
兩當
鳳縣
水
道
褒斜道
褒
白
故
留壩
龍
隴南
漢
漢
水
康縣
略陽
白
九寨溝
水
江
水
沔陽
金牛道
陽平關
漢中郡
南鄭
漢中
南鄭
陰平
陰平郡
文縣
陽安關
橋頭
寧強
白龍江
白水關
摩天嶺
朝天
米倉
岷
涪
陰平小道
青川
廣元
米倉道
山
平武
江
葭萌關
元壩
南江
劍閣
劍閣
嘉
旺蒼
山
江油
巴
陵
北川
巴中
通江
江油
茂縣
蒼溪
江
河
梓潼
梓潼
閬中
巴西郡
閬中
安縣
涪縣
平昌
綿陽
綿竹
羅江
南部
巴蜀
儀隴
鹽亭
綿竹
什邡
德陽
涪
中江
三臺
營山
渠
川中丘陵
西充
彭州
雒縣
廣漢
廣漢郡
蓬安
嘉
郫縣
金堂
射洪
集縣
華
沱
江
郪縣
蓬溪
南充
蜀郡
成都
成都
陵
鎣
大竹
岷
雙流
大英
遂寧
岳池
山
江
龍泉驛
德陽
江
江
廣安
新津
簡陽
華鎣

劉禪得到消息後著急了，忙命廖化增援姜維，又派張翼和董厥到陽安關防守鍾會。劉禪大概也感覺到漢中保不住，就要保住第二道防線陽安關。

漢中的防守按照姜維「斂兵聚谷」的方針，其實就是沒有防守，所有的兵力都退守漢、樂二城，原先設置在各個棧道出口的據點，包括陽平關，都沒有設防，所以魏軍很輕鬆地進入漢中盆地。九月，鍾會進入漢中後，派李輔進攻樂城（城固）的王含，荀愷進攻漢城（沔陽）的蔣斌，另派胡烈攻陽安關。

從漢中到成都平原共有五個關口：陽平關、陽安關、白水關、葭萌關、劍閣。陽平關是防守漢中，沒有設防，我們先忽略。另外還有兩個關，白水關和葭萌關，之前劉備攻蜀時提過，不是一夫當關、萬夫莫敵的關口，因為它們要同時防守兩個方向的進攻：白水關防守來自陽安關和白水上游，葭萌關防守來自陽安關和白水關。這種關口在敵方人數夠多時，敵人完全可以留下一部分人包圍關城，主力則繞城而過。所以，蜀漢的這次防守，主要在金牛道，重點就在陽安關和劍閣。

駐守陽安關的是蜀將傅僉原本堅守不出，魏軍無可奈何。傅僉有個部將名叫蔣舒，因為不久前的一次降職一直懷恨在心，便鼓動傅僉出戰。等傅僉出戰後，蔣舒就投降魏軍，傅僉最終戰死沙場。陽安關就這麼丟了。陽安關城裡囤積了大量的糧食，魏軍遠途奔襲，又穿越秦嶺，本來運糧困難，這下糧食問題暫時得到緩解。於是鍾會留下兩萬兵力圍住漢、樂二城，親領大軍南下，直逼劍閣。

再說姜維這邊，如果應對失策，很可能全軍覆沒。

姜維當然不會坐以待斃，當鄧艾率大軍南下時，他已得知魏軍進入漢中，擔心陽安關有失，劍閣獨力難支，於是且戰且退，先退駐陰平，計畫沿白龍江而下，到白水關時再北上馳援陽安關。但魏國將領諸葛緒已經從祁山到達陰平橋頭。陰平橋頭處於白龍江和白水江的交匯處，正好切斷了姜維的退路。姜維往來隴右幾十年，十分熟悉這裡的地形，於是在快到橋頭時，虛晃一槍北上，做出要攻擊諸葛緒後部的架勢；諸葛緒擔心後路反被切斷，便後退三十里。姜維馬上回軍南下，穿過了陰平橋頭；諸葛緒發覺上當時，想追已然來不及。姜維一路向東，途中遇上了正北上救援的廖化、張翼、董厥等。聽說陽安關已失，於是眾人合兵一處，退守劍閣。

劍閣，又稱劍閣關，唐以後稱為劍門關。劍閣夾在兩座峭壁之間，西邊是小劍山，東邊是大劍山，中間是一條狹窄的閣道，故稱劍閣。劍閣關城是諸葛亮任蜀漢丞相時修築，他第一次北伐回軍路過時，發現這裡山高谷深，易守難攻，便修關一座，成為防守成都的最後一道大門。

鍾會率大軍到了劍閣，面對天險雄關，先致書姜維勸降，姜維不作回應。於是鍾會攻關，結果久攻不下。十月，眼看糧草不繼，鍾會便意圖退兵。

誰知這個時候奇蹟發生了。

鄧艾追擊姜維，到了陰平後，便上書說可以走陰平小道取涪城。

陰平小道就是從陰平（今文縣）翻越海拔二千多公尺的摩天嶺，先到江油，再到涪城。這裡是羌氐人的居住區，人跡罕至，山高路險，十分難走，平時根本沒有人把這裡當作一條路，所以蜀漢沒有設防。不僅是在漢朝，即使到了今天，這裡依然是人口稀少的地區。從陰平沿白水江往上，約五十公里處就是今天著名的九寨溝風景區。九寨溝之所以能保留下這麼原始純淨的山水風光，正是因為這裡地形複雜，人跡罕至。

鄧艾的意思是，如果從這條小路到達涪城，就到了劍閣的後方，那時姜維如果回援，攻劍閣的鍾會就沒有壓力；如果姜維不回救，他可以直取成都。

鄧艾本想與諸葛緒聯合經江油避開劍閣，直取成都。但諸葛緒以自己只受命攻擊姜維為由拒絕，領軍向東與鍾會會合。沒想到鍾會以畏懦不前為由告發諸葛緒，諸葛緒被押往洛陽，鍾會就此吞併他的部眾。

十月，鄧艾率三萬軍從陰平出發，穿過七百里地的無人區，一路鑿山通道，造閣架橋。要穿過這片無人區，不僅行軍困難，糧草運輸更是難上加難。克服種種難以想像的困難後，終於到達江油。江油位處崇山峻嶺之中，地形十分險要，但守江油的馬邈萬萬沒想到魏軍突然從天而降，以為神助，不戰而降。

本來魏軍到這時已是人困馬乏，疲憊交加，如果江油守軍據險固守，結果還真不好說，魏軍大概作夢也沒想到這麼容易就拿下一城。有了這個落腳點，魏軍得到補給後，立即揮兵南下，直指涪城。

劉禪聽說江油失守，派諸葛瞻抗擊鄧艾。從江油到涪城還有一段山地險路，尚書郎黃崇勸諸葛瞻搶占險地據守，不要讓敵人進入平地。諸葛瞻猶豫不決，於是鄧艾很快穿過山路，進入平地。諸葛瞻率軍到涪城迎敵，結果前鋒被鄧艾大敗，大軍退守綿竹。

鄧艾先遣使招降諸葛瞻，諸葛瞻怒斬使者。於是鄧艾派兒子鄧忠和師纂二人，左右兩面夾擊蜀軍，不料大敗而回。鄧艾大怒，揚言要殺了兩人，命二人再戰，將功補過，結果這一回大破蜀軍。諸葛瞻、張遵、黃崇等人戰死，鄧艾占領綿竹。下一步，就是進攻成都。

姜維一直在劍閣堅守，聽說諸葛瞻兵敗，擔心腹背受敵，就引軍東去，進入巴東郡的閬中。

姜維一撤軍，鍾會立即率大軍南下，進駐涪城，同時派人追擊姜維。

蜀漢的大部分兵力都在姜維手上，成都的兵很少，聽說魏軍突然

摩天嶺

從天而降時，早已嚇得不知所措。有人建議逃往南中，有人建議投吳，有人建議降魏。十一月，劉禪出城投降，迎鄧艾進城，同時傳令姜維等人向魏軍投降。

至此，蜀漢滅亡。

姜維退到郪縣時，接到劉禪投降的詔書，於是率廖化、張翼、董厥等人向鍾會投降。

姜維本以為蜀漢就此不復存在，但在看到鍾會的野心，以及鍾會和鄧艾的矛盾後，心裡燃起一絲亮光。於是姜維計畫先鼓勵和幫助鍾會反叛司馬昭，再找機會除掉鍾會，最後重新扶劉禪上臺，恢復蜀漢。鍾會為了擴張自己的勢力，極力拉攏姜維，兩人一時好得不得了。

鄧艾在這次伐蜀的戰鬥中立了奇功，開始忘乎所以，以天子的名義大肆封賞官職，還把綿竹作戰中死亡的魏國士兵和蜀國士兵一起埋葬，做成京觀，藉此誇耀自己的武功。鄧艾和鍾會都是優秀的將領，入蜀後都嚴格約束屬下，沒有為蜀地人民帶來災難，這是事實，但鄧艾卻常把這個掛在嘴邊，對蜀地官員說，如果不是碰上他，他們早被殺死了。鄧艾還說，姜維是一世豪傑，只是碰上了他才窮途末路，有一股「既生瑜，何生亮」的得意。

這些都成為鍾會置鄧艾於死地的把柄，做為這次伐蜀的主帥，鍾會被鄧艾搶了頭功，於心不甘。好在姜維向他投降，鍾會也算立了一功，就迫不及待地向司馬昭表功。

注意，鄧艾是以天子曹奐的名義大肆封賞，而鍾會則是向司馬昭表功。鍾會是朝臣，懂政治，鄧艾長期擔任邊關守將，對軍事非常嫻熟，對政治卻不敏感。

十二月，朝廷封鄧艾為太尉，進鍾會為司徒。

鄧艾的心思已放在伐吳，滅蜀後，他向司馬昭進言，一方面大戰後軍士疲憊需要休息，但應乘勝利之威，大造船隻，虛張聲勢，做出伐吳的架勢；另一方面，厚待劉禪，封為扶風王，給他錢財，派人服侍，讓吳主看到投降也是不錯的選擇。這樣一來，東吳就可以不戰而降了。

鄧艾的這些建議本沒有錯，可問題是他沒有替司馬昭考慮過，曹魏費三代（曹操、曹丕、曹叡）之力，司馬家也費了兩代三人（司馬懿、司馬師、司馬昭）之力，都沒有平定蜀漢，而他僅憑一人之力就建此奇功，司馬昭畢竟還不是皇帝，如果再讓鄧艾伐吳成功，那司馬昭在朝堂上還有什麼威信！

於是司馬昭讓監軍衛瓘告誡鄧艾：「此事應上報皇帝，不宜馬上實行。」顯然是找藉口推脫。

鄧艾再次上言，強調機不可失。還拿出古人的例子，意思是將在外，只要是有利於國家的事，可以獨斷專行，如果等朝廷的命令，恐怕錯失良機。

鍾會很合時宜地向司馬昭密報，說鄧艾已有謀反的端倪。於是司馬昭下令逮捕鄧艾，押送回京，鍾會進駐成都。

這時的鍾會手下有魏、蜀軍隊合計二十多萬，時機已經成熟，於是準備借郭太后的名義舉兵反叛。

郭太后是曹叡的郭皇后，她的名氣就是被三國後期各種政變、兵變而壯大：司馬懿高平陵之變借她的名，司馬師廢黜曹芳借她的名，司馬昭把死後的曹髦廢除皇帝身分也是借她的名；還有她死後，毌丘儉、文欽在淮南舉兵借她的名，這次鍾會兵變又是借她的名。

鍾會的計畫是，派姜維出兵斜谷，攻占長安，這也是姜維多年的夙願；然後再由關中水陸並進，攻占洛陽，進而奪取天下。

只是，司馬昭對鍾會早有戒心。他先派賈充領一萬兵馬進入漢中占據樂城，然後親率十萬大軍進駐長安。鍾會得知消息後，知道司馬昭已經對自己起了疑心，於是提前行動。他的想法是，如果成功，可以謀取天下，就算不成，也可以學劉備據有巴蜀。

鍾會把蜀地所有的魏軍召集到原蜀漢的朝堂，替郭太后發喪，並向大家出示廢黜司馬昭的所謂太后遺詔，要求眾將起兵。但眾將不從，於是鍾會扣押了他們。姜維趁機勸鍾會殺掉這些將領，心裡卻想，等鍾會殺了他們，再伺機殺掉他，這樣一來蜀地魏軍就成為沒有將軍的散兵游勇，不堪一擊，然後就可以恢復漢室。鍾會猶豫不決，結果消息走漏，這些將領的屬下串聯在一起，蜂擁而至，殺入蜀宮。雙方在宮城內外發生激戰，姜維、鍾會手下只有親兵幾百人，寡不敵眾，最終戰死。姜維一死，蜀漢就算徹底亡了。

鍾會死後，魏軍無人約束，到處燒殺搶掠。混亂之中，姜維的妻子、兒女被殺，原蜀漢太子劉璿，蜀漢官員張翼、蔣斌、蔣顯、衛繼等也被殺，關羽一家被龐德的兒子龐會滅門。鄧艾的部下想追上囚車，迎回鄧艾，結果衛瓘指使田續殺掉鄧艾父子，連師纂也被殺。衛瓘曾參與鍾會誣陷鄧艾的陰謀，擔心事情敗露，所以趁亂殺掉鄧艾滅口。因為此時鄧艾身上有謀反罪名，所以遠在洛陽的兒子們也被殺，孫子輩和女眷被流放到西域。最後還是衛瓘約束諸將，成都的混亂才算平息。

鄧艾做為入蜀的首功之人，偷渡陰平一戰堪稱中國戰爭史上典範。而他卻在平蜀後慘遭陷害，還禍及子孫，謀反的罪名一直到晉帝司馬炎時代才得以平反。

蜀漢滅亡後，劉禪被封為安樂公，遷往洛陽。一天，司馬昭設宴款待劉禪，還有原蜀漢的官員陪同。席間歌舞助興，演奏蜀中樂曲，蜀漢舊臣們想起亡國之痛，個個垂淚，只有劉禪怡然自若。司馬昭看到後便問劉禪：「安樂公，頗思蜀否？」劉禪答道：「此間樂，不思蜀。」

第三十章 三國歸晉

王濬的水師有八萬之眾，戰船沿江排開綿延百里，吳軍早已沒了鬥志，孫皓只能出城投降，於是吳國滅……

姜維死去的同一年，東吳的孫休也死了。鄧艾兵臨城下時，劉禪曾向東吳求救。孫休確實派出了救兵，只不過吳兵剛到漢水時，劉禪就投降了。

孫休死後，大臣濮陽興和張布違背了他的意願，迎立孫休的侄子孫皓為帝，但後來二人很快被孫皓藉口處死，而孫休的朱皇后和太子隨後也被逼死。孫皓繼位初期，政治清明；不久之後，志滿意得，沉溺酒色，專於殺戮，變得昏庸暴虐，完全是個亡國之君的樣子。

孫休死的第二年，即西元二六五年，司馬昭在洛陽病逝，其子司馬炎繼位。三個月後，司馬炎代魏稱帝，國號晉，史稱西晉。

西晉繼承了曹魏和蜀漢的版圖，統一天下只剩東吳這一塊了。但西晉從立國後，沒有按照鄧艾原先設想的立即伐吳，而是等了整整十五年，為什麼呢？

其一，吳國坐擁揚、荊、交三郡，實力遠在蜀漢之上。而且吳國的水兵很厲害，西晉做為北方政權，最缺的恰恰就是水軍，打造戰船、訓練水軍都需要時間。

其二，西晉要打的是一場縱貫南北、橫跨東西的大仗，需要準備足夠的戰略物資，以及挑選合適的軍官。

其三，此前曹魏無論是從荊州還是兩淮攻擊東吳，都沒討到便宜，這一回西晉吸取教訓，打算從巴蜀進軍。巴蜀處於長江上游，對荊州和江東具有地理上的優勢，而蜀漢剛收歸己有，還需要採取各種安撫政策，把這塊生地養成熟地，同樣需要時間。

我們先來看看西晉做了哪些準備工作：

從西元二六九年開始，司馬炎著手籌劃伐吳大業。首先是政治上，厚待劉禪和諸葛亮等人的後代，鞏固在巴蜀的統治。其次，對吳國實際分化瓦解政策，動搖其軍心、民心。經濟上，大力屯田，安定邊防，積攢糧草。軍事上，優選將帥，調整部署，令羊祜督荊州，鎮守襄陽；衛瓘督青州，鎮守下邳。最重要的，從西元二七二年開始，任王濬為益州刺史，在巴蜀大造戰船，訓練水師。王濬所造的戰船，長一百二十步（約一百公尺），可載二千人，上面建有樓臺木城，船上可以騎馬。

西元二七六年十月，西晉伐吳的準備工作基本完成。征南大將軍羊祜奏請伐吳，說伐吳的條件已經成熟。羊祜的戰略部署是，因為吳國的兵力部署特點是荊州弱、江東強，所以第一步，江淮一帶以牽制敵人為主，集中水陸主力攻占荊州，特別是夏口以西這些東吳統治相對薄弱的地區；第二步，拿下荊州後，再從荊州和江淮兩個方向合圍江東。司馬炎接受了羊祜的建議，但由於西北鮮卑人起兵反晉，後方不穩，加上太尉賈充反對，便拖了下來。

西元二七七年七月，以王渾督揚州，另派司馬亮接替王渾督豫州。

西元二七八年十一月，羊祜去世，杜預繼任督荊州。

孫吳方面，面對晉軍的虎視眈眈，大臣們深感憂慮，建議孫皓加強防務。尤其是鎮守建平郡（治所巫縣）的吾彥發現大量碎木順長江漂流而下，料想晉軍將從巴蜀發兵，請求加強防備。陸遜的兒子陸抗也上書，解釋建平（巫縣）、丹陽（秭歸）、西陵（夷陵）一帶防務的重要性。但孫皓根本聽不懂這些，認為有長江天險，晉軍無力攻吳，因此不修內政，不加防務，暴虐如故。

地理方面，吳國擁有全部交州，交州在孫吳後方，實力較弱；揚州只有江淮一小部分在西晉手上；荊州實際上是半個，江夏郡的江北部分、南陽郡的全部，以及南郡的襄陽在西晉手上。所以雙方的戰場主要在揚州和荊州，而荊州又在揚州上游，只要先拿下荊州，然後順江而下，再配合江淮的軍隊，就可以對江東形成合圍之勢。

西元二七九年冬，大戰正式拉開序幕，司馬炎採用羊祜生前擬定的計畫，發兵二十萬，由賈充任總

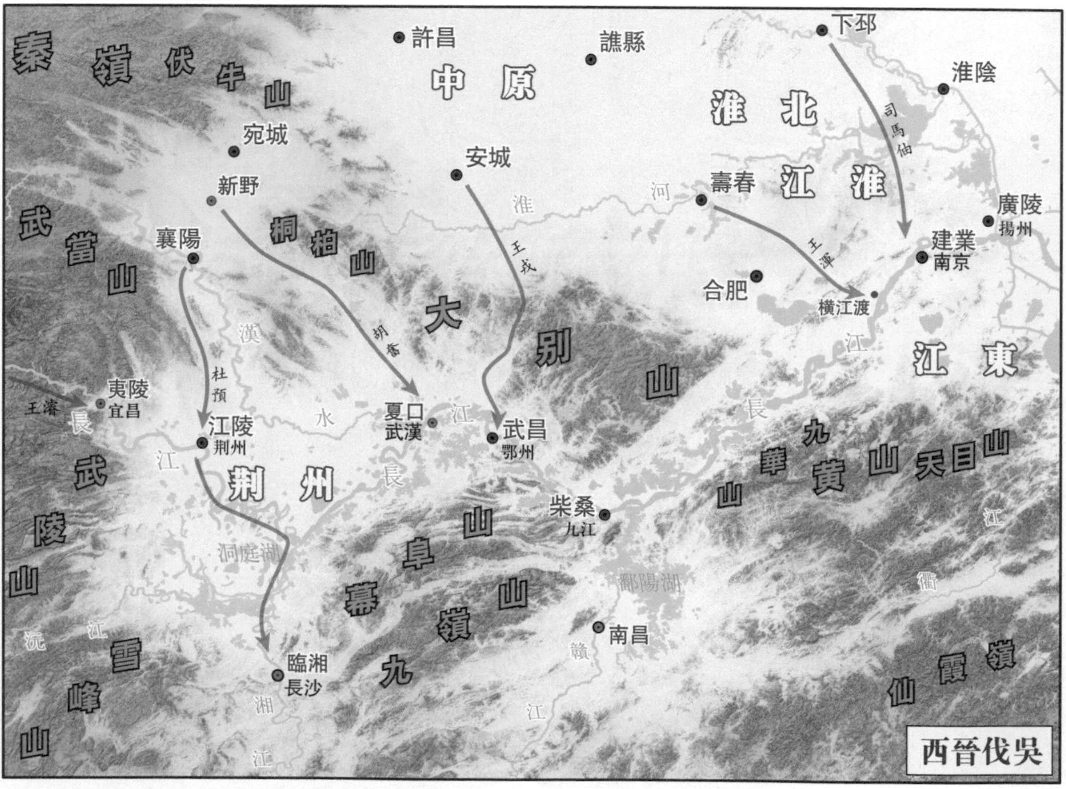

指揮，分六路進攻吳國：

第一路，由司馬伷指揮，從下邳向塗中（塗水中部）方向進軍，任務是到達建業（今南京）對岸，對吳國的首都形成壓迫之勢；

第二路，由王渾指揮，從壽春向橫江渡口進軍，任務是打到江邊，占領渡口，等王濬的水軍到達後，水陸並進攻占建業；

第三路，由王戎指揮，從安城（豫州治所）向武昌（今鄂州）方向進軍，目標是孫權稱帝時的沿江重鎮，這一路需要翻越大別山，線路與現在中國的一〇六國道基本重合，雖然是山路，但這裡已經是西晉的地盤，不用擔心被吳兵伏擊；

第四路，由胡奮指揮，從新野（曹魏荊州治所）向夏口（今武昌）方向進軍，和第三路一樣，目標也是占領東吳的沿江重鎮，為王濬的水軍保駕護航，同時防止後勤補給線被吳軍切斷；

第五路，由杜預指揮，從襄陽向江陵方向進軍，目標是先取江陵，為王濬出三峽打開通道，然後沿長江南下，經湘江，過靈渠，入灕江，平定交州；

第六路，由王濬指揮，從巴蜀順江而下，直達建業（今南京）。

這次西晉伐吳兵分六路，說是六路，其實還是三條線：西邊的巴蜀，中部的荊襄和東部的兩淮。三線六路的大軍同時出擊，彼此配合，互為支應。同時我們看到西晉吸取了曹操的教訓，曹操在荊州對抗孫、劉聯盟時只有一路大軍，而西晉則是三線六路大軍同時進攻，令吳國顧此失彼。

王濬的這一路水軍，貫穿始終，可以說是這次伐吳成敗的關鍵，與其他的陸軍都有交集，所以我們就順著王濬的線路去看看這一場大仗。

西元二七九年十一月，王濬率水軍從成都出發，由岷江入長江，順江而下，經江州（今重慶），入三峽，攻破丹陽（秭歸），進入西陵峽口，發現吳軍用鐵索攔截大江，用鐵錐倒插在江心。對於吳國的這一手，晉軍早有準備，用幾十個大木筏，上面布滿草人，個個披甲執仗，像真人一樣，然後把這些木筏放入水中，順水而下，鐵錐就被木筏帶走了。對於鐵索，王濬準備了巨大的火炬，澆上麻油，放在船頭，遇到鐵索就點火，最終把鐵索燒斷，船隊暢通無阻，這就是劉禹錫說的「千尋鐵鎖沉江底」。

接著，王濬出峽谷，進入西陵一帶。看到這裡，我們不禁想到夷陵之戰，王濬會不會重蹈劉備的覆轍呢？答案是肯定不會，西晉滅吳之戰準備多年，就是為了吸取前人教訓。遠的不說，就說曹操父子，曹操單從襄陽南下，結果赤壁之戰慘敗，曹丕單攻兩淮，結果三次南征都無功而返。

劉備打夷陵時只有一條水路，沒有策應。劉備的軍隊雖然從水路而來，但實際還是陸軍，只不過是坐船而來，而吳國的水軍素來善戰，所以劉備被堵在夷陵出不來。而王濬不同，晉軍的戰船又高又大，吳軍的戰船一撞就翻，根本不用打，軍心早已崩潰。而此時，從襄陽下來的杜預已拿下江陵，吳軍失去後援，更是無心戀戰。也許是吸取劉備的教訓，王濬到達西陵（原夷陵）時，正是西元二八〇年的正月，一年中最冷的時刻，火燒連營的事更不會發生。選擇冬天進攻，當然也是從全盤考慮，西晉的軍隊都是北方人，夏天南方太熱，北方人受不了。

西元二八〇年二月，王濬一連攻下西陵、夷道幾座城池，順利到達江陵與杜預會合。隨後，繼續沿江而下，到達夏口（今武漢武昌），協助胡奮攻夏口，夏口投降。接著到達武昌（今鄂州），配合王戎奪武昌，武昌也望風而降。

這樣一來，荊州基本拿下，於是王濬麾師繼續東進。

我們再來看看東線的戰況。

東線的情況比較複雜，因為這裡靠近吳國的首都，吳國的重兵都部署在這裡。

東線有兩支軍隊，琅邪王司馬伷的任務主要是屯兵建業江北的塗中（滁河中部，東晉以前的滁河稱塗水），牽制建業的軍隊，使吳國首都的駐軍不能參與前線作戰，所以我們只說王渾。

西元二八〇年正月，王渾率十幾萬大軍向橫江方向挺進，同時派李純進攻高望城，另派一支分隊攻擊尋陽（今武穴東北）。

橫江又稱橫江渡，位於今合縣東南的長江邊上，是一個渡口。這個渡口其實就是春秋時伍子胥進入吳國的漁邱渡，只不過時移事易，換了個名字而已。由此可見，雖然七百多年過去了，從江淮到江東的最佳渡江位置依然沒變。而高望城位於建業西南隔江對岸，從橫江到高望城一線，是去往江東最好的渡江地點，項羽兵敗時的烏江渡就在這一線。很顯然，王渾的目的是占據這個渡江的有利場所，為攻打建業做準備。我們從這裡看到，西晉吸取了曹氏父子在江淮戰線的教訓，曹操喜歡走西邊的合肥一線，而曹叡則喜歡走東邊的廣陵（今揚州）一線，這次西晉選擇了從二者中間突破，讓東吳原有的布防效果大打折扣。

到了月底，李純已擊敗吳軍，占領高望城，王渾挺進至橫江，另外一支軍隊也在尋陽打了勝仗，建業的形勢岌岌可危。

吳主孫皓得知王渾率大軍南下的消息後，忙命丞相張悌率丹陽（此時丹陽郡治所為建業）太守沈瑩等人領三萬人渡江迎戰，防止晉軍渡江。

吳軍的精銳水師在太湖，張悌領著這三萬精兵，經胥河入長江，到達采石磯（今馬鞍山西南）時，沈瑩分析說，晉軍這次南下的關鍵在於水師，而水師肯定會路過這裡，所以應該在這裡等晉國的水師決戰，而不是渡江去找晉國的陸軍；如果能打敗晉

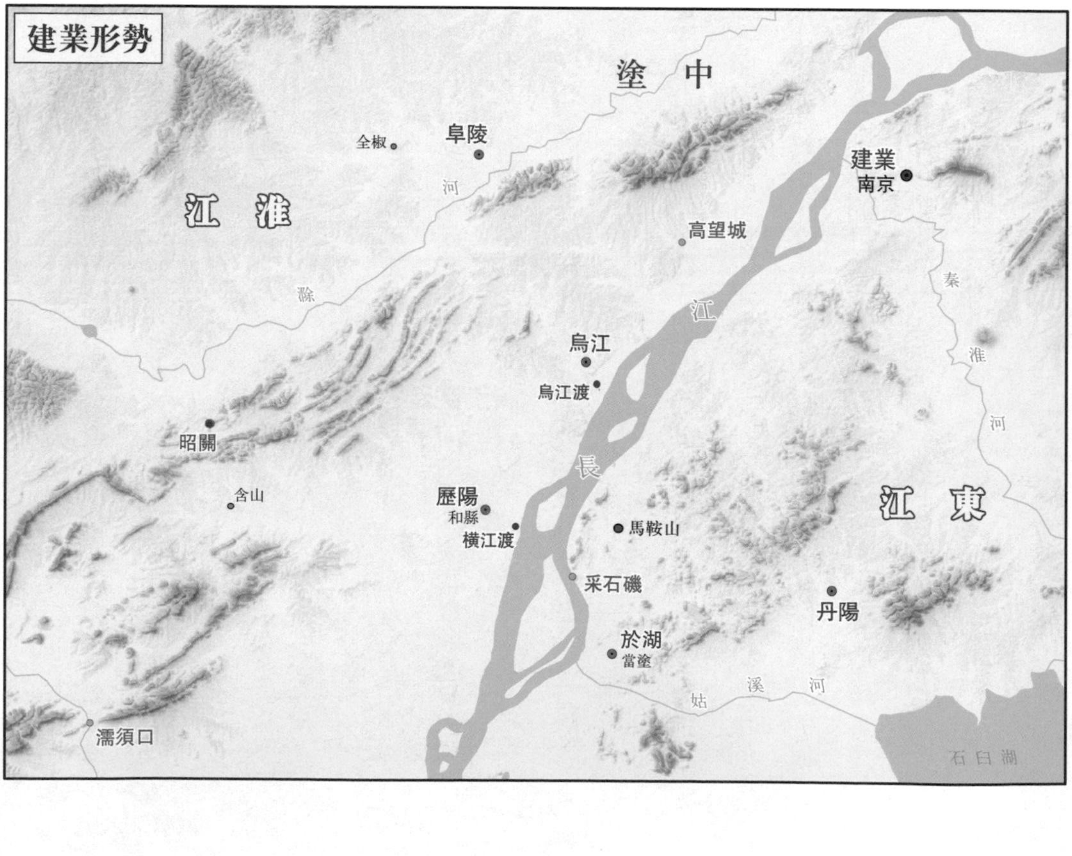

國的水師，晉國就沒有能力渡江了。

張悌卻認為吳國的軍心早已渙散，如果等晉國水師一到，大家心中惶恐，到那時部隊恐怕都跑光了，不如趁水師沒來，過江打一仗，就算戰死沙場，也是為國犧牲，死而無憾；如果勝了，再南下迎擊水軍，士氣正旺，肯定能打贏。

其實張悌心裡也知道，以三萬人對抗對方十幾萬人，贏的可能性極小，何況放棄自己擅長的水上作戰，跑到陸地上和對方的騎兵作戰，贏的希望更加渺茫，只能說他已做好必死的準備。

不管怎麼說，張悌過江了，在歷陽遇上王渾的部將張喬。張喬只有七千兵馬，於是張悌將他包圍，張喬請降。副

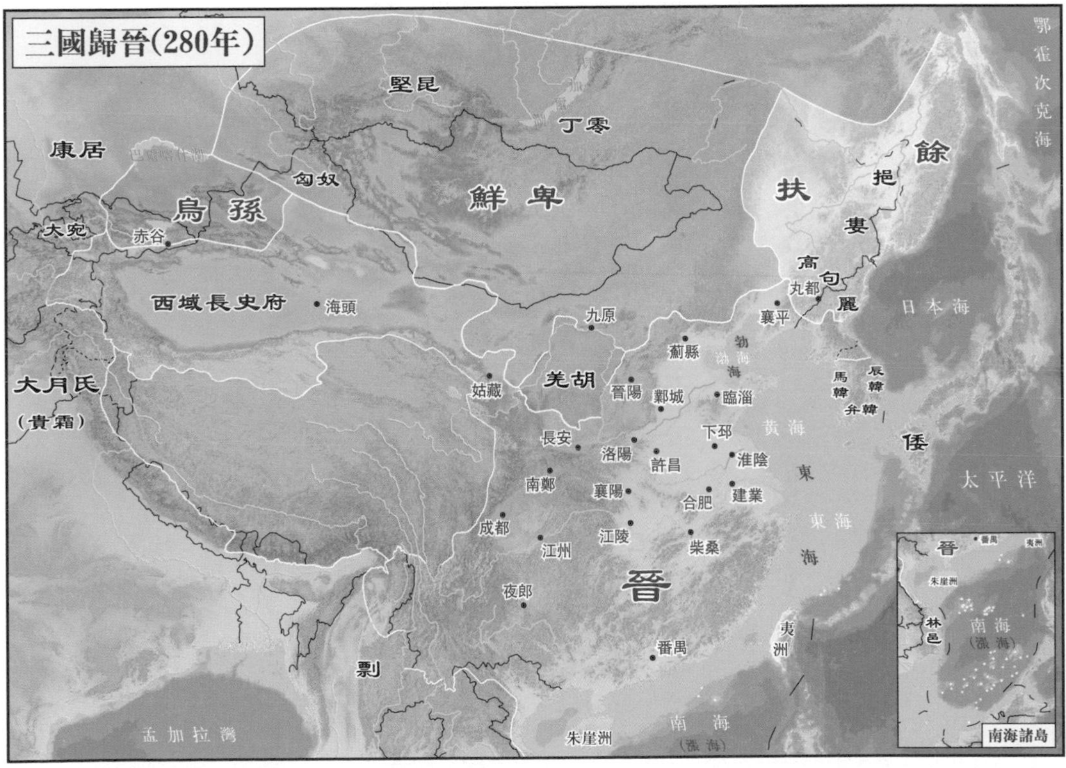

三國歸晉(280年)

軍師諸葛靚（諸葛誕的小兒子）勸張悌趁機消滅他們，張喬的投降分明是緩兵之計。張悌沒聽，他想打大仗，不想在這七千人身上耗費時間，於是接受張喬的投降後繼續前進。不久與王渾的主力相遇，沈瑩率先出擊，不僅沒討到便宜，還損失兩員大將，於是撤兵。晉軍乘機追殺，吳軍大敗。這個時候詐降的張喬從背後殺來，吳軍四散而逃。諸葛靚收集了幾百敗兵逃回江東，張悌不肯逃走，與沈瑩等戰死。三萬多精兵，死了近八千，其餘都逃散一空。

這樣一來，王渾徹底控制江北沿線和沿江的渡口，等王濬的水師一到，就可以水陸並進攻占建業。

這時有人向他建議，吳國上下軍心已經瓦解，應該趁此機會直搗建業，東吳必降。但王渾卻認為晉帝只命他出兵江北，如果渡江就是違背君命，即使勝了，也難以獲賞；但如果戰敗，罪過就大了。原來晉帝司馬炎的詔令是，王濬拿下建平郡後，出了三峽受荊州的杜預節制，目的是先在荊州站穩腳跟；到了建業受江淮的王渾節制，目的是水陸並進合圍江東。但王渾不知道的是，王濬拿下西陵（夷陵）後，名聲大震，杜預根本沒管他，直接寫信給王渾說他應該去攻打建業，建立不世之功。《孫子兵法》說：「將在外，君命有所不受。」王渾的教條主義最終讓他後悔終生。

三月，王濬的水師到達采石磯。快到建業時，王渾派使者令王濬停船，到他軍中商量渡江事宜，王濬卻揚帆而去，遣人回報王渾說：「風利，不得泊也。」意思是說，風太急，停不下來。當然，這只是藉口，他要搶頭功。

船到高望城附近時，孫皓才派游擊將軍張象率一萬水軍迎敵。張象一看王濬的兵甲布滿長江，旌旗遮天蔽日，立即投降。孫皓又派陶濬領兩萬人前往迎敵，結果兩萬人在出發前夜逃散一空。

王濬的水師有八萬之眾，戰船沿江排開綿延百里，吳軍早已沒了鬥志，孫皓只能出城投降，於是吳國滅。

至此，三國歸晉。

後來，司馬炎召見孫皓。孫皓上殿行禮，司馬炎賜座，說：「朕替你準備這個座位已經很久了。」孫皓說：「我在南方也為陛下準備了一個座位。」沒想到一語成讖，三十多年後，永嘉之亂，西晉滅亡，琅邪王司馬睿渡江南下，建立東晉，都城正是曾經東吳的首都——建業（後改名為建康），孫皓在南方為司馬炎準備的座位，最終讓他的侄子坐上了。

HISTORY 060

用地理看歷史：荊州，為何兵家必爭？

作　　者—李不白
主　　編—邱憶伶
責任編輯—陳映儒
行銷企畫—林欣梅
封面設計—兒日
內頁設計—張靜怡

編輯總監—蘇清霖
董 事 長—趙政岷
出 版 者—時報文化出版企業股份有限公司
一〇八〇一九臺北市和平西路三段二四〇號三樓
發行專線—（〇二）二三〇六—六八四二
讀者服務專線—〇八〇〇—二三一—七〇五
（〇二）二三〇四—七一〇三
讀者服務傳真—（〇二）二三〇四—六八五八
郵撥—一九三四四七二四時報文化出版公司
信箱—一〇八九九臺北華江橋郵局第九九信箱

時報悅讀網—http://www.readingtimes.com.tw
電子郵件信箱—newstudy@readingtimes.com.tw
時報出版愛讀者粉絲團—https://www.facebook.com/readingtimes.2
法律顧問—理律法律事務所　陳長文律師、李念祖律師
印　　刷—和楹印刷有限公司
初版一刷—二〇二一年一月二十九日
初版三刷—二〇二三年六月十四日
定　　價—新臺幣四八〇元
（缺頁或破損的書，請寄回更換）

時報文化出版公司成立於一九七五年，
一九九九年股票上櫃公開發行，二〇〇八年脫離中時集團非屬旺中，
以「尊重智慧與創意的文化事業」為信念。

用地理看歷史：荊州，為何兵家必爭？／李不白著．
-- 初版．-- 臺北市：時報文化，2021.01
320 面；17×23 公分．--（History 系列；60）
ISBN 978-957-13-8514-3（平裝）

1. 三國史　2. 通俗史話

622.3　　　　109020817

本作品中文繁體版通過成都天鳶文化傳播有限公司代理，經著作權人授予時報文化出版企業股份有限公司獨家出版發行，非經書面同意，不得以任何形式，任意重製轉載。

ISBN 978-957-13-8514-3
Printed in Taiwan